Fark Et
Düşün
Hisset
Yaşa

Prof. Dr. M. Hakan Türkçapar

1990 yılında Hacettepe Üniversitesi Tıp Fakültesi'ni, 1995 yılında psikiyatri ihtisasını bitirdi.

Uzmanlık sonrası ABD'de Beck Institute for Cognitive Therapy and Research ve Ellis Institute'de Bilişsel Psikoterapi ve Akılcı Duygusal Terapi (Rational Emotive Behaviour Therapy-REBT) eğitimleri aldı.

2000 yılında Psikiyatri doçenti, 2012 yılında Psikiyatri profesörü olan Dr. Türkçapar, psikiyatrinin yanı sıra antropoloji alanında da uzmanlaşarak 2002'de sosyal antropoloji alanında bilim uzmanı, 2009'da da doktor unvanı aldı.

2003'te Bilişsel Terapi alanında yeterliliği değerlendiren uluslararası akademi olan Academy of Cognitive Therapy (ACT) tarafından Bilişsel Terapist olarak sertifiye edildi. Aynı yıl alana olan katkıları nedeniyle akademinin "Fellow" üyeliğine, 2005'te ise sertifikasyon kuruluna alındı. 2013'te yine ACT tarafından Bilişsel Terapi alanında Eğitici ve Süpervizör unvanı verildi.

Dr. Türkçapar'ın, bilişsel davranışçı terapi alanında *Bilişsel Terapi Temel İlkeler ve Uygulama* (2007) ve *Klinik Uygulamada Bilişsel Terapi: Depresyon* (2009) adlı iki kitabı ve sayısı yüzü aşan makalesi yayınlanmış, 1999 yılından itibaren çeşitli merkezlerde ve kongrelerde bilişsel davranışçı terapi konusunda çalışan profesyonellere dönük eğitim çalışmaları yapmıştır. 2005-2012 arasında Ankara Dışkapı Yıldırım Beyazıt Eğitim Araştırma Hastanesi Psikiyatri Kliniği Şefliği, 2009-2011 arasında Ankara İhtisas Hastanesi Psikiyatri Kliniği Kurucu şefliğini yapan Dr. Türkçapar, halen Bilişsel Davranışçı Psikoterapiler Derneği başkanlığı ve Hasan Kalyoncu Üniversitesi Psikoloji Bölümü başkanlığını yürütmektedir.

Fark Et, Düşün, Hisset, Yaşa - Kendi Kendine Psikoterapi Rehberi
Prof. Dr. M. Hakan Türkçapar

Yayın Yönetmeni: Aslı Tunç
Editör: Tolga Meriç - Cemil Üzen
Kapak Tasarım: Dilara Kavaklıoğlu
Sayfa Tasarım: Gamze Kulak

5. Baskı: Mart 2020
ISBN: 978-605-173-533-7

Baskı ve Cilt:
My Matbaacılık San. ve Tic. Ltd. Şti.
Maltepe Mah., Yılanlı Ayazma Sok., No: 8/F
Zeytinburnu/İstanbul
Tel: (212) 674 85 28
mymatbaa34@gmail.com
Sertifika No: 34191

Yayımlayan:
Epsilon Yayınevi Ticaret ve Sanayi A.Ş.
Osmanlı Sok., No: 18/4-5 Taksim/İstanbul
Tel: (212) 252 38 21 Faks: (212) 252 63 98
İnternet Adresi: www.epsilonyayinevi.com
E-posta: epsilon@epsilonyayinevi.com
Sertifika No: 34590

FARK ET DÜŞÜN HİSSET YAŞA

Kendi Kendine Psikoterapi Rehberi

Prof. Dr. M. HAKAN TÜRKÇAPAR

Psikoloji

epsilon

Sevgili eşim Figen'e,

İÇİNDEKİLER

Önsöz

Bu kitabın tamamlanması, benim uzun yıllardır süren bir hayalimin gerçekleşmesi oldu: Herkesin okuyabileceği, bilimsel temelli, aynı zamanda kendi kişisel deneyimlerimi de yansıttığım, Türkçe bir kendi kendine yardım kitabı.* Yoğun klinik ve akademik çalışma temposu içinde bu hayalin gerçekleşmesi için 2009'dan 2018'e dek süren, dokuz yıllık uzun bir süreç gerekti.

Yazmaya başladığım zamanla bitirdiğim zaman arasında benim de geçirdiğim değişikliklere paralel olarak her okumamda baştan yazılan ve değişen bu kitap, neredeyse canlı bir organizma gibi büyüdü. Bu döngüsel sürecin hızlanarak sona ermesi ise 2017 yılında beraber çalışmaya başladığımız Epsilon Yayınevi ile oldu. Yayınevinin değerli yöneticisi Fırat Yenici'nin yüreklendirici ve teşvik edici tutumuyla ivme kazanan kitap projem, sevgili editörüm Tolga Meriç'le birlikte daha da hız kazandı ve editör Cemil Üzen'in son rötuşlarıyla tamamlandı. Kişinin kendi yazdığına karşı yaşadığı kaçınılmaz körleşme onun inanılmaz editörlük becerisiyle aşılarak, kitap bu son halini aldı.

* Bu kitabın ruh sağlığı profesyonellerinin yerine geçmek gibi bir amacı yoktur. Ruhsal bir rahatsızlık durumunda, uygun bir ruh sağlığı profesyoneline veya hekime başvurmak gerekir.

Üzerinde benim adım yazıyor ama bu kitapta değerli danışanlarımın, öğrencilerimin, yaşamdaki, psikiyatri ve psikoterapi alanındaki bütün öğretmenlerimin -sevgili Haluk Özbay, Leyla Zileli, Erol Göka, Emine Z. Kılıç, Orhan Öztürk, Perin Yolaç başta olmak üzere- büyük katkıları var. Andığım kişilerin yanı sıra, bilişsel davranışçı psikoterapi serüvenimde Aaron T. Beck, Judith Beck ve çok kısa süre de olsa öğrencisi olma olanağını bulduğum Albert Ellis'in de payları önemli.

Bugüne ulaşmamda emekleri büyük olan sevgili annem Suna Türkçapar ve rahmetli babam Tahsin Türkçapar'a her zaman minnettarım.

Bütün kitaplarımın yazılma sürecinde olduğu gibi, sevgi ve anlayışla arkamda olan sevgili oğullarım Merd ve Berk'e ve en büyük desteğim eşim Ayşe Figen Türkçapar'a ayrıca teşekkür ediyorum.

Evet, sonunda sizleri de bu serüvene katmanın mutluluğuyla kitabı sunuyor ve okumaya davet ediyorum.

Saygılarımla...

Kasım 2018
Ankara

GİRİŞ

Yaşamın Anlamı Ne Zaman Sorun Olmaya Başlar?

1990 yılında tıp fakültesinden mezun olduktan birkaç ay sonra psikiyatri uzmanlık eğitimime başladım. İhtisas yapacağım kliniği seçerken benim için en önemli ölçüt, psikoterapiye önem veren bir klinik olmasıydı.

Böylece, psikiyatri asistanlığıyla birlikte psikoterapist olma yolculuğuna da eşzamanlı olarak başladım. O dönemde psikoterapiye aldığım ilk danışanlarımdan biri, ruhsal çökkünlük (depresyon) belirtileri gösteren, yaşamı anlamsız bulan ve ilişki sorunları olan genç bir erkekti.

İlk psikoterapi seanslarından birinde, biraz öfkeyle, "Siz beni tedavi edemezsiniz!" şeklinde bir çıkış yaptı.

Merakla, "Neden?" diye sordum.

"Beni tedavi edecek kişinin depresyon geçirmiş birisi olması gerekir, beni ancak öyle birisi anlayıp tedavi edebilir," dedi.

Ben de istekli bir psikiyatri asistanı olarak genel tıptan örnekler verdim. "Eğer bu mantık doğruysa, ayak kırılmasını sadece daha önce ayağı kırılmış biri tedavi edebilir veya safra kesesi ameliyatını sadece bu ameliyatı geçirmiş biri yapabilir. Ama bunun böyle olmadığını biliyoruz. Evet, belki senin yaşadığın türden bir 'depresif rahatsızlık' geçirmemiş olabilirim, fakat bu, seni anlamaya çalışmama engel değil. İstersen sen durumunu anlatmaya çalış, ben de anlamaya ve yardımcı olmaya çalışayım," gibi şeyler söyledim.

Bugün benzer bir durumla karşılaşsam aynı şeyleri söylemezdim. Çünkü ruhsal rahatsızlıkların pek çoğunun tıbbi hastalıklara tam olarak benzetilemeyeceğine ve böyle paralellikler kurulamayacağına daha fazla inanıyorum artık.

Ayrıca o genç danışanıma önce hak verirdim: Herkes gibi, bizim de birbirimizi anlamamızın tek ve en önemli aracı, kendi yaşantılarımıza bakmaktı. Karşımızdakinin ne yaşadığını bu yolla anlamaktı.

Ancak hâlâ ona katılmadığım bir nokta var: Evet, ben daha önce depresyon tanısı konacak düzeyde bir durum yaşamamıştım, ama onu anlamam için bu şart değildi. Çünkü onun yoğun bir biçimde ve uzun süredir yaşadığı duyguların bir kısmını, her insan gibi kendi üzüntü ve keder yaşantılarımdan yola çıkarak, tam olmasa da, anlıyordum. Ruhsal rahatsızlıklarda görülen bütün belirti ve bulgular zaman zaman her insanın yaşayabileceği türdendir. Tıbbi hastalıklar söz konusu olduğunda "zaman zaman ayağını kırmaktan" ya da "zaman zaman safra kesesi ameliyatı olmaktan" söz edemeyiz ama olumsuz duygular söz konusu olduğunda "aynılarını veya benzerlerini zaman zaman yaşamaktan" söz edebiliriz pekâlâ.

Ruhsal rahatsızlıklarda görülen belirti ve bulguların çoğu, normalde bütün insanların duygu, düşünce ve davranış dağarcığında var olan şeyler. Hemen her duygu ve düşünce, her insanda var: Herkes bir şeylerden korkar, herkes bir şeyleri sever, bir şeylere kızar... Eğer insana özgü bu duygulardan bazılarını henüz yaşamamışsak, bu sadece bir zaman veya şans meselesidir. Hayat yarın, öbür gün karşımıza yeni şeyler çıkardığında bunların hepsini yaşamamız mümkün. Belki de ruhsal rahatsızlık olarak nitelenen durumlardaki farklılık, olumsuz yaşantıların sıklığının, süresinin ve yoğunluğunun artmasıdır sadece.

Psikoterapiyle insanlara yardımcı olma çabasına girdiğim bu ilk yıllarda, beni en çok zorlayan konulardan biri, bahsettiğim genç hastamın da bana yakındığı "yaşamı anlamsız bulma" sorunuydu.

Aslında yaşamı anlamsız bulmak, zaman zaman her insanın yaşadığı ya da yaşayabileceği bir durum; ama bunun için psikoterapiste veya psikiyatra başvuranlar, bu sorunu yaşayanların çok küçük bir kısmını oluşturur.

Neden?

Çünkü çoğu insan için yaşamın anlamsızlığı gelip geçici, anlık bir fikirdir.

Yine aynı noktaya geliyoruz: Yaşamı anlamsız bulup yardım almak için başvuranlar, bu düşünceyi ve ona eşlik eden duyguyu sık sık, uzun süreli ve yoğun yaşayan kişilerdir.

"Bunun sık yaşanmasının nedeni ne olabilir?" diye düşünürken, bu düşünce ve duygudan mustarip insanlara dair tecrübem arttıkça, sorunun cevabı kendiliğinden ortaya çıktı: Yaşamı anlamsız bulmak, bu kişilerin doğuştan itibaren değil, ortaya çıkan bir veya birkaç olumsuzluktan sonra hissetmeye ve yakınmaya başladıkları bir şeydi. Yani hem içsel bir olumsuzluğun hem de başlarına gelen kötü olayların etkisiyle yaşam onlara anlamsız gelmeye başlamıştı. Kendisiyle veya yakın çevresiyle ilgili önemli bir sorun ya da sıkıntı yaşamayan mutlu insanlar içinse, "yaşamın anlamı" meselesi, belki sadece belli zamanlarda manevi veya felsefi sorularla uğraşırken akıllarına gelen, ama bunun dışında çok da fazla uğraşmadıkları bir soruydu.

O zaman kısaca şöyle diyebiliriz: Ruhsal olarak sağlıklıysak, yaşamı anlamlı bulmayı sürekli değilse de çoğunlukla bir şekilde başarırız. Ama eğer yaşadığımız yoğun ve şiddetli bir sorun varsa, otomatik olarak, yaşam anlamsız gelmeye başlar. O halde asıl olan, bu soruna ilişkin bir şeyler yapmaktır.

İyi Yaşamak Nedir?

Verdiğim örnek, kitabın içeriği konusunda sizi yanıltmasın: Yaşamı anlamsız bulmak, depresyonun da sonuçlarından biridir; fakat yaşam sadece depresyon karşısında anlam kaybına uğramaz. Bu kitap yaşamdaki anlam sorununa, anlam sıkıntısına, anlam dağılmasına ve giderek anlam yitimine daha geniş bir yerden, yaşama eyleminden bakmayı hedefliyor.

Seyrettiğiniz bir filmin ya da okuduğunuz bir kitabın anlamını hangi noktada, neden kaçırmaya başladığınızı, onu ne zaman anlamaz olduğunuzu ya da onun sizin için bir anlam ifade etmemeye başladığını az çok tanımlayabilirsiniz. Bu tanımı, eğer yardım isterseniz, kitap okuma ya da film seyretme deneyimizi aktaracağınız kişiler de kendilerince yapabilir. Kitabı hakkıyla okuyamadığınızı, filmi gerektiği gibi seyredemediğinizi, o yüzden anlamını kaçırdığınızı söyleyebilirler mesela. Fakat söz konusu yaşam ve yaşamak olduğunda, kendinizi ve hayatı iyi yaşayamadığınız için anlamı ıskaladığınızı söyleyene pek rastlayamazsınız.

"Şu işi iyi yapamadığın için oldu bütün bunlar," dendiğinde, işin nerelerinde hata yaptığımız genelde açık ve nettir. Aynı şekilde, işi iyi yapamayışımızla uğradığımız hüsran arasındaki bağlantı da açık ve nettir. Fakat günün birinde biri kalkıp da "İyi yaşayamadığın için oldu bütün bunlar," derse aklımız adamakıllı karışabilir.

O halde, iyi yaşamak nedir, önce onu tanımlayalım.

Yaşam çeşitli alanlarda (aile, iş, ikili ilişkiler, toplumsal etkinlikler, hobiler, vb.) bir şeyler yaparak geçer. Eğer kişi yaşamı oluşturan bu alanlarda ne yapmak ve nasıl yaşamak istediğinin farkındaysa, yani değer ve idealleriyle ilişki içindeyse ve yaşamını bunlara dönük yaşıyorsa, davranışları ve konuşmaları bu ideal ve değerleriyle uyumluysa, o zaman genellikle kendini iyi hisseder ve mutlu olur.

Eğer istek ve idealleriyle teması kesilmişse ya da bunlara uygun bir hayat yaşamıyorsa, o zaman da genellikle kendini kötü hisseder ve mutsuz olur.

İnsanın hissettikleri -bedensel duyumlarının ve duygularının tümü- ya iç ya da dış dünyadan kaynaklanır. Mutluluk da iç ya da dış dünyamızda olup bitenlere tepki olarak hissettiğimiz bir duygudur. Mutluluk kendi başına bir hedef değil, hedeflerimize uygun davrandığımızda ve onlara yaklaştığımızda kendiliğinden ortaya çıkan bir sonuçtur.

Davranışlarımızın değer ve ideallerimize, yani kendimizle ve yaşamla ilgili hedeflerimize dönük olması durumunda zaman zaman mutlu zaman zaman da mutsuz olsak da büyük olasılıkla yaşamımızda bizim açımızdan daha iyi bir yöne doğru gider. Tabi ki kendi değerlerimizle uyumlu davranışlar göstersek de olumsuz veya değiştirilemeyecek koşullar sebebiyle, yaşamımızda olumlu yönde değişiklikler olmayabilir. Ama bu durumda bile, değer ve ideallerimize uygun davrandığımız için, en azından, kendi payımıza düşeni yapmış olmanın huzurunu hissedebiliriz.

Kısacası, kendimizi iyi hissetmek, iyi düşünmek ve iyi yaşamak bir bütündür ve birbiriyle ilişkilidir. İyi yaşamaksızın iyi düşünmek ve kendimizi iyi hissetmek, bir noktadan sonra içsel bir fantezi dünyasında kaybolup yaşamdan kopmayı getirir. Diğer yandan, kötü düşünüp kendini kötü hissettiği için aslında çok da kötü olmayan yaşamını ıskalamak ve içinde olduğu gerçekliğin iyi yönlerini zihninin olumsuzluklarına kapanarak yaşayamamak da en az bu kadar acı ve olumsuz bir sonucu getirir. Çevrede ne olup biterse bitsin, kişi bir anlamda kendi cehenneminde, yani kafasının içinde yaşamaya başlamış olur.

Pekâlâ, çözüm ne?

En sonunda yeniden geleceğimiz noktayı en başta söyleyelim: Eğer gerçekçi, duruma uygun ve yararlı düşünmeyi öğrenirsek, duygularımızı tanıyıp anlama ve değerlendirme becerimizi geliştirirsek, kendi değer ve ideallerimize uygun bir yaşam sürersek, o zaman hem hayatımız hem düşüncelerimiz hem de duygusal tepkilerimiz birbirleriyle uyumlu ve sağlıklı olmaya başlar. Bu da "iyi yaşamak" dediğimiz şeydir. İyi bir yaşam hem ruhsal hem de bedensel anlamda "iyi olma"yı içerir.

İnsanın bedenine ilişkin ne yapması gerektiğini söyleyen, örneğin nasıl sağlıklı beslenebileceğine, nasıl spor yapabileceğine, bilgi ve becerilerini nasıl artıracağına ilişkin birçok kaynak varken, insanın psikolojik yanının gelişimine ya da psikolojik sorunlarına ilişkin güvenilir kaynaklar bulmak çok zor. Bir kere, bu alanda Türkçe yazılmış kitap sayısı çok az. Kitapçıların raflarındaki "kendi kendine yardım" kitaplarının neredeyse tamamı çeviri. Üstelik çok az sayıdaki bilimsel temelli çalışmayı bir kenara ayırırsak, çoğu insan psikolojisine ilişkin bilimsel bilgiler yerine, kişisel kanılara, spekülasyonlara dayalı kitaplardan oluşuyor maalesef.

Bu sorun, bu kitabın yazılış nedenini oluşturuyor. Danışanlarım ve meslektaşlarım, psikoloji biliminin temel ilkelerine dayalı bir psikoterapi türü olan "bilişsel davranışçı terapi" alanında bir "kendi kendine yardım" kitabına gereksinim olduğunu ve benden böyle bir kitap yazmamı istediklerini defalarca belirttiler.

İlk hedefim, bu kitabın hem anlaşılır hem yaşamla bağlantılı olması ve insan psikolojisine ilişkin kimi bilgileri yaşamdaki karşılıklarıyla beraber okurlara yardımcı olabilecek şekilde aktarmayı başarması..

Kitabın bir terapistin yerini tutmak gibi bir iddiası yok; ama içeriği, klinik rahatsızlık düzeyinde olmayan kimi sorunları kişilerin kendi başına aşmalarına yardımcı olabilecek bilgiler barındırıyor.

Yüz yüze terapi görüşmelerinde kullandığım genel yaklaşımı, kitapta yazılı biçimde aktarmaya çalıştım. Doğrudan terapide ulaştıklarımın sayısına kıyasla çok daha fazla kişiye bu yolla ulaşabileceğim fikri benim için çok heyecan verici.

Umarım bu kitabın, yaşamı anlamlı ve doyumlu geçirmenize, "iyi yaşamanıza" bir katkısı olur.

Birinci Kısım

Sorun

BİRİNCİ BÖLÜM

SORUNLARIN KAYNAĞI

Aşağıda Yazanları Sakın Okumayın!

Ama okuyorsunuz, değil mi? Neden acaba?

Bu başlık sizde daha çok okuma isteği mi uyandırdı?

Peki, bu durum size normal mi geldi, anormal mi?

Duygu ve davranışlarımızın bizim için sorun olup olmaması neye bağlıdır? Davranışlarımız, düşüncelerimiz ve duygularımız ne tarafından belirlenir? Konuyla ilgilenen kişiler, kendi bilgi ve birikimlerine göre, bu soruya "kalıtım", "çocukluk yaşamı", "beyin yapımız", "başımızdan geçen kötü olaylar", "bilinçdışı sorunlar", "bastırılmış istekler", "irade zayıflığı", "toplumsal koşullar", "kişilik sorunu" gibi farklı açıklamalar getirecektir.

Ve aslında bu cevapların hepsi hem doğru hem de yanlış olacaktır.

"Nasıl olur da, cevaplar hem doğru hem yanlış olabilir?" derseniz eğer, bu bölümün sonuna kadar beklemeniz gerekiyor. Çünkü bu sorunun cevabı, ilk bölümümüzün konusunu oluşturuyor.

"Nedenini ben zaten biliyorum ve bu konuda yeni bir fikre

ihtiyacım yok," diyenlerin bile bu bölümü okumalarını öneririm. Neden mi? Çünkü iyi yaşama ulaşmak için çıkacağımız yolculuğumuzun başlangıcını burası oluşturuyor ve bu kitabı alan her okurun böyle bir sorunun cevabının araştırılmasından az ya da çok yararlanacağını düşünüyorum.

Önce Olay mı Gelir, Algı mı?

Şimdi, ana soruya dönmek üzere, önce kendimize birtakım sorular yöneltelim. Yaşadığınız herhangi bir günün sonunda size şu soruları sorduğumu varsayın:

Gün boyunca neler yaptınız?
Neler gördünüz, neler duydunuz?
Kimlerle karşılaştınız?
Ne tür ortamlara girdiniz?
Olup bitenler karşısında neler hissettiniz ve neler yaptınız?

Örneğin uyandığınızda, etrafa baktığınızda ve daha günün ışımamış olduğunu gördüğünüzde... Burnunuz tıkandığında, ayağınız ağrıdığında, kendinizde yorgunluk hissettiğinizde... Saate bakıp kalkma zamanının geldiğini görerek yataktan zorla çıktığınızda... Giysi dolabınıza baktığınızda... Evinizi dağınık gördüğünüzde... Durakta beklerken otobüs geç ve dolu geldiğinde, trafik sıkıştığında... Randevunuza giderken iş arkadaşınız bir başka mesai arkadaşınızın sizinle ilgili ileri geri konuştuğunu haber verdiğinde... Toplantıya yetişmek için yolda yürürken randevu saatinin gelip çattığını fark ettiğinizde... Amiriniz tarafından uyarıldığınızda... Bankaya maaşınız yattığında... Park halindeki arabanızda çizik gördüğünüzde... Eve gittiğinizde, çocuğunuzu ders çalışmak yerine televizyon seyrederken bulduğunuzda... Eşiniz veya sevgilinizle karşılaştığınızda, anneniz sizi aradığında... İnternette haber sitelerini açıp son gelişmelere baktığınızda, komşu ülkelerden birinde yaşanan iç savaşa ilişkin bir haber gördüğünüzde, bir terör olayını duyduğunuzda, seçimlerin erkene alındığını öğrendiğinizde, küresel ısınmanın kıyıların sular altında kalmasına yol açacağını okuduğunuzda... Televizyon haberlerinde tatil bölgelerinde sıcakların arttığını dinlediğinizde ya da hava durumunu sunan kişi gülerek soğuk hava dalgasının fırtına ve kar getireceğini ve vatandaşların buna göre önlem alması gerektiğini söylediğinde... Yeni bir hastalık salgını nedeniyle sınırlardaki önlemlerin artırıldığından bahsedildiğinde... Bir yakınınızın kansere yakalandığını öğrendiğinizde... Tuttuğunuz takım maçı kaybettiğinde, sevdiğiniz bir şarkıcının yeni bir şarkısını dinlediğinizde, çiçeklenmeye başlamış bir bahar ağacını gördüğünüzde, Mars'ta bir zamanlar hayat olduğunu okuduğunuzda, insanın ortalama yaşam süresinin uzadığına ilişkin bir haberi dinlediğinizde, evde elektrik arızası olduğunda ya da kalbiniz durduk yerde hızla çarpmaya başlayıp nefesiniz daraldığında...

Benzer olay ve durumları sonsuz sayıda artırabiliriz. Asıl soru ise şu: Gün boyunca yaşamınızda bir sürü şey olup biterken sizin fark ettikleriniz hangileri oldu?

Yaşadığımız ortam, içinde bulunduğumuz çevre, bu çevreyi oluşturan insanlar ve yaşadığımız olaylar, ruhsal yaşamımızın en önemli parçalarından birini oluşturur. Birçok duygusal tepkimizi, dışımızda olan bitenler tetikler ve sürdürür. Biz de, doğal olarak, duygusal tepkilerimizi ve yaptıklarımızı bu olay veya durumlara bağlarız. "X beni çok kızdırdı... Y beni çok mutlu etti," deriz, bir şeylerden veya birilerinden bahsederek. "Oğlumun durumu beni çok kaygılandırıyor... Arkadaşımın hastalanmasına çok üzüldüm..." deriz.

O halde, bizim için sorun olan veya olmayan bütün duygusal tepkilerimizi ve davranışlarımızı, içinde olduğumuz çevre ve yaşanan olaylarla açıklayabilir miyiz?

Her ne kadar, "davranışçılık" adı verilen ve bu yüzyılın ortalarına dek hâkim olan psikolojik kuram bu soruya "evet" dese de, doğru cevabın "hayır" olduğunu artık biliyoruz.

Nereden mi?

Yaşamla ilgili gözlemlerimiz bu kuramla uyumlu değil.

Aynı olayları yaşayan insanlar o olayları aynı şekilde algılayıp anlamıyor, aynı şekilde hatırlayıp anlatmıyor ve aynı tepkileri vermiyor.

Lütfen kendinize ve çevrenizdekilere bir de bu gözle bakın. Herkes aynı olaya aynı tepkiyi mi veriyor?

Ayrıca tek bir nedene dayandırılan açıklamalar ruhsal yaşam için yeterli değildir.

Nedensellik ilişkisini çevremizde olup bitenler ve verdiğimiz tepkiler açısından kolaylıkla kursak da bu tek başına yeterli bir açıklama değildir.

Şimdi birkaç soru daha sorayım: Yukarıdaki cümleleri okurken ne hissettiniz? Şaşkınlık? Merak? Sıkılma?

Her ne hissettiyseniz, o duygunuza eşlik eden düşünce ve değerlendirmeleriniz neydi?

Belki sadece yazılanlara yönelmişti dikkatiniz.

Peki, her satırın ilk harfinin daha büyük ve vurgulu olduğunu, bu harfleri yukarıdan aşağıya doğru okuyunca "YALAN" sözcüğünün ortaya çıktığını fark edenleriniz oldu mu?

Fark edenlerin bir kısmı bunun üzerinde hiç durmayabilir veya tesadüf diye düşünebilir. Bu kişilerde herhangi bir özel duygu oluşmayabilir. Öte yandan, "Bu niye böyle, özellikle mi yapılmış?" diye düşünenlerde ise merak duygusu oluşacaktır

"YALAN" sözcüğünü hiç fark etmeyenlerin bu durumla ilgili herhangi bir tepkisi olabilir mi peki? Doğaldır ki bu sorunun cevabı "hayır". Çünkü duygusal tepkilerimizde ve davranışlarımızda olaylar tek başına belirleyici değildir. Herhangi bir olay veya durumun bize bir etkide bulunabilmesi için öncelikle onu fark etmemiz, algılamamız gerekir.

Çevresel olayların üzerimizdeki etkisini yok saydığımız anlamı çıkmasın buradan. Çevresel olaylar, doğal olarak algılarımızı ve düşüncelerimizi etkiler. Olup bitenler duygusal ve davranışsal tepkilerimizde rol oynayabilir ama tek belirleyici değildir. Başka bir ifadeyle, duygusal tepkilerimizin oluşması için çevremizde birtakım olayların gerçekleşmesi bazı durumlarda önşarttır, ama bu olayların bizi etkileyebilmesi için yeterli şart değildir; öncelikle olanın, bizim tarafımızdan algılanması, fark edilmesi gerekir.

Duyum Nedir ve Algımız Nasıl İşler?

Duyum, o anda olan bitenlerin duyu organlarımızca fark edilmesidir.

Gördüğümüz şeyin (görme duyumu) beynimiz tarafından işlenmesiyle görme algımız oluşur. Duyum ve algılarımız birlikte işbirliği içinde çalışan iki işlevimizdir. Duyu ve algılama işlevimizin iki tür kısıtlılığından veya öznelliğinden bahsetmemiz mümkündür. Birincisi bütün insanların ortak duyusal-algısal kısıtlılığı, diğeri ise öznel-bireysel kısıtlılıklar.

Ortak algısal kısıtlılığı bir örnekle açalım: En önemli duyularımızdan olan görme, aslında son derece sınırlı bir alanı algılamamızı sağlar. Göz, elektromanyetik dalgaların çok kısıtlı bir alanını oluşturan görülebilir ışığı görür. Görülebilir ışık, aslında bir enerjidir. Radyo dalgaları, mikrodalgalar, kızılötesi ve ultraviyole ışınlar aynı ailenin, yani elektromanyetik dalgaların farklı dalga boylarındaki üyeleridir. 10^3 -10^{-12} metre dalga boyu aralığındaki bu spektrumda bizim görebildiğimiz kısım, 380-700 nanometre arasında dalga boyuna sahip olan elektromanyetik dalgalardır.

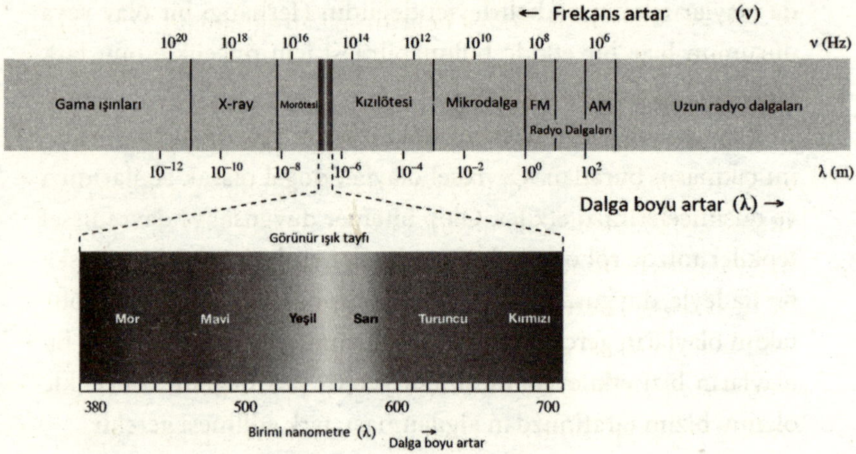

Resim 1. Işığın tüm spektrumu ve görülebilen ışık

Yine algıyla ilgili önemli bir gerçek, aslında algının dış dünya kadar, bizim beynimizle de ilgili olduğudur. Gerçekte, cisimlerin kendisinde renk diye bir şey yoktur mesela. Yapısal anlamda bütün cisimler "renksizdir". Renk, cisimlerin ışınları farklı dalga boylarıyla yansıtmasına dayalı olarak beynimizin ürettiği bir görüngüdür.[1]

Algılama sonrasında tepkilerimizi biçimleyen bir başka aracı, bir öznellik alanı olan dikkattir. Herkes aynı sesleri duysa, aynı şeyleri görse bile bunların içinde fark ettiği şeyler birbirinden başka olur. Bebekli bir annenin çok daha yüksek seslerde uyanmazken çocuğunun ufacık bir mızıldanmasını duyarak kalkması buna örnektir.

Duyum, algı ve dikkatten sonrası iş biter mi? Hayır.

Devamında gelen bir diğer öznel alan da algılanan şeyle ilgili yapılan tanımlamalar ve ona verilen anlamlardır.

Türkçe bir konuşma, Türkçe bilen birisi için anlam ifade ederken, hiç Türkçe bilmeyen bir Çinli için boş bir ses yığınından başka bir şey değildir. En fazla, bir bebeğin çıkardığı anlamsız sesleri andıracaktır ona.

Ya da yukarıdaki akrostişte ilk harfleri birleştirip "YALAN" sözcüğünü elde etmiş olanların bir kısmı buna hiçbir anlam vermezken, kimileri bunun ilginç bir tesadüf olduğunu, kimileri de bunun özellikle yapıldığını düşünebilir. Yani "YALAN" sözcüğünü algılayanların hepsinde aynı tepkiler ortaya çıkmaz. Çünkü verilen anlamlar da tepkilerimizi etkiler.

Kısaca, duygusal tepkilerimizi etkileyen, algıdan sonraki ikinci ana unsur, tanımlama ve anlam vermedir. Örneğin, şimdi bu kitabı okurken yaşadığınız duygusal tepkiler ve gösterdiğiniz davranışlar, şu ana dek yazılanlardan ne anladığınızla ilgilidir. Algılamanın anlam verme kısmına geldiğimizde insanlar birbirinden az ya da çok ayrışırlar. Şundan çok emin olarak söyleyebilirim ki okuyan herkesin bu kitaptan anladığı aşağı yukarı birbirine benzemekle beraber, birbirinin tıpatıp aynısı olmayacaktır.

Peki, tanımlama ve anlamlandırmayla her şey bitiyor mu? Buna da "hayır" demek durumundayız. Bu kitabı okuyup aşağı yukarı aynı şeyleri anlayan 100 kişi bulsak, bu 100 kişinin hepsinin duygusu ve davranışı aynı mı olacaktır? Bu sorunun cevabının da "hayır" olacağını rahatlıkla söyleyebiliriz.

O halde, anlamlandırma dışında bir başka etken daha devreye girmektedir. Bu etken, yine düşünce alanımızla ilgili bir diğer öğe olan yorum ve değerlendirmelerdir.

Bu yorum ve değerlendirmeler de kişiden kişiye değişir. Örneğin, bazı okurlar anlatılanları kendisine uygun bulup, "Arkasından ne gelecek?" diye merakla okumayı sürdürürken, bazıları da "Bunlar yararsız bilgiler, bir işe yaramaz," diyerek kitabı elinden bırakabilir. Bazıları da içeriği kendisine ve yaşadıklarına yakın bulmayıp sıkılabilir. Bu duygusal tepki ve davranışları biçimleyen yorumlar da -benzerlikler taşımakla beraber- her okur için farklılıklar gösterecektir.

Bu farklı tepkilerimizi biçimleyen, ruhsal alanımızdaki en önemli belirleyicilerden biri olan ve algı ve düşüncelerimizden oluşan alanın adı "bilişsel alan"dır.

Sorunu Fark Etmek ve Anlamak

Algı ve düşüncelerimiz, algı ve düşünceler olmakla kalmaz; hemen başka bir alanı etkiler: duygularımızı.

Duygu, hepimizin hissettiği psikolojik bir yaşantıdır. Duyguları bir anlamda fiziksel duyumlara (ağrı, acı, vb.) benzetebiliriz. Korku, üzüntü, sevinç, utanç, mutluluk, merak, kızgınlık, şüphe gibi tepkilerimiz en tanıdık duygulardandır ve insan psikolojisinin çok önemli bir boyutunu teşkil eder.

Diğer yandan, yoğun bir şekilde yaşanan olumsuz duygusal tepkiler, insanların psikolojik olaylar arasında en çok rahatsızlık oldukları, tedavi ve yardım aradıkları alandır. Peki, bu kadar rahatsız olunan olumsuz duygusal tepkiler ortadan kaldırılması, yok edilmesi gereken sorunlar mıdır acaba? Yoksa duygularımız bizim açımızdan çok gerekli ve önemli işlevlere sahip oldukları için mi vardır? İlerleyen bölümlerde bu çok önemli soruya da yanıt arayacağız ve duygular, çoğu zaman sorun olarak görüldüğünden, kitabımızın en önemli konulardan biri olacak.

Duygular hem düşüncemizi, algımızı ve belleğimizi hem de davranışlarımızı etkiler. Duyguların yakın komşusu olan davranışlar ise psikolojimizle ilgili dışarıdan da gözlenebilen bir alandır ve yapıp ettiklerimizle konuşmalarımızdan oluşur (Şekil 1).

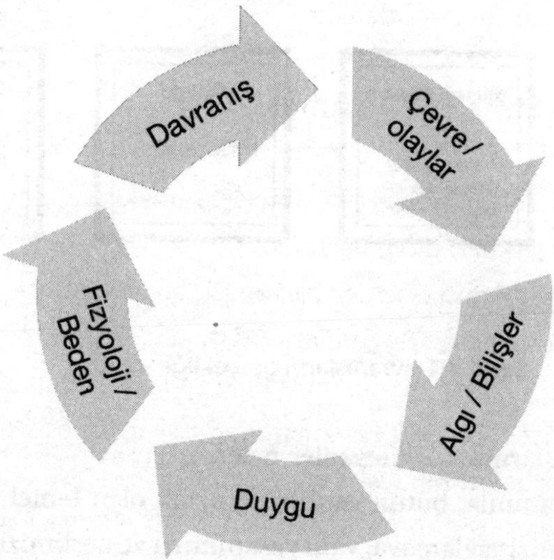

Şekil 1. Ruhsal tepkilerimizde rol oynayan çevresel, bilişsel, duygusal ve davranışsal etkenler ve birbirleriyle ilişkileri

Dünya üzerinde eğer az ya da çok bir etkide bulunuyor, bir değişiklik yapabiliyorsak, bunu ancak davranışlarımız sayesinde gerçekleştirebiliyoruz.

Davranışlar ve yapıp ettiklerimiz de daha sonra olan olayları ve dolayısıyla içinde bulunduğumuz ortam ve çevreyi etkiler (Şekil 2). Örneğin şu anda bu kitabı okumaya devam ederseniz başka bir olaylar dizisi, kitabı bir kenara bırakıp dışarı çıkarsanız bir başka olaylar dizisi gerçekleşir.

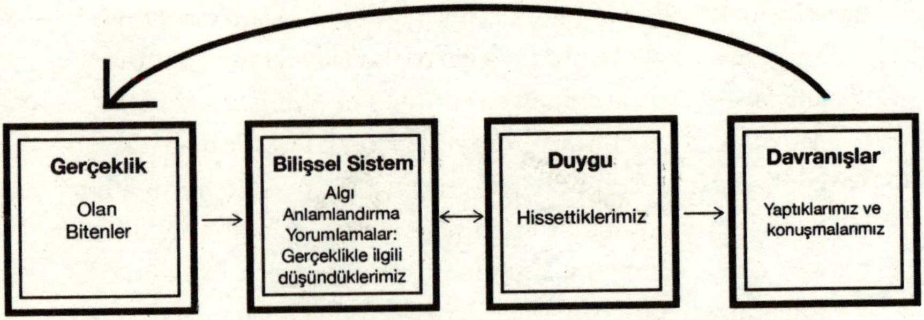

Şekil 2: Davranışların gerçekliğe etkisi

Peki, davranışlarımızı etkileyenler nelerdir?

En basit tanımla, bütün canlılarda ortak olan temel bazı gereksinimlerimizi sağlamaya, yani yaşamımızı ve neslimizi sürdürmeye çalışmak; ama diğer yandan da insan olmamızın getirdiği, "Nasıl bir insan olmak ve nasıl bir hayat yaşamak istiyorum?" sorusuna verdiğimiz cevaplar...

O halde, bölümün başında sorduğumuz soruya tekrar dönersek, sorunlarımızın kaynağı tek bir alanda toplanmadığını görüyoruz. İnsan yaşamı bir bütün ve bütünü oluşturan bu alanlar (yani içinde olduğumuz çevre / başımıza gelen olaylar, algı ve düşüncelerimiz, bedensel tepkilerimiz ve özelliklerimiz, duygusal özelliklerimiz ve tepkilerimiz, yapıp ettiklerimiz –davranışlarımız– hem sorunların ortaya çıkmasında hem de sürmesinde rol oynayabilir. Üstelik sorunun başladığı veya sorunu başlatan alan ne olursa olsun, diğer alanlar da onun sürmesinde veya umulur ki azalmasında rol oynar/ oynayabilir.

Diyelim ki yaşamınızda bu alanlardan herhangi birinde bir sorun var. Örneğin kendinizle ilgili olduğunu düşündüğünüz ve değişmesini istediğiniz duygusal (korku, yoğun mutsuzluk, karamsarlık vb.), düşünsel (düşünce takıntıları vb.), davranışsal (alkol kullanımı vb.), bedensel-fizyolojik (kilo verme vb.) sorunlar... Ya da çevrenizle (yakın olduğunuz insanlarla) ve yaşam olaylarıyla ilgili sorunlar... Eğer bunların değişmesini istiyorsanız, ilk adım bu sorunu fark etmek, ardından da sorunun ne olduğunu anlamaktır.

Anlamak, bir sorunun birbiriyle karşılıklı ilişkide olan bu alanlardaki izdüşümlerini bulmak ve ortaya koymaktır. Soruna hem yol açan hem de onu sürdüren etkenler bu alanlarla ilgilidir ve bunların neler olduğunu keşfetmek, çözüme giden ilk adımdır.

Kitabımızın ikinci bölümünden başlayarak bu alanları sırasıyla ele alıp daha sonra en sık görülen sorunlar üzerinden uygulamalı örnekler vereceğim. Bu kitabın amacı size hazır bir çözüm sunmak değil, sorunları nasıl çözeceğiniz konusunda bir yöntem öğretmek. Bu kitapta size aktarmaya çalışacağım yöntem, çağdaş bilimsel psikoterapideki en geçerli yöntemlerden birisi olan bilişsel davranışçı terapi ilkelerine dayalıdır.

Beyin ve Psikoterapi

Diğer bölümlere geçmeden önce, psikoterapi nedir, bilişsel davranışçı terapi nedir, kısaca bunlardan bahsetmek istiyorum. Okuyacağınız birkaç sayfa belki de bu kitabın en kuramsal sayfaları olacak. Daha sonrası ise yaşama ve uygulamaya dönük olacak.

Psikoterapinin ne olduğunu anlayabilmemiz için beynimizin yapısı hakkında da az çok fikir sahibi olmamız gerekir.

İşitme organımızın kulağımız, görme organımızın gözümüz olması gibi duygu, düşünce ve davranışlarımızla ilgili organımız da beynimizdir.

İnsan beyni, bilinen evrendeki en karmaşık yapılardan biridir. Beynimiz "nöron" adı verilen milyarlarca (ortalama 85 milyar) sinir hücresinden oluşur.[2] Hücre, insanı oluşturan ve kendi içinde bir bütünlüğü olan en küçük yapılara verdiğimiz addır. Sinir hücreleri (nöronlar) sinaps adı verilen noktalarda birbirleriyle karşılıklı iletişim halindedir.

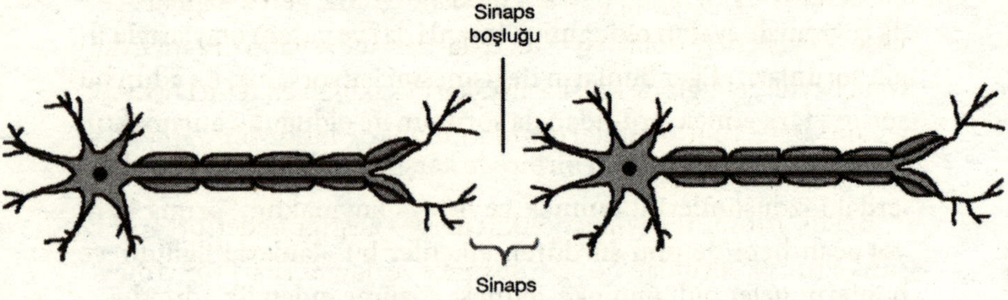

Resim 2. Nöronlar (sinir hücreleri) ve aralarındaki bağlantılar (sinapslar)

Nöronların her birinin diğerleriyle yaklaşık 10 bin farklı sinaptik bağlantısı vardır. Bir insanın sinir sistemindeki sinaps sayısı yaklaşık 10^{14} ila 10^{15} (100 trilyon - 1 katrilyon) adettir. Bu sayı Samanyolu galaksisindeki yıldızların sayısından daha fazladır.[3] Bu trilyonlarca sinaps noktasında sinirler arası iletişim, kimyasal-elektriksel sinyaller yoluyla sağlanır. Şu anda bu yazıyı okurken beyninizdeki trilyonlarca sinapsta anbean devam eden bir etkinlik söz konusudur. İnsan beynini çok gelişmiş organik bir bilgi işlemciye benzetebiliriz. Ancak insan beyninin düşünülebilecek en gelişmiş bilgi işlem aracından çok daha gelişmiş ve karmaşık olduğunu unutmamak şartıyla. Tek bir sinapsta moleküler düzeyde ortalama 1000 adet açılıp kapanan anahtar düzeneği vardır. Ve bu düzeneklerin insan beynindeki sayısı, dünya üzerindeki bütün bilgisayarlardaki, yönlendiricilerdeki ve internet bağlantılarındaki anahtarların toplamından daha fazladır.

Beynimiz vücut kitlemizin yaklaşık %2-3'ünü oluştururken, vücudumuzun dinlenme halindeyken harcadığı enerjinin yaklaşık %25'ini tüketir. Vücudumuz neredeyse beynimiz için çalışmaktadır, diyebiliriz. Canlı türlerini öne çıkan özelliklerine göre tanımlasak, insanın en özgün ve ayırıcı özelliği gelişmiş beyni olur muhtemelen.

Tıbbın çeşitli bölümlerinin uğraştığı organların tümü çok karmaşık olmakla beraber, beyne kıyaslandığında, gerek yapıları gerekse işleyişleri ve dolayısıyla da tedavileri daha yalın organlardır. Konu beyne geldiğinde karşılaşılan karmaşıklığın en temel nedeni, beynin diğer tüm organlarımızdan oldukça farklı bir yapıya ve işleyişe sahip olması.

Beyin, ruhsal tedavilerin etkilemeye çalıştığı hedef organdır. Çünkü ruhsal sorunlar, duygu, düşünce ve davranışları yönetmeyle ilgili organ olan beyni ilgilendirir. Bu alanlarda bir sorun olduğunda beyni etkileyerek bu sorunları çözmeye çalışmak, genel tıp mantığı içerisinde doğal olarak akla gelebilecek en iyi yollardan birisidir. Bu mantıkla doğan psikiyatri, 20. yüzyılın başından itibaren hem beyindeki yapısal ve işlevsel değişiklikleri araştırmış hem de beyne yönelik cerrahi müdahaleler veya biyolojik yöntemler (ilaçlar, elektrokonvülsif terapi* vb.) kullanmıştır.

Günümüzde cerrahi müdahaleler ruhsal sorunlar için çok nadiren başvurulan yöntemler olmakla beraber, özellikle ilaç tedavileri oldukça yaygın biçimde kullanılan biyolojik-bedensel yöntemlerdir. Beyni, daha doğrusu ağırlıklı olarak nöron ve sinapsları etkileyen antidepresanlar (depresyon tedavisinde kullanılan ilaç grubu), antipsikotikler**, anksiyolitikler (kaygı giderici) ve duygudurum düzenleyici ilaçlar birçok psikiyatrik rahatsızlığın tedavisinde kullanılmaktadır. Ancak gerek ruhsal rahatsızlıkların beyindeki yapısal veya işlevsel eşlikçilerini bulmak gerekse de bu rahatsızlıkları ilaçlarla tedavi etmek konusunda ulaşılan sonuç, henüz çok parlak değil.

Ruhsal rahatsızlıkların tedavisinde kullanılan ilaçlar tam ve kalıcı bir düzelme sağlamaktan çok, kullanıldıkları sürece, bir düzeyde etkili oluyorlar. Yani hasta tedaviyi kestiğinde çoğu kez ilacın sağladığı olumlu veya koruyucu etki bir süre sonra yok olabiliyor.

---

* Beyin bölgesine uygun dozlarda elektrik akımı vererek hastaya kontrollü bir epileptik nöbet geçirmesini sağlamak yoluyla gerçekleştirilen bir tedavi.

** Psikotik durumlar denilen, algı ve düşünce alanında ciddi farklılıklarla kendini gösteren ruhsal rahatsızlıkların tedavisinde kullanılan ilaç grubu.

İlaç tedavilerinin kullanıldığı süreç içindeki etki düzeylerine baktığımızda da pek çok rahatsızlıkta parlak ve kalıcı sonuçlar elde edilemediğini görebiliyoruz. Bunun en temel nedeni, beyni araştırmada kullandığımız yöntemlerin henüz beynin özelliklerini ve işleyişini tam yansıtmaması ve kullanılan ilaçların etki düzeneklerine kıyasla beynin yapısal ve işlevsel karmaşıklığı olabilir. Özet olarak, tıbbın insan bedeninin tümüyle ilgili kavrayışına kıyasla, insan beyni, işleyişinin anlaşılması ve ilaç tedavilerine cevap vermesi açısından diğer organlarımızdan oldukça farklıdır.

Peki, ilaç tedavilerinin etkisi kısıtlı ya da kullanıldığı dönemle sınırlıysa, beyne başka hangi yollarla etkili ve kalıcı olabilecek şekilde ulaşabiliriz?

İnsan beyninin temel görevlerinden biri, dış dünyayı beş duyu vasıtasıyla algılamak ve değerlendirmektir. Beynimiz dış dünyada olan bitenlerden işitsel, görsel vb. veriler aracılığıyla etkilenir ve bunun sonucunda da değişir. O halde, beynin bu özelliğini onun sorunlarını azaltma yolunda nasıl kullanabiliriz? Tabii ki dış dünyada değişiklik oluşturarak...

Psikoterapi tam da burada devreye girer. Başta sözel yol olmak üzere, insani iletişim aracılığıyla ruhsal sorunların tedavi edilmesi yöntemine "psikoterapi" adı verilir. Yeni davranışlar, yeni öğrenimler ve alışkanlıklar kazanılması yoluyla işleyen psikoterapiyle, pek çok ruhsal sorunun çözümünde, kullanılan ilaçlara kıyasla çok daha iyi ve kalıcı sonuçlar elde edilebilmektedir. İnsan beyninde bir değişiklik sağlamak amacıyla kullanabileceğimiz en önemli araç, konuşmaktır. Söz ya da konuşma, kan yoluyla beyne ulaşan bir kimyasal molekül kadar, belki de daha özgün bir biçimde etkilidir. Psikoterapi bir anlamda sözün veya etkileşimin beyne olan bu etkisinin, ruhsal sorunların azaltılması amacıyla kullanılmasıdır.

Örneğin sizi ele alalım: Bu kitabı okuma eyleminiz, beyniniz aracılığıyla gerçekleşiyor. Acaba beyninizin bu kitabı okumaya başlamadan önceki haliyle şu andaki hali arasında bir farklılık var mıdır? Evet, çok detaylı ve mikro düzeyde bakıldığında, şu andaki beyniniz yapı olarak bu kitabı okumaya başladığınız andaki beyninizden daha farklıdır. Eğer bu kitabı okuduğunuzu ve bu kitapta yazılanları hatırlayacaksanız, yani bu okuma eylemiyle ilgili bir bellek oluşacaksa, bu ancak ve ancak beyninizde belli bir düzeyde değişiklik gerçekleşmesiyle mümkündür. Okuma ve anlama etkinliği beyninizdeki bazı sinapslarda değişiklikler doğurmuştur. Bu değişiklikler olmasa ne bellek ne de "hatırlama" dediğimiz işlevimiz oluşurdu.

İyi Yaşamak İçin Bilişsel Davranışçı Terapi (BDT)

Herhangi bir bedensel hastalığınız olduğunda en etkili yöntemin uygulanmasını istemeniz ne kadar doğalsa, ruhsal sorunlarda da en etkili yöntemin uygulanmasını istemeniz o denli doğaldır.

Bugün için genel tıpta bir tedavinin etkili olup olmadığını anlamanın en iyi yolu, rasgele (*randomised*) kontrollü klinik çalışmalar yapmaktır. Bu yöntem, tedavisi için üzerinde çalıştığınız rahatsızlığa sahip olan bir grup insanı herhangi bir ayrıma tabii tutmaksızın rasgele ikiye bölerek, bir gruba araştırdığınız deneysel yönteminizi, diğer gruba ise başka bir yöntemi uygulayarak sonuçları karşılaştırmaktır. Karşılaştırmada deneysel yönteminizin karşısına çıkardığınız diğer yöntem, çoğunlukla plasebo (yani ilaç olmayan ilaç) veya etkisi bilinen başka tedaviler olur. Örneğin, yeni bir yöntemin depresyon tedavisinde etkili olup olmadığı, bir grup depresif hastaya deneysel yeni yöntemin, diğer gruba da ya plasebo tedavisi veya psikoterapinin plasebo'su (hastayla diğer gruba ayrılan zamana eş bir sürede konuşulması) ya da etkili olduğu bilinen bir antidepresan verilerek bulunur. İki grubun iyileşme düzey ve oranları karşılaştırıldığında eğer geliştirilen yeni yöntem plasebo'dan anlamlı şekilde daha etkiliyse ya da etkisi bilinen yöntem kadar veya ondan daha fazla etkiliyse, o zaman bu yeni tedavinin bilimsel olarak da etkili olduğu gösterilmiş olur.

İşte, Bilişsel Davranışçı Terapi (BDT), ruhsal rahatsızlıkların oluşumundaki etkenleri psikoloji biliminin verilerine göre açıklamaya ve yine bu bilimin gösterdiği ilkeler doğrultusunda çözmeye çalışan psikoterapidir. BDT'nin pek çok ruhsal rahatsızlıkta etkili bir psikoterapi olduğu, çok sayıda klinik araştırmayla gösterilmiştir. Ruhsal rahatsızlıkları bilimsel psikoloji bilgisiyle açıklaması, BDT'nin diğer psikoterapi türlerinden en önemli farkıdır.

BDT, uygulama ve tedavide şimdiki sorunlara odaklanır. Süre olarak sınırlıdır ve sorun çözme hedeflidir. Psikolojik yardım arayan çoğu kişinin amaçladığı şey de zaten güncel sorunlarını çözmektir. BDT'nin asıl hedefi ise kişinin bütün yaşamı süresince kullanabileceği psikolojik becerileri öğretmektir. Bu beceriler düşünceleri saptamak, düşüncelerin sadece düşünce olduğunu fark etmek, gerçekçi düşünmek, inançları değiştirmek, çevreyle yeni ilişkiler kurmak ve davranış değişikliğidir.

BDT, bilişsel kuram ve öğrenme kuramlarına (davranışçı psikolojiye) dayanır. Olayları algılama biçimimizin duygusal tepkilerimizi etkilediği gerçeği bilişsel terapinin ana çıkış noktasıdır: "*Olayları olduğu gibi değil, algıladığımız gibi görürüz.*" Yani duygusal tepkimiz sadece durumdan değil, durumla ilgili algı ve düşüncelerimizden de etkilenir. Bizim dış dünyayı olduğu gibi anlama şansımız yoktur; algı ve bilişsel sistem (tanımlama, anlamlandırma, yorumlama, değerlendirme, tahmin ve öngörüde bulunma vb. işlevler) aracılığıyla dünyayı anlarız. Eğer olan bitenler, algı ve bilişsel sistemimiz tarafından çok fazla çarpıtılmadan bize ulaşırsa, duygusal tepkilerimiz ve davranışlarımız yerinde ve uygun olur. Fakat bilişsel sistem, özellikle insanlar gerilim ve baskı altındayken iç gerçekliği farklılaştırmaya başlar. Bu durumlarda bireyler net ve açık düşünemezler, düşünceleri bir biçimde gerçeklikten farklılaşmaya başlar. Algı ve bilişsel sistemimiz gerçekliği çok fazla değiştirdiğinde de sorun yaşamaya başlarız.

Bilişsel terapi, kişilerin sıkıntı durumlarına eşlik veya öncülük eden düşüncelerini saptamalarını ve bu düşüncelerin gerçeklikle ne kadar örtüştüğünü incelemelerine yardımcı olur. Kişi uygunsuz düşüncelere inanıp ona göre hareket etmek yerine, o an içinde bulunulan gerçeklikle daha uyumlu, daha işlevsel düşünmeye başlar. Duygusunu da daha iyi değerlendirip duruma uygun hisseder. Bu, BDT'nin bilişsel kısmıdır.

BDT'nin ikinci ve belki de bilişten (algı ve düşünceden) daha önemli diğer bileşeni ise davranışçı kısımdır. BDT'de, davranışlarımızın yaşamımızı olumlu yönde etkileyecek şekilde değişmesi amaçlanır. Davranış değişikliği, içinde bulunduğumuz ortamı ve bağlamı da değiştirerek, yaşantımızdaki sorunları çözmeye yardımcı olur. Bu nedenle BDT'de sorun çözme ve davranış değişikliği en çok kullanılan yöntemler arasında yer alır. Yaptıklarımızın, yani davranış ve konuşmalarımızın değişmesi, yaşayacağımız olayların ve içinde bulunduğumuz ortamın yanı sıra, başımıza gelenleri de bir ölçüde etkiler. Bu da yaşam kalitemizi artırır. Hem düşüncemizi hem de duygumuzu etkiler ve giderek daha anlamlı, daha iyi bir yaşam sürmemizi sağlar.

Bu kitaptaki yolculuğumuzda varmak istediğimiz hedef "iyi yaşamak." BDT ise bu yolculuktaki pusulamız olacak. Eğer aklınıza yattıysa, bütün olayın olup bittiği yeri, yani beynimizi ve sinir sistemimizi tanıyarak başlayalım bu yolculuğa.

İkinci Bölüm

Yapı: Beynimiz ve Bedenimiz

İnsanı bir bilgisayara benzetirsek, beynimiz ve onunla bağlantılı sinir sistemimizin yapısı bir anlamda bu bilgisayarın "donanım" (hardware) adı verilen işlemcisine, güç sistemine, kablolarına ve yardımcı sistemlerine benzetilebilir. Bildiğiniz gibi, bilgisayarlara yüklenen programlar (software) vardır bir de. Bilgisayarın neleri yapabildiği, nasıl işlev gördüğü, yapısı (işlemcisi, ekran kartı, belleği vs.), ana işletim sistemi (Windows, Mac Os, vb.) ve yüklü programlarla ilgilidir. Tıpkı bilgisayarların donanım, ana işletim sistemi ve temel programlarla yüklü olması gibi, beynimizin ve sinir sistemimizin de doğuştan gelen hazır bazı özellikleri vardır. Eğer bu özellikleri bilip kullanırsak, yaşadığımız sorunları anlama ve halletme açısından daha avantajlı oluruz.

Beynimizi oluşturan 85 milyar nöron birbirleriyle elektriksel uyarılar yoluyla iletişim kurarken, sıradan bir nöron saniyede 5-50 defa uyarı verir. Karşılıklı iletişimi ve bütünlüğü sağlayan, nöronların "akson" adı verilen ve diğer nöronlarla temas eden uzantılarıdır. 20 yaşındaki birinin beynindeki sinir hücrelerinin aksonlarının toplam uzunluğu yaklaşık 200 bin kilometredir. İnsan beyni saniyede 1 trilyon ila 100 trilyon bitlik* bilgi işler. Bizler bir saniyede

* 1 Bit, bilişim bilgisayar alanında kullanılan ve en küçük bilgi birimi anlamına gelen bir sözcüktür. Bilgisayarlarda 1-0 biçimindeki kodlamalar kullanılarak bütün işlemler yürütülür. Bit ,veri depolama ve transferlerinde en küçük dosya birimidir.

işlenen bu büyük bilginin sadece 2000 bitinin farkında olabiliriz. Beynin işlem yapma hızını, şu anda kullandığımız bilgisayarların hızıyla kıyaslayarak anlayabiliriz. Yakın zamanda yapılmış bir simülasyonda, dünyanın en hızlı 4. bilgisayarı (82,944 işlemciye sahip, yani günümüzde kullanılan sıradan bir bilgisayardan yaklaşık 83 bin kat daha hızlı bir bilgisayar) insan beyninin yaklaşık 1 saniyede yaptığı bir işlemi ancak 40 dakikada yapabilmiştir. Bunun anlamı, insan zihninin, dünyanın en hızlı bilgisayarlarından tam 2400 kat daha hızlı çalıştığıdır.

Bu derece önemli bir organ olan, merkezi yönetici sistem niteliğindeki beynimiz, dış etkenlere karşı korunaklı, sert kafatasının içinde yer alır. İkinci bir koruma düzeneğiyse beynimizle kafatasımız arasında yayılan ve beynimizi darbelerden koruyan beyin-omurilik sıvısıdır.

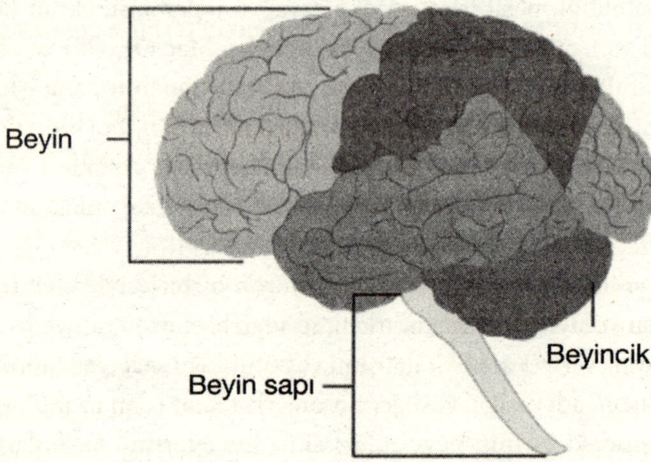

Şekil 3. Beyin, çevresi ve beyni oluşturan yapılar

Beyin kabaca üç kısımdan oluşur: Beyin sapı, ön beyin (frontal lop) veya beyin (serebral korteks) ve beyincik.

Ön beyin, insan beyninin en gelişmiş kısmıdır. Özelleşmiş entelektüel ve üst yönetici merkezler ön beyinde yer alır. Beyincik, denge ve bedensel kontrolü düzenler. Beyin sapında ise solunum, iç organların çalışmasını sağlayan otonom sinir sitemi merkezleri, uyku-uyanıklık gibi daha temel yaşamsal gereksinimleri düzenleyen ve yöneten merkezler vardır (Şekil 3).

Ön beyin, yerleşimine göre ad verilen çeşitli bölgelerden oluşur (Şekil 3). Alnınıza parmağınızla bir dokunun. İşte bunun yaklaşık 2 santim altında, beyninizin frontal (ön) lobu yer alır. Harekete dönük (motor) işlevler,* dil (konuşma ve anlama), bellek ve yönetici merkezler burada yer alırlar. Beynin en ön kısmı, alnımıza denk gelen prefrontal bölüm, insanı diğer canlılardan ayıran temel özelliklerinden sorumlu en üst yönetici merkezdir. Beynin diğer bölgelerinden de bilgiler alan frontal korteksin ön bölümü duygusal durumumuza, kişiliğimize ve kendimizin farkında olmak gibi işlevlere de katkıda bulunur.

Beynimizin üst yan bölgesine parietal (yan) lop denir. Bu bölge nesnelerin hareketlerini takip etme, anlama, şekillerini ve yerleşimlerini kavrama gibi işlevleri yerine getirir.

Beynin yan tarafının aşağı kısmına ise temporal (şakak) lop adı verilir. Temporal lop duyma, dili anlama ve geçmişe ait anıların depolanması konusunda birincil merkezdir.

Beynin en arka kısmında ise oksipital lop (art kafa) bulunur. Bu bölüm görme işlevine ayrılmıştır. Dışarıdan duyu organları aracılığıyla algılanan duyular önce birincil duyu merkezine gelir, oradan beynin bağlantı işlevini yapan bölümüne gider ve bu uyarı beynin bütününe yayılır (Şekil 4).

---

* **Motor işlev:** Belirli bir amaca yönelik olarak (bir yere gitmek, ayağa kalkmak) gerçekleştirilen öğrenilmiş hareketler dizisi.

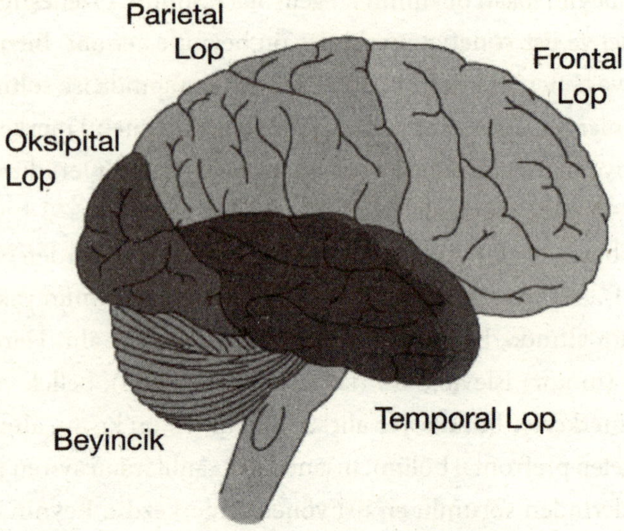

Şekil 4. Beyni oluşturan bölgeler

Beynin iç kısmında yer alan ve "limbik sistem" (duygusal beyin) adını verdiğimiz bölüm, "hipokampus", "amigdala", "hipotalamus" adlı yapıları içerir. Bu bölge duygularımızın beyindeki merkezi olarak kabul edilir.[2] Ancak yapılan çalışmalar, duygusal tepkilerin aslında tek bir bölgeyle ilişkili olmayıp neredeyse bütün beyni ilgilendirdiğini göstermiştir. Örneğin, duygusal tepkilerimiz otonom sinir sistemi üzerinden bedeni etkilerler. Bu sistem bedenimizi her duyguya göre farklı çalıştırır.

Limbik sistem yapılarından "talamus", eski Yunancada yatak odası anlamına gelse de, aslında işlev olarak bir odadan çok kapıya benzetilebilir: Talamus, beyne gelen tüm algıların giriş kapısıdır (Şekil 5). Bir diğer komşu yapı olan hipotalamus ise beynin tabanına yerleşmiştir ve bedensel dengeyi korur. Hipotalamusun farklı bölümleri açlık, susuzluk, cinsel güdülenme ve diğer duygusal davranışlarla ilişkilidir. İnsan vücudunun iç sıcaklığı, dış ortamın sıcaklığı ne olursa olsun, 36,5-37,0 santigrat derecedir. Hipotalamus âdeta bir termostat gibi çalışarak vücut sıcaklığımızı bu derecelerde tutar.

Limbik sistemin duygular açısından en merkezi bölümü "amigdala"dadır. Amigdala, adını bademe benzetilen şeklinden almıştır. Heyecan, uyarılma, korku tepkilerinin orkestra şefidir. Bizi korkutan durumları öğrenip onlardan kaçınmamız anlamına gelen "korku koşullanması"nda da anahtar role sahiptir.

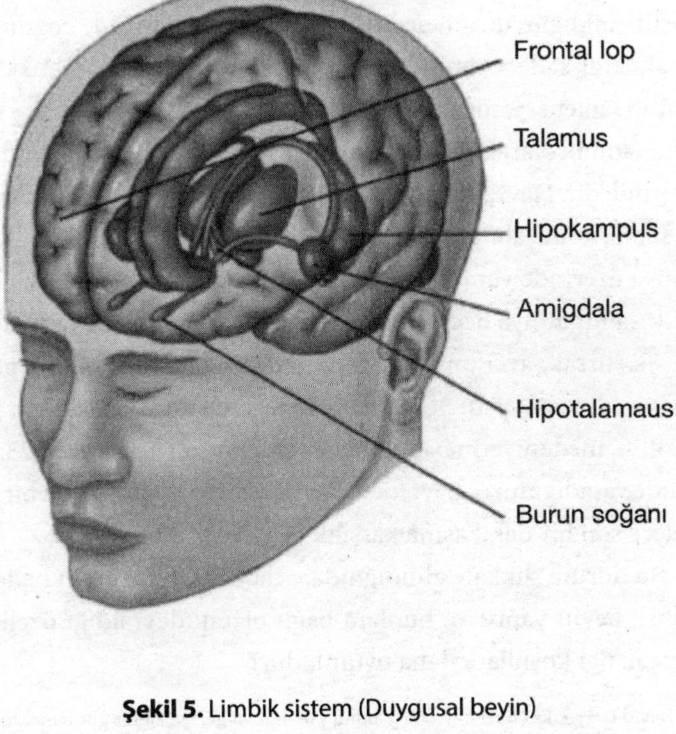

Şekil 5. Limbik sistem (Duygusal beyin)

Hipokampus ise bellek işlevleriyle, özellikle mekânsal-konumsal bellek, yakın bellek ve yeni anıların oluşumuyla ilişkilidir.

Tehdidi Fark Et, Kaç veya Savaş: Hayatta Kal

Şimdi de sahip olduğumuz beynin tarihi özelliklerini ve geçmişini irdeleyelim. Bu bize beynimizin hangi özelliklere ve önceliklere göre çalıştığını anlamamız konusunda çok yardımcı olacaktır.

Bedensel yapımız, organlarımız ve beynimiz bir yandan diğer canlılarla pek çok ortaklık taşırken, diğer yandan da sadece insana özgü özellikler gösterir. Bunlar bizi biz yapan özelliklerdir. Bugünkü insanın tür olarak adı "homo sapiens sapiens"tir. "Homo" Latince kökenli bir sözcük olup insan anlamına gelir. "Sapiens" düşünebilen, ayırt edebilen demektir. "Homo sapiens sapiens" ise düşünebildiğini düşünen anlamına gelir. Günümüzde çoğunlukla kısaltılarak sadece "homo sapiens" adlandırması kullanılmaktadır. Homo sapiens, yani bizimle bire bir aynı bedensel özelliklere sahip ve anatomik olarak modern insanlar yaklaşık 200 bin yıldır dünya üzerindedir. Davranışsal anlamda tam olarak bizim özelliklerimize sahip, konuşabilen modern insanlarınsa yaklaşık 90 bin* yıldır dünya üzerinde var olduğu düşünülmektedir.[3]

İnsanın dünya üzerindeki var oluşunu bir yıllık zaman dilimine sıkıştırsak, avcı toplayıcı toplumdan tarım toplumuna geçişi, bu bir yılın son, yani 365. gününe ve gece saat 21:00'a denk gelir. Tarihin, medeniyetin başlangıcı ve yazının keşfi gece saat 23:30'a, içinde yaşadığımız sanayi toplumu ve modern hayat ise bu bir yılın sadece son bir dakikasına karşılık gelir.[4]

Bu durum dikkate alındığında, acaba insan türünün bedensel yapısı, beyin yapısı ve bunlara bağlı olarak devraldığı özellikler sizce hangi koşullara daha uyumludur?

---

* David D. Franks (Bazı kaynaklar bunu 100 bin yıl geriye kadar götürmektedir).

Sıkıştırılmış bir yıla mı, yoksa son bir dakikaya mı?

Doğal olarak, sıkıştırılmış bir yıla daha uyumludur. Yani insan organizması büyük ölçüde ilkel yaşamın koşullarında, avcı toplayıcı toplum içinde şekillenmiştir ve o dönemin şartlarına uygun özelliklere sahiptir. Kaba bir benzetmeyle, insan beynini 5 milyon yıl önce piyasaya çıkmış bir bilgisayar gibi düşünürsek, bu bilgisayarın son revizyonu (ki bu küçük ama etkileri büyük bir revizyondur) yaklaşık 60-90 bin yıl önce gerçekleşmiş olup halen o haliyle kullanılmaya devam etmektedir. 60 bin yıl önceki insanla bugünkü insan arasında yapısal olarak (bilgisayar diliyle konuşursak "donanım" olarak) bir fark yoktur. Zaman makinesiyle o günden birini alıp bugüne getirsek veya bugünden birini alıp o zamana götürsek herhangi bir farklılık göremeyiz.

Mademki bu bilgisayar avcı toplayıcı insanın bünyesinde meydana geldi ve onun özelliklerine göre şekillendi, o halde avcı toplayıcı insanı ve avcı toplayıcı beyni biraz tanıyalım.

Avcı toplayıcı toplumda insanlar, hemen herkesin birbirini tanıdığı, görece küçük topluluklar (25-30 kişilik geniş aileler ve 100-150 kişilik kabileler) halinde yaşamışlardır.[5] Yiyeceklerini avcılık ve meyve, sebze, bitki toplayıcılığıyla elde eder, bulundukları çevrede kaynaklar tükenirse başka bir bölgeye göç ederlerdi. Tarım veya hayvancılık yoktu. Beslenme kaynakları tükendiğinde uzun süren açlık-kıtlık dönemleri yaşanırdı. Ortalama yaşam süresi 30 yıl olup, bunun en büyük nedeni 15 yaş öncesi erken ölümlerdi. İlkel yaşamda insanın ölümüne yol açan etkenlerin neredeyse tümü dış tehdit ve tehlikelerdi (açlık, kıtlık, vahşi hayvanlar, zehirli bitkiler, diğer insanlar, düşme, boğulma, sel, yıldırım, zehirli hayvan ısırması gibi kazalarla travmalar vb.).

Bugünkü yapımızı şekillendiren ilkel hayata en yalın biçimiyle baktığımızda, insanın vahşi doğanın koşullarında kendi varlığını ve neslini sürdürmeye çalıştığını ve sahip olduğu özelliklerin bu temel işleve hizmet ettiğini görüyoruz. Temel hedefi hayatta kalma ve neslini sürdürme olan bir organizmanın (insanın), yönetici, yani dış dünyayı algılama ve planlama organı, doğal olarak bu hedefe en iyi şekilde hizmet edecek özellikte olmalıdır. Bu anlamda beynimiz, ilkel yaşamda ve doğada nasıl hayatta kalabileceğimizi sağlamaya dönük çalışır.

İlkel insanın hayatta kalabilmek için iki konuda başarılı olması gerekiyordu: Dış tehditler ve açlık. Dış tehdidi fark etme ve önlem alma, enerjisini koruma ve tüketmeme ilkel insanın yaşamını sürdürebilmesi için şarttı. Bu nedenle, insan beyni bu iki öncelikli konuda başarılı olmak üzere dizayn edilmiş, çok gelişmiş bir bilgi işleme aracına benzetilebilir.

Tehdidi fark etmek ve bununla savaşmak, tehdidi yok etmek veya tehditten kaçınıp zarar görmemek, işe yaramayacak ve sadece enerji tüketecek şeylerden uzak durmak bu amaçla gelişmiş en temel yöntemlerdendi. Beynin bu yapısı ve buna bağlı olarak kullandığı temel yöntemler, modern dünya şartlarına tam olarak uygun değildir. Çünkü bugünün dünyasında doğrudan dış tehdit ve tehlikeler daha azdır. Enerji elde etmek ise çok daha kolaydır.

Bu uyumsuzluk bizi yapısal anlamda bazı ruhsal rahatsızlıklara yatkın hale getirir: Zarar görme modunun aşırı ve uygunsuz şekilde etkinleşmesinden anksiyete-kaygı bozuklukları, enerjiyi koruma modunun aşırı ve uygunsuz etkinleşmesinden de depresyon yani ruhsal çökkünlük ortaya çıkar.

Şimdi bu iki temel tepki biçimine yakından bakalım.

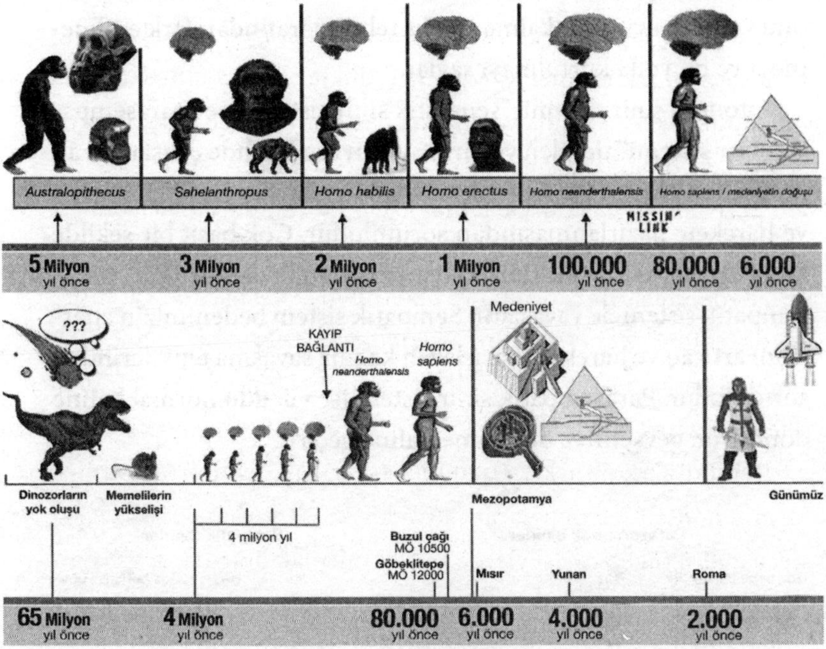

Resim 3. Kısaca insanın yeryüzündeki macerası

Zarar Görme ve Hayatta Kal: Korku ve Otonom Sinir Sistemi

Kişi belli bir tehlike algıladığında ya da öngördüğünde beyin, otonom sinir sistemine mesaj yollar. Adından da anlaşılacağı gibi otonom sinir sistemi, insanın iradi kontrolünde değildir; kendi çalışmasını kendisi düzenler. Temel hedefi, bedenimizin iç ve dış ortama en uygun şekilde çalışması ve hayatta kalmamızdır. Bu sistem, dış tehdit söz konusu olduğunda onu savuşturup hayatta kalmamızı sağlayacak en iyi tepkiyi, "korku"yu meydana getirir. Korku tepkisi, dış tehditten kurtulmanın üç temel yolu olan kaçma, savaşma veya donakalma tepkilerini ortaya çıkarmak üzere çalışmaya başlar. Kaçma ve savaşma tehlikeden uzaklaşmayı veya onu yok etmeyi, donakalma ise dış tehdit tarafından fark edilmemeyi ve bu yolla kurtulmayı sağlar.

Otonom sinir sistemi, "sempatik sinir sistemi" ve "parasempatik sinir sistemi" denilen ve birbiriyle uyum halinde çalışan iki alt bölümden oluşur. Bu sistemler vücudun genel enerji düzeyinden ve harekete hazırlanmasından sorumludur. Çok basit bir şekilde tanımlarsak, sempatik sinir sistemi vücudu hızlandırırken, parasempatik sistem de yavaşlatır. Sempatik sistem bedenimizin enerjisini artıran ve harekete hazırlayan kaçma savaşma tepkilerinden sorumludur. Parasempatik sinir sistem ise vücudu normal haline döndürür, gevşetir ve dinlenme haline geçirir.

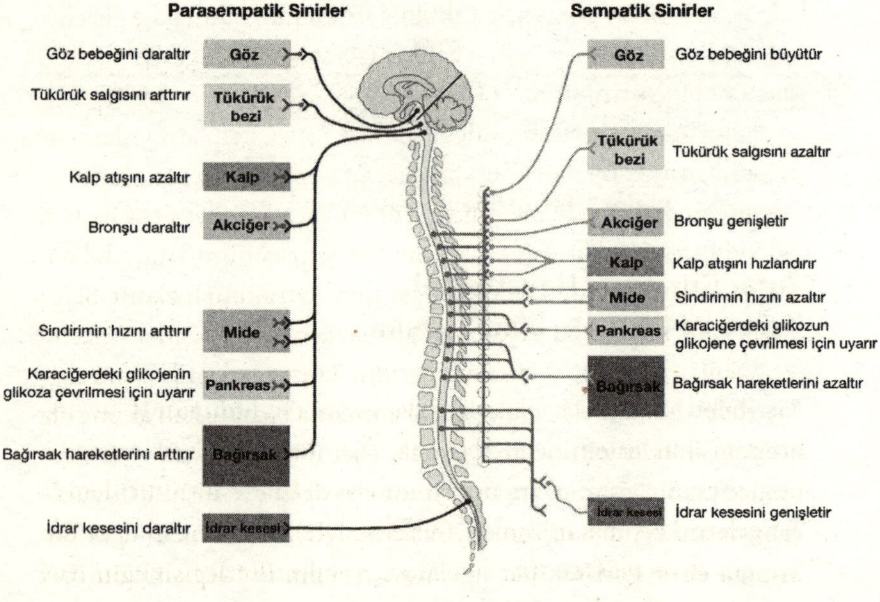

Resim 4. Otonom Sinir Sistemi

Sempatik sinir sistemi "hep ya da hiç" ilkesine göre çalışır. Yani etkin hale geçtiğinde bütün sistem harekete geçerek tepki verir. Başka bir deyişle, ya bütün belirtiler hissedilir ya da hiçbir belirti hissedilmez. Vücudun sadece belli bir kısmında değişiklik olması çok nadirdir.

Sempatik sinir sisteminin en önemli etkilerinden birisi, böbrek üstü bezlerinden adrenalin ve noradrenalin adı verilen iki kimyasal maddenin salgılanmasıdır. Bu iki kimyasal madde sempatik sinir sistemi tarafından aktivitesini sürdürmek için aracı olarak kullanılır, daha sonra karaciğerde yıkılarak etkisizleştirilir. Bu vücuttan atma işlemi 4-6 dakikalık bir süre gerektirdiğinden, anksiyete tepkisi başladıktan sonra bir süre artarak devam eder.

Sempatik sinir sisteminin hızlı çalışması iki yolla yavaşlatılır. İlki, adrenalin ve noradrenalinin vücuttaki enzimler tarafından diğer kimyasal maddelere dönüştürülerek ortadan kaldırılmasıdır. İkinci yol ise parasempatik sinir sisteminin etkin hale geçerek adrenalinin etkisini ortadan kaldırması ve yeniden gevşeme duygusunu oluşturmasıdır.

Sempatik sinir sistemindeki etkinlik artışı, kalp atım hızını ve gücünü artırır. Bu, vücudun kaçma veya savaşmaya hazırlanması açısından son derece önemlidir; çünkü kaçarken veya savaşırken vücudun büyük hareket kaslarının kan gereksinimi artar, dolayısıyla o bölgelere giden damarlar genişler, kan akımı hızlanır. Sempatik sinir sistemi bu dokulara daha fazla oksijen gönderilmesini ve dokularda oluşan yıkım ürünlerinin daha çabuk atılmasını sağlar. Kalpteki bu hızlanma ve güçlü atımlarla birlikte kan akımında da değişiklikler olur. Temel olarak, kan, ihtiyacın azaldığı bölgelerden (kan damarlarının büzülmesiyle) daha çok ihtiyaç duyulan bölgelere (kan damarlarının genişlemesiyle) aktarılır. Örneğin kan ciltten, el ve ayaktan, parmaklardan çekilir. Bu değişikliğin özel bir yararı daha vardır: Kaçma savaşma tepkisinin ortaya çıktığı durum bir saldırıya bağlıysa ya da tehlike altındaki kişinin bir yeri kesilirse, kanamadan ölme riski azaltılmış olur.

Öte yandan, solunum hızında ve derinliğinde meydana gelecek artış da yine aynı sistem tarafından karşılanır. Kaçma-savaşma tepkisi terlemede de artışa neden olur. Bu da cildi daha kaygan hale getirerek kişinin saldırgan tarafından tutulmasını zorlaştırdığı gibi, vücudu soğutup aşırı ısınmayı da önler.

Sempatik sinir sisteminin harekete geçmesi, herhangi bir zarara neden olmayan birçok başka belirtiye de yol açar: Örneğin, gözbebekleri daha çok ışık alabilmek için büyür, bu da görme bulanıklığına neden olur, beyaz lekeler görülmesine yol açar. Tükürük salgısı azalıp ağız kuruluğu yaratır. Sindirim sistemi yavaşlar, karında baskı hissi ortaya çıkar, hatta kabızlık görülebilir. Son olarak, kaçma ve savaşmaya hazırlanmak için vücudun birçok kas grubunda çeşitli düzeylerde kasılma olur ve bu da gerginlik hissedilmesine, çeşitli yerlerin ağrımasına, titreme ve sarsıntıya yol açar.

Genel olarak kaçma-savaşma tepkisi bütün vücudun metabolizmasını artırır. Bu nedenle, sıcak ve soğuk basması hissedilir. Bu süreç sonucunda çok enerji kaybı yaşanır; kişi kendini yorgun, bitkin ve tükenmiş hissedebilir.

Kaçma-savaşma tepkisinin bir numaralı etkisi bedeni olası tehlikelere karşı uyanık hale geçirmektir. Bu nedenle ortamdaki tehlike kaynaklarını fark etmeye dönük ani ve otomatik bir dikkat kayması görülür.

Bütün bunların gerçek bir dış tehdidi azaltmak konusunda son derece yararlı olduğu açık... Ancak günümüz insanının karşı karşıya olduğu tehdit ve tehlikelere baktığımızda, bunların çoğunun dış tehdit değil, kişinin kendi kafasında oluşturduğu tehlikeler (kalp krizi korkusu, iş kaybı korkusu, hastalanma korkusu vb.) olduğu da aşikârdır.

İlkel hayatta asıl tehdidin dış tehdit olduğu ve insanların bu yüzden erkenden öldüğü, ortalama yaşam sürelerinden de bellidir. Oysa günümüzde bu süre çoğu ülkede 80 yıl civarıdır (örneğin 2014 rakamlarına göre ortalama yaşam süresi Türkiye'de 75.8, ABD'de 78.9 yıldır).

İnsanın verdiği korku tepkisi, gördüğümüz gibi, insan beyninin ve vücudunun şekillendiği ilk çevre şartlarına göredir, yani daha çok dış tehditler karşısında yararlıdır. Ancak bugünün tehdit ve tehlikeleri ağırlıklı olarak kendi zihnimizin söylediği şeylerden kaynaklanan içsel tehdit ve tehlikeler olduğundan, korku tepkisi çok da işe yaramaz.

Korkuyu bedenin dış tehdide karşı ürettiği doğal bir ilaç olarak düşünebiliriz. Korku, ilaç benzetmesini oldukça hak eden bir durumdur; çünkü aynen ilaçlar gibi kimyasal bir hammaddesi vardır: adrenalin. Ancak her ilaç gibi, adrenalin de gereksiz yere alınırsa (yani ortada kaçılacak veya savaşılacak bir dış tehdit yoksa) yan etkileri kişiyi rahatsız eder. Başımız ağrıdığında ağrı kesici alırsak bu ağrımızı geçirir ve işe yarar. Ancak durduk yerde ağrı kesici alırsak sadece o ilacın yan etkilerini yaşarız. Dolayısıyla, bir dış tehdit varsa korku tepkimiz bizi rahatsız etmez, hatta işimize yarar. Ama ortada doğrudan bir dış tehdit yokken korkarsak, sadece korkunun yan etkilerini yaşarız.

Kayıp Var! Enerjini Koru, Boşa Harcama: Depresyon ve Ruhsal Çökkünlük

Beynimizle ilgili bilmemiz gereken bir başka önemli özellikse, yine varlığını korumak adına ilkel dönemlerdeki şartlara bağlı geliştirdiği, enerjiyi koruma sistemidir. Neden böyle bir sisteme gereksinim vardı? Hatırlarsanız, insan organizmasının hayattaki temel hedefi varlığını ve neslini sürdürmektir, demiştik. İlkel hayattaki ölüm nedenlerinin başında dış tehdit ve saldırılar gelirken, onları açlık ve kıtlık takip eder. Dolayısıyla insan bu iki hedefe hem dış tehditlerden kendini koruyarak hem de ancak ve ancak enerjisini açlıktan ölmemek için uygun şekilde harcayarak ulaşabilir.

Şöyle düşünelim: Avcı toplayıcı toplumda yaşıyoruz, kış ayları yaklaşıyor ve etraftaki yiyeceklerle av hayvanları giderek azalmış durumda. Kaynakların kıt olduğu bu ortamda ava ve toplayıcılığa çıktığımızda 8 birim enerji harcayıp 4 birim enerjilik yiyecek bulduğumuzu varsayalım. Bu durumda, kaybımız 4 birim enerji olacaktı. Eğer hiçbir şey yapmayıp mağarada kalıp yatmayı seçseydik hiçbir yiyecek bulamayacaktık, ama harcayacağımız enerji uzanıp yatmaktan başka bir şey yapmadığımız için 2 birim olacaktı. Toplam bilançoya baktığımızda ikinci senaryodaki kayıp, 2 birim enerjidir. Birinci senaryodaki kayıp ise 4 birim enerji. Bu durumda ikinci stratejiyi seçmek en azından kaybımızı azaltmış olurdu.

O halde, kişilerin eninde sonunda kaybedecekleri bir durumda hiçbir şey yapmayarak en azından kaybı azaltmaları, uğraşmaktan ve boşa enerji harcamaktan daha uygun bir strateji gibi durmaktadır. Depresyondaki kişilerin dünyayı algılama tarzları da bir açıdan böyledir. Dünya kişinin eninde sonunda kaybedeceği bir yer olduğu için yapılacak en iyi şey, en azından bir şey yapmayarak kendinde var olan "kaynağı" tüketmemek ve yıpranmamaktır. Depresif düşünce sistemi şöyle çalışır: "Eğer arkadaşım olmazsa arkadaşımı kaybetme riskim de olmaz." Kısaca: "Bir şeye sahip olmazsam onu kaybetme riskim de olmaz" ve "Hiçbir şey kazanamayacaksam bari elimdekini koruyayım."

Özetle, beynin, "Dış tehlike var, kaç veya savaş!" modu kaygı bozukluklarına zemin hazırlarken, "Kayıp var, enerjini harcama, koru!" modu da depresyona yatkınlığı getirir.

Bu bölümde duygu ve düşünce organımız olan beynimizin temel özelliklerini ve bunların kaygı (anksiyete) ve ruhsal çökkünlük (depresyon) rahatsızlıklarına bizleri nasıl daha yatkın hale getirdiğini gördük. Şimdi de, biyolojimiz ve beynimizle çok bağlantılı ve aynı şekilde önemli ölçüde genetik olarak belirlenen duygularımıza yönelelim.

Üçüncü Bölüm

DUYGULAR

Öncelikle duygunun ne olduğuyla başlayalım.

Doğrudan yaşayıp, tanımı ve niteliği üzerinde çok düşünmediğimiz bir yaşantıdır duygu. Onu hissederiz, yaşarız, biliriz ama onun ne olduğu veya ne işe yaradığı üzerinde durup düşünmemişizdir pek.

Duygular hayatımıza renk verir. Bu renk olumlu da olabilir, olumsuz da. Duygular bizi hareketlendirir veya durdurur; yaşamımızı sürdürmemize, ortama uyum sağlamamıza yardımcı olur.

Duygular gereklidir ve insan varoluşunun vazgeçilmez bir parçasıdır. Üzülürüz, korkarız, seviniriz, şaşırırız, utanırız, kızarız ve bu duyguları, ne anlama geldiklerini düşünmeksizin yaşarız. Bazen onların bize telkin ettiği yönde, bazen de onlara rağmen bir şeyler yaparak...

Olumlu duyguların peşinde koşarız, onları yaşamak isteriz. Olumsuz duygulardan ise kaçarız. Hatta bazen duygular yaşamımızdaki en fazla kaçınmaya çalıştığımız şeyler haline gelir. İnsanlar çoğu kere "*duygusal*" sorunlar nedeniyle sıkıntılar yaşar, ruhsal yardım arayışına girer. Bazı duyguları yaşamamak için bazı şeyleri yapmaktan kaçınır. Bazen farklı duygular yaşamak için ilaç veya madde kullanır, bazen de yaşadığı duyguları baskılamak, yok etmek için alkol veya maddeye başvururuz.

Duygu, doğrudan gözlemlenen bileşenlerinin yanı sıra içsel ve öznel bir süreç de olduğu için bilimsel olarak üzerinde çalışması zor konulardan biridir. Türk Dil Kurumu'nun güncel Türkçe sözlüğünde, "Belirli nesne, olay veya bireylerin insanın iç dünyasında uyandırdığı izlenim, nesneleri veya olayları ahlaki ve estetik yönden değerlendirme yeteneği, kendine özgü bir ruhsal hareket ve hareketlilik" olarak tanımlanıyor duygu.[1] Günümüz psikoloji bilimi ise duyguyu, "Belli bir uyaranla ortaya çıkan, bizimle uyaran arasındaki ilişkiyle ilgili bilgi veren ve bizi bir şekilde o uyaranla ilgili olarak hazırlayan, bedensel ve zihinsel olarak birbiriyle uyumlu, geçici bir sinirsel-bedensel [nörofizyolojik, yani sinir sistemi ve diğer bedensel sistemlerle ilişkili bileşenleri olan] bir tepki" olarak tanımlıyor.[2]

Duygu beynimizin belli bölgeleriyle ilişkili olarak ortaya çıkan bir tepkidir, ama bu tepkinin kendisi birçok başka sistem üzerinde de etkide bulunur. Örneğin korku duygusu, duygusal olarak korku denilen duyguyu yaşatmanın yanı sıra bedensel (çarpıntı, nefeste hızlanma vb.), davranışsal (geri çekilme) ve düşünsel alanda (tehlike algısı ve tehditlere dönük düşünceler) değişiklikler oluşturur.

Bu biraz karışık tanımları bir kenara bırakıp doğrudan yaşayarak bildiklerimize ve duygunun yaşantımızla ilgili yanlarına bakmak, onu anlamamıza daha çok yardımcı olacaktır: Duygu (olumlu ve olumsuz duygular), temelde çevreyi veya iç dünyamızı değerlendirme tepkisidir. Beyin yapımıza, fizyolojik bedensel sistemimize, öznel yaşantımıza (düşünceler, öznel duygusal deneyimler) ve davranışlarımıza dair bileşenler içerir.[3]

Temel Duygular

Birçok araştırmacı duyguları sınıflayarak bütün insanlarda bulunan temel evrensel duyguları adlandırmaya çalışmıştır. Temel duyguları bir tür renk algısına benzetebiliriz. Nasıl ki bütün renkler üç temel rengin karışımında oluşursa, bütün duygularımıza temel oluşturan duyguların neler olduğu saptanmaya çalışılmıştır. Aralarında bazı farklılıklar olsa da, hemen bütün araştırmacıların listesinde ittifakla yer alan 5 temel duygu *kızgınlık, korku, mutluluk, üzüntü* ve *tiksinme*dir. Hemen herkesin üzerinde anlaştığı bu beş temel duygunun yanı sıra temel duygu olarak tanımlanan diğer duygular *şaşkınlık, ilgi, utanç, neşe, güven* ve *beklenti*dir.

Duyguların ifadesinin ve aynı duyguyla ilgili çeşitlemelerin kültürle de yakından ilişkisi vardır. Örneğin Tahiti dilinde öfkenin değişik biçim ve tonlarını tanımlayan kırk altı farklı sözcük varken, üzüntüyü anlatan sadece bir sözcük bulunur.

Temel duygularla ilgili en yaygın bilgi, olumlu ve olumsuz olarak ikiye ayrılmalarıdır. Olumlu duyguları insanın yaşamayı istediği, aradığı, olumsuzları ise uzaklaşmaya çalıştığı, yaşamak istemediği duygular gibi düşünebiliriz. Olumlu duygular *mutluluk, ilgi, neşe, güven* ve *beklenti*, olumsuz duygular *kızgınlık, korku, üzüntü, şaşkınlık, utanç* ve *tiksinme*dir. Beyin görüntüleme çalışmaları, duyguların beyinde ortaklaşa paylaştıkları bazı yollar olmakla beraber, olumlu ve olumsuz duyguların nörolojik olarak farklı olduğunu göstermiştir. Bunun anlamı beyinde bazı yolların ortak, genel bir duygusal uyarılmaya yol açtığı, bazı yolların da duygulara farklı duygusal renkler veya olumlu-olumsuz özellikler verdiğidir.

Duygunun Görevi

Pekâlâ, duygunun insanın psikolojik sistemindeki görevi veya işlevi nedir?

Bu sorunun yanıtı, duygunun tanımında kısmen yer almaktadır: "Bizimle uyaran arasındaki ilişkiyle ilgili bilgi veren ve bizi bir şekilde o uyaranla ilgili olarak hazırlayan bir tepki."

Bu anlamda duyguyu, işlevi veya görevi açısından, gelişmiş bir değerlendirme ve işaret-bilgi sistemi olarak düşünebiliriz.

Duygusal sistemimiz, dış dünyadan (olan bitenler) ve/veya iç dünyadan (düşünceler) kaynaklanan tepkiler vererek, bir şekilde bize dünyayı tanıtan ve bilgi aktaran bir tür sinyal sistemidir.

Duyguları işaret edici özelliklerinden dolayı, gündelik yaşamda kullandığımız işaret-uyarı veya alarm sistemlerine benzetebiliriz. Örneğin, arabaların ön ve arka mesafe algılayıcı sistemi, bir nesneye belli bir mesafeden fazla yaklaştığımızda ötmeye başlar. Mutfaktaki gaz-yangın alarmları, ortamda gaz veya duman olduğunda ışıkla görsel olarak ve sesle öterek sinyal verirler. Hırsız alarmları ise harekete duyarlıdır, ortamda bir hareket algıladıklarında aynı şekilde ses ve ışıkla uyarı verirler.

Bu sistemlerin ses ve ışık uyarılarını ne zaman vereceği, uyardıkları konuya göre değişir. Gaz alarmı ortamdaki gaza, hırsız alarmı hareketli nesnelere tepki verir. Bu sistemler kendi alanıyla ilgili bir uyaran olduğunda oldukça yüksek düzeyde ve rahatsız edici bir ses ve ışık çıkararak kişiyi "uyarır". Böyle dikkat çekici olmalarının nedeni, doğal olarak insanların onları fark edip harekete geçmesini sağlamaktır.

Aynı benzetmeden devam edersek, aslında bu alarm veya sinyal sistemlerinin çıkarttığı ses ve ışığı, bizzat duygu tepkilerimize benzetebiliriz. Duygusal sistemde aynen bu uyarıcı sistemler gibi dış dünyada olan biteni algı sistemi (algı ve düşüncemiz) aracılığıyla fark ederek korku, kızgınlık, üzüntü gibi tepkiler verir.

Olan Biten	Algı Düşünce	Duygu	Davranış
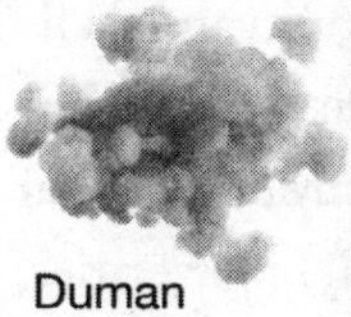 Duman	Sensör	Ses-Işık	Kontrol Kaçma

Şekil 6. Duygu ve alarm sistemi benzerliği

Pekâlâ, bir işaret sistemi olarak duygunun görevi nedir?

Bütün uyarı sistemleri gibi uyarmak ve haber vermektir. Bu anlamda duygunun en önemli işlevi, çevreyi ve çevrede olup bitenleri fark edip ona uygun davranmamızı sağlamaya yardımcı olmasıdır. İşaret sistemi olan duygular, bu yanıyla büyük ölçüde duyularımıza da (görme, işitme, koklama, tatma, dokunma) benzetilebilir. Duyular yardımıyla hem bedenimizde olup bitenleri hem de dış dünyayı algılar, sonra da ona uygun bir davranışta bulunup konum alırız. Elimize bir şey battığında acı hissederiz ve elimizi çekeriz, yüksek bir ses veya gürültü duyduğumuzda irkilip o tarafa yöneliriz, üzerimize doğru bir araba geldiğini gördüğümüzde kenara çekiliriz. Eğer duyularımız olmasaydı iç ve dış dünyaya tamamıyla kapalı hale gelirdik ve yaşam çok zorlaşırdı.

Resim 5. İşaret sistemi olarak duygu.

Duygularımız da kendimiz ve çevremizle ilgili, duyusal algılarımıza göre belki daha karmaşık sayılabilecek, onların veremeyeceği bazı bilgileri verirler. Duygusal tepkilerimiz, dış dünya (ortam ve olan bitenlerle ilişkili duygusal tepkiler) ve/veya iç dünyamızla ilgili (düşünce kaynaklı tepkiler) bize bilgi iletirler. Dış dünya (algı) kaynaklı duygular ağırlıklı olarak dış dünyayla, iç dünya (düşünce) kaynaklı duygular ise ağırlıklı olarak iç dünyayla ilgili bilgi verirler.

Hayvanlarda duygusal tepkiler daha yalın ve sadece dış dünyayla ilgilidir. İnsandaki işaret sisteminin –yani duyguların– hem dış hem de iç dünyayla ilgili olması, onun diğer canlılardan farklı ve çok gelişmiş düşünce (bilişsel) sistemiyle ilişkilidir.

İnsanın duygusal tepkileri bazen ağırlıklı olarak olan bitenlerle, bazen de ağırlıklı olarak düşüncelerle ilintili olabilir. Çeşitli dış olaylar veya uyaranlar –örneğin bir patlama sesi duymak, yerin sarsılması– ya da içsel olaylar –örneğin eve yabancı birinin girmiş olabileceğine ilişkin düşünceler– bizde korku tepkisi oluşturabilir. İnsan duygusal özellikler açısından en karmaşık canlıdır. Bu karmaşıklık, insandaki çok gelişmiş düşünce özelliğinin belki de duygular üzerinde dış dünyadan daha çok etkide bulunabilmesiyle ilişkilidir.

Her işaret sistemi gibi duygusal işaret sistemi de hem ne istemediğimizi hem de ne istediğimizi gösterme özelliğine sahiptir. Örneğin bir yakınımızı kaybettiğimizde üzülürüz. Bu, dış dünyayla ilgili bir olayla tetiklenen bir üzüntüdür. Bu hem o yakınımızı kaybetmek istemediğimizi hem de onun hayatımızda var olmasını istediğimizi gösterir. Üzüntü hem geriye dönmeyecek bir kayba hem de hayatımızda neye önem verdiğimize işaret eder. Eğer sevdiğimiz birini değil de insani güvenilirliğimizi kaybetmiş olsaydık, duyacağımız üzüntü bizim için değer taşıyan soyut bir özelliğimizi kaybetmek istemediğimizi, diğer yandan da güvenilir bir insan olmak ve öyle görülmek istediğimizi gösterirdi.

Benzer şekilde, korku, hem güvenlik içinde olup yaşamak istediğimize hem de kendimizin veya değer verdiğimiz birinin tehdit veya tehlike altında olup zarar görmesini istemediğimize işaret eder. Kızgınlık, saygı görmek ve haklarımızı korumak isterken haksızlığa uğramak istemediğimizi veya bize kasıtlı olarak haksızlık yapılmasını istemediğimizi gösterir. Utanç ise kendi değerlerimize uygun davranışlarda bulunmak istediğimize ve uygun olmayan davranışları yapmak istemediğimize işaret eder.

Duygular ve İşaret Ettikleri: Acının Diğer Yüzü

Olumsuz bedensel duyumlar (acılar), kötü kokular, sesler veya görüntüler bizi rahatsız eder ve uzaklaşırız. Hem olumsuz duyguları hem de bedensel acı ve ağrıları yok etmeye çalışırız. Acıdan ve olumsuz şeylerden kaçınma, bütün insanlarda bulunan doğal bir eğilimdir. Ama bu kaçınmanın hangi yolla yapıldığı çok önemlidir.

Duyu ve duyguları yakından incelediğimizde gördüklerimiz aslında onlarla ilgili genel bakışımızı değiştirecek niteliktedir: İnsanların en rahatsız olduğu bedensel duyumların başında acı ve ağrı gelir. Peki, olumsuz görülen bu bedensel duyumların insanda bulunma nedeni nedir acaba? Olumsuz duyumların görevini anlamanın en kolay yolu, tamamıyla ortadan kalksalardı neler olacağını düşünmektir.

Acı ve ağrı duyma hissimizin yok olduğunu varsayalım. Acaba bunun sonucu ne olur?

Acı ve ağrı, bedensel varlığımız ve sağlığımız için tehlikeli ve zararlı olabilecek şeyleri fark ettirir, haber verir. Ateş değdiğinde yanıp acıyan elimizi hemen çekiveririz. Bu da bizi zarar görmekten korur. Eğer acı ve ağrı duyma hissimiz olmasaydı, bize zararı dokunabilecek pek çok şeyi fark edemezdik. Örneğin biz görmeden biri arkamızdan bıçak sapladığında kısa sürede iş işten geçip kan kaybından ölebilirdik.

Gördüğünüz üzere; hoşlanmadığımız, kaçınmaya ve yok etmeye çalıştığımız ağrı ve acı gibi duyumlar hayati bir öneme sahipler. Şimdi bir de tam tersini, yani olumlu duyumlarımız yok olursa ne olacağını düşünelim:

Acının ve ağrı duyusunun tam tersi olan olumlu duyum, dokunma yoluyla aldığımız haz veya hoşlanma hissi olabilir. Peki, kişi acı ve ağrı duyusunu değil de, dokunma yoluyla haz alma duyusunu kaybederse ne olur? Bu durum yaşamı tehdit edici bir kayba yol açar mı? Kişinin hayat kalitesini düşürebilir elbette. Örneğin cinselliğinde ya da ilişkilerinde sorunlara yol açabilir. Fakat bu, ağrı duyusunun kaybı gibi yaşamla bağdaşmayacak ciddi bir sorun değildir.

Olumsuz Duygular Yok Olsaydı Neler Olurdu?

Nasıl ki duyular olmaksızın yaşamak çok zor, hatta imkânsız görünüyorsa, duygularımız olmadığında da psikolojik anlamda ve kişilerarası ilişkilerimizde büyük güçlükler ve sorunlar yaşardık.

Bunu anlayabilmek için biraz kurguya ve hayal gücüne ihtiyacımız var: Farz edelim ki istediğimiz duyguyu tamamıyla ortadan kaldırabilecek, çok gelişmiş bir cihazımız var. Bu cihazın yardımıyla örneğin korku duygusunu tamamıyla ortadan kaldırdık ve artık hiç korku duymaz hale geldik. Yaşamımız nasıl olurdu acaba? Karşıdan karşıya nasıl geçerdik? Arabamızı nasıl kullanırdık? İnsanlarla nasıl konuşur, ilişkilerimizde nasıl davranırdık?

Korku en fazla rahatsız olunan olumsuz duygulardan biridir, ama tamamıyla ortadan kalkması yaşamla bağdaşmaz. Gerçek bir tehdit ve tehlike durumunda en büyük dostumuz korku duygumuzdur. Eğer korku duygumuz tamamıyla yok olsaydı, günümüzün oldukça güvenli dünya şartlarında bile olası sonuç, büyük olasılıkla kısa sürede ölmemiz olurdu.

Bunun küçük bir örneğini trafik kazası istatistiklerinde görebiliriz: Trafik kazalarının en önemli nedenlerinden biri, sürücünün alkollü olmasıdır. ABD istatistiklerine göre 1970'lerin ortalarında ölümle sonuçlanan trafik kazalarının %60'ında alkol etkendir. Alkolle ilişkili ölümlerde trafik kazası en büyük nedendir ve 16-20 yaş arasında trafik kazasında ölen gençlerin üçte ikisinin ölüm nedeni alkolle ilintilidir.[4]

Acaba bu istatistiklere yol açan şey nedir?

Alkol insan beyninde birçok bölgeyi etkiler. Bunlardan biri de duygusal alandır. Alkol neşe haline, gevşemeye, rahatlamaya, kaygıda azalmaya ve beraberinde davranışsal kontrol kaybına yol açar.[5] Düşük dozda alkol kaygı duygusunu tamamıyla yok etmese de doz arttıkça kaygı duygusu belli oranlarda azalır. Kişi olan biteni duyu organlarıyla hâlâ algılamasına rağmen, belki de korku duygusu azaldığı için sonuçlarını düşünmeden hareket etmeye başlar. Bu da korkunç trafik kazalarında rol oynayabilir.

Aynı akıl yürütmeyi bir de mutsuzluk veya üzüntü duygusuna uygulayalım. Hiç mutsuzluk veya üzüntü yaşamayan birini düşünelim. Acaba böyle birinin hayatı nasıl olurdu?..

Mutsuzluk ya da üzüntü, kayıp durumlarında (örneğin yakın birinin ölümü) yaşadığımız bir duygudur. Bu duyguyu hiç hissetmeyen biri, kayıplarını fark etmez veya bunu umursamazdı ve hayatı çok olumsuz etkilenirdi. İlişkide olduğu kişilerin veya sahip olduğu şeylerin değerini bilemez, bunları korumaya çalışmaz ve giderek fakirleşip yalnızlaşırdı.

Öte yandan, tam tersine, mutluluk hissini hiç yaşamasaydı, bu yine olumsuz bir tablo olurdu ama hayatla bağdaşmayan bir durum olmazdı muhtemelen. Evet, kötü bir hayat yaşardı ama mutluluk duygusunu kaybetmenin etkisi, mutsuzluk duygusunu yitirmek kadar yıkıcı olmazdı.

Kronik şekilde mutluluk hissedememe halinin yaşamla bağdaşabilen bir durum olduğunu da biliyoruz: Bu tür durumlar "distimi"* adı verilen bir psikiyatrik rahatsızlık olarak tanımlanmıştır ve

* Distimi: Hafif düzeyde ruhsal çökkünlük, depresyon belirtilerinin -mutsuzluk, umutsuzluk, isteksizlik, enerji azalması, durgunluk, iştahsızlık, uyku sorunu- kişide sürekli bulunmasına verilen ad. Bir nevi süreğen hafif depresyon durumu da denilebilir.

pek çok insan bu şekilde yaşamını sürdürebilmektedir. Mutsuzluk hissetmemenin mutluluk hissetmemeye göre daha ciddi kayıplar yaratabileceği fikri size garip gelebilir, ama bu durumu zihninizde canlandırmaya çalışın, belki bana hak verirsiniz.

Önemli ve olumsuz görülen suçluluk ve pişmanlık duygularını düşünelim bir de. Eğer insanda suçluluk duygusu olmasaydı ne olurdu?

Sonucun ne olacağını az buçuk kestirmemize yardımcı olacak bilgiye sahibiz. Antisosyal kişilik bozukluğu olan ve "psikopati" de denilen kişilik yapısına sahip kişiler sayesinde. Suçluluk duygusu taşımamak, bu kişilik yapısının en belirleyici özelliğidir. Bu kişilik bozukluğuna sahip olanlar, insanlara yaptıkları eziyetler veya çektirdikleri acıdan dolayı herhangi bir pişmanlık veya suçluluk duygusu hissetmezler. Bunun sonucu ise korkunç suçlar, cinayetler ve insanlığa verilen büyük zararlardır.

Kızgınlık duygusu da, üzüntü, korku ve suçluluk kadar olmasa da, zaman zaman bizi rahatsız eder. Peki, hiç kızgınlık hissetmeseydik yaşamımız nasıl olurdu acaba?

Ne zaman kızgınlık hissettiğimizi aklımıza getirirsek, onun işlevini daha rahat anlayabiliriz: Kızgınlık genellikle birilerinin hakkımızı çiğneyen, yapılmaması gereken bir davranışı (özellikle de bilerek, kasıtlı olarak) yaptığında hissettiğimiz bir duygudur. Bu duyguyu fazla yaşamayan veya yansıtmayan, "ağzı var dili yok" diye tabir edilen insanları düşünün. Böyle davranmanın sonucu ne olurdu acaba? Muhtemelen insanlar bizi yok saymaya ve bizimle ilişkilerinde akıllarına eseni yapmaya başlarlardı.

Görüldüğü gibi, duygusal yaşantıların hepsinin bir işlevi vardır ve hiçbir duygu kendiliğinden olumsuz sonuçlar doğurmaz. Tam tersine, duyguların eksikliği olumsuz sonuçlara yol açabilir.

Cüzamın Öyküsü

Belki duygu yokluğunun olumsuz sonuçlarını anlamamızda, olumsuz duyularla ilgili bir benzetme bize biraz daha yardımcı olabilir. Eskiden oldukça yaygın bir rahatsızlık olan cüzamın (lepra) temel özelliği, kişinin bedeninde şekil bozukluklarına yol açmasıdır. Bu durum öylesine rahatsız edici bir hale varabilir ki şekil bozuklukları yüzünden cüzamlı kişiler toplum dışına itilebilir. Sırf bu yüzden, eskiden cüzamlı hastaların adalarda veya uzak yerlerde özel olarak kurulmuş hastanelerde yatırılarak toplumdan yalıtıldığı olmuştur. Hatta dilimizde "cüzamlıdan kaçar gibi kaçmak" diye bir deyim bile vardır bunu anlatan.

Peki, cüzamda korkunç şekil bozukluklarına yol açan nedir?

Cüzama yol açan "mycobakterium leprae"* adında bir bakteridir. Lepra mikrobunun aslında doğrudan doğruya şekil bozukluğuna yol açıcı bir etkisi yoktur. Fakat bu mikrop duyu sinirlerini tahrip eder. Duyu sinirleri zarar gören kişi ise şekil bozukluklarına sürüklenir. Nasıl mı? Örneğin, çok sıcak bir nesneyi tuttuğunda elinin yandığını fark etmediği için bu nesneyi tutmaya devam eder. Canı yanmadığı için elini çekmez ama cildi yanar. Fark edilmeyen bu yaralar, yanıklar ve zararlar giderek çoğalır. Üstelik bunlar derin yaralar, ezikler ve yanıklar olduğu için cilt eski haline geri dönemez."Nedbe (skar)** dokusu" dediğimiz gerçek dokudan farklılıklar gösteren, şekli de daha değişik bir dokuyla kaplanır vücut. Cüzam hastalarının korkutucu olabilen görünümü böyle ortaya çıkar.

Nasıl ki bedensel duyarsızlık hem birey hem de çevresi için olumsuz sonuçlar oluşturuyorsa, duygusal duyarsızlık ve tepkisizlik de psikolojik anlamda aynısına yol açar. Üzüntü veya suçluluk

---

* Lepra (Cüzam): Yavaş çoğalan bir basil olan "mycobacteriumleprae" tarafından oluşturulur. Hastalık en fazla cildi, çevresel sinirleri, üst solunum yolu mukozasını ve gözleri etkiler. *WHO Leprosy Factsheet* N°101, Ocak 2014.

** Skar (nedbe) dokusu: Ciltteki yaralanma veya zedelenmenin ardından derideki iyileşme sürecinin sonunda ortaya çıkan, yapısı veya şekli normal ciltten daha farklı olan doku.

hissetmeyen kişi de, belki fiziksel değilse de, psikolojik anlamda şekil bozuklukları gösteren biri haline gelir.

Bedenimizi oluşturan organların hepsi nasıl ki gerekliyse ve bir işleve sahipse, ruhsal yapımızı oluşturan olumlu ve olumsuz bütün duygular da gereklidir ve bir işleve sahiptir. Hatta olumsuz duygular, olumlu duygulara kıyasla daha gerekli ve yaşamsaldır.

Özetle duygu, insanın işaret sistemlerinin en önemlilerinden biridir. Yapılması gereken şey duyguyu fark etmek, anlamak, neye işaret ettiğini görmek ve ona göre davranmaya çalışmaktır.

Duygularımızla İlişkimiz

Şimdiye kadar duyguların dış dünyaya dönük işlevini ele aldık. Peki, iç dünyaya, yani düşüncemize bir tepki olarak ortaya çıkan duyguların ne tür bir işlevi olabilir?

Bu duygular, kaynaklandıkları alan olan iç dünyamızla ilgili bilgiler verir, yani nasıl bir insan olmak istediğimize işaret eder. Bu konuyu ileride detaylı bir şekilde ele alacağız.

Şimdi şu soruya cevap arayalım: Duygular her zaman sağlıklı ve işe yarar mıdır? Her zaman bizi iyi yönde mi etkilerler?

Eğer duyguları iyi anlar ve değerlendirebilirsek bu soruya rahatlıkla "evet" diye cevap verebiliriz. Fakat duyguyu iyi değerlendiremiyor ve yanlış konumlandırıyorsak, işaret ettiği şeyle değil de duygunun kendisiyle uğraşıyorsak ya da otomatik bir şekilde o duygunun karşılık geldiği davranışı gerçekleştiriyorsak, yani korkunca kaçıyor, üzülünce geri çekiliyor, kızınca saldırıyorsak, o zaman bu sorunun cevabı maalesef "hayır" olur. Ancak bu durumda da sorunun nedeni bizzat duyguların kendisi değil, bizim o duyguyla olan ilişkimizdir. Çünkü duyguların kendi başlarına zarar verici özellikleri yoktur. İster dış dünyadan ister iç dünyamızdan kaynaklansınlar, bu böyledir. Biz ancak o duygusal tepkimizi yanlış değerlendirip uygunsuz davrandığımızda o davranışlarımıza bağlı olarak zarar görebiliriz.

Olumsuz duyguları sevmeyiz ve onlardan uzak durmaya, onları yok etmeye çalışırız. Ama bu kaçınma veya yok etme çabası ne zaman sağlıklı, ne zaman sağlıksızdır?

Duyguları ve duyumları, işaret ettiği durumları değiştirerek azaltmaya çalışmak sağlıklı sonuçlar doğurur. Duygunun işaret ettiklerini anlamaya çalışmak yerine sadece duyguları ve duyumları bastırmaya veya yok etmeye çalıştığımızda ise sağlıksız sonuçlar çıkar.

Duygu ve duyumları işaret ettikleri durumları değiştirerek azaltmaya çalışmak, örneğin vücudumuzda ağrıya neden olan bir yara veya zedelenme olduğunda ona yol açan etkeni ortadan kaldırmak gibidir. Bu tür bir tavır sağlıklı sonuçlar doğururken, sadece ağrı kesici almak o an için acıyı azaltır, ama ağrıya yol açan sorunu gidermez.

Olumsuz Duygular Zararlı mıdır?

Duygunun kendi başına özel bir zararı olmadığını nereden çıkarıyoruz?

Duygunun görevini gündelik yaşamımızdaki uyarı veya alarm sistemlerinin işlevine benzetmiştik. Ortamda zehirli gazın olduğu bir durumu düşünelim ve şöyle soralım: Bize zehirli gaz mı zarar verir, yoksa alarmın sesi ve parlayan ışığı mı? Tabii ki zehirli gaz zarar verir. Aynı şekilde, korktuğumuz bir durumda da bize korku değil, olup bitenler zarar verir. Kafamıza atılan bir taş, bir arabanın bize çarpması ya da kalp damarımızın tıkanması gibi...

Korku, eğer gerçekçiyse, bu gerçekliğe ilişkin haberi ileten bir habercidir sadece. Bize haberi getiren postacı değil, kötü haberin kendisi zarar verir.

Duygular bazen iç dünyamızın etkisiyle de ortaya çıkabilir, demiştik. Bunu da yanlış alarma benzetebiliriz: Zehirli gaz alarmının odaya sıkılan oda spreyi yüzünden ötmesi gibi... Bu yanlış alarm durumunda da öten alarmın bizzat kendisinin bize verebileceği bir zarar yoktur. Alarmın kendisi, sadece ama sadece yüksek bir ses ve parlak bir ışıktır. Panik bozukluğu olan bir bireyin panik atak sırasında ortada tehlikeli bir şey yokken yaşadığı aşırı panik ve kaçınmayı yanlış alarma örnek gösterebiliriz.

Görüldüğü gibi her iki durumda da, yani ortada gerçek bir tehlike varken de yokken de asıl sorun veya zarar, duygunun kendisiyle ilgili değildir. Korku gerçek tehlike durumunda yardımcı ve yararlıdır, ortada tehlike yoksa zararsız bir gürültüdür, o kadar.

Peki, o zaman duyguları nasıl uygun şekilde değerlendirip konumlandırabiliriz?

Duygunun işaret sistemi olduğunu unutmayıp onu tanıyarak ve anlayarak...

İnsanın sorunu, duygular hem içsel hem de dışsal nedenlerle ortaya çıktığından, bazen bu ikisini birbirine karıştırabilmesi ve düşüncelerini gerçek olarak görüp etrafından kopmasıdır.

Bütün duygular sonuçta bizim ne istediğimize işaret eder. Bir duygu yaşadığımızda öncelikle onun ne anlama geldiğini, bizimle ilgili ne söylediğini duymalıyız. Duygunun neye bağlı olduğuna göre yapacağımız şey değişir: Daha çok olan bitene bağlı duygularda yapılacak şey farklı, daha çok iç dünyamızdan kaynaklanan duygularda yapılacak şeyler farklıdır. Duygumuz olan bitenle gerçekçi şekilde bağlantılı ise, genellikle o duyguya eşlik eden düşünceler de gerçekçi, uygun ve işe yarardır. Eğer duygu, algı veya düşünce sistemindeki (bilişsel sistem) gerçekdışı, uygunsuz veya yararsız bir değerlendirmeye dayalı ise ve kişi bunun içsel bir süreç olduğunu unutup dış gerçeklik olduğunu sanıyorsa, o zaman o duyguya eşlik eden düşüncelere uygun davranmak sorunlu ve işe yaramaz bir sonuç üretir.

Şöyle bir örnekle açıklayalım: Akşam kaldırımda dalgın bir şekilde yürüyen Ahmet Bey, aniden, âdeta patlamayı andıran çok yüksek bir ses duyar. İrkilip korkuyla başını çevirdiğinde, kaldırımın kenarındaki iriyarı köpeği görür. Hemen adımları âdeta koşar gibi hızlanır ve şiddetli bir korku yaşar. Ahmet Bey'in yaşadığı korkunun nedeni olaya tanık olan herkes için çok nettir: Havlayan iri köpek. Ahmet Bey biraz uzaklaşınca sakinleşip dikkatli şekilde bakınca köpeğin bağlı olduğunu ve yanı başında bir kadınla erkeğin beklediğini görür. Onların köpeğin sahibi olduğunu anlayarak yoluna devam eden Ahmet Bey'in korkusu giderek yatışır. Fakat yürümeye devam ederken, bir süre sonra, köpeğin yanındaki kişileri ve o sırada çevrede bulunan diğer insanları aklına getirir. Ardından da bu kişilerin kendisi hakkında ne düşüneceklerini düşünmeye başlar: "Beni görüp, 'Ne kadar korkak!' diye düşünmüşlerdir, rezil oldum!" diye düşünür ve ardından utanç hissetmeye başlar ve o insanlarla göz göze gelmemeye çalışarak, başını öne eğerek, kimsenin kendisine bakmadığını umarak oradan uzaklaşır.

Ahmet Bey'in ilk yaşadığı duygunun kaynağı, iriyarı köpek ve onun havlamasıdır. Peki, ardından ortaya çıkan ikinci duygunun, yani utanç duygusunun kaynağı nedir acaba? Olan biten mi? Hayır. Ahmet Bey'in ilk yaşadığı korku duygusunu başına gelenlerle (yüksek ses, ani hareket, büyük bir köpek) kolaylıkla açıklarken, utanç duygusunu açıklayacak bariz bir dış bir neden göremiyoruz.

Utanç duygusunun ana nedenini Ahmet Bey'in iç dünyasına, yani zihnine girdiğimizde daha iyi anlayabiliriz. İç kaynaklı duygular, dış gerçekliğe bağlı duygulardan daha farklı şekilde değerlendirilmeli. Büyük ölçüde düşünceye dayalı olan bu tür duygular, iç dünyamızla ilgili bilgi verir. Bu bilgiler alınıp amacına uygun şekilde değerlendirilirse hayatımız üzerinde olumsuz etki doğurmak bir yana, olumlu sonuçlar yaratabilir.

Düşünce kaynaklı duyguların soruna yol açmasının nedeni, duygunun kendisi değildir; o duygunun gerçeklikten kaynaklandığının zannedilmesidir. Âdeta refleks olarak, irdelenmeden, o duygunun çağrıştırdığı "duruma" dönük tepki verilmesidir. Örneğin panik bozukluğu olan hastanın yaşamı, bizzat korku veya panik duygusundan değil, her çarpıntısı olduğunda "kalp krizi geçiriyormuş gibi" *tepki vermesi*, bundan *kaçınması* ve buna yönelik *önlem alması* yüzünden zarar görüp kısıtlanır. Oysa bu duygular o an yaşanan gerçekliğe ilişkin bilgi vermekten çok, başka bir şeye, aslında iç dünyasıyla ilgili bir isteğe, yani kişinin yaşantısında önem verdiği değer ve ideallere işaret ederler. Panik bozukluğu olan kişi için yaşadığı bu panik duygusu, "bedensel anlamda sağlıklı bir insan olarak yaşamını sürdürme" isteğine işaret eder. Benzer şekilde, Ahmet Bey'in utanç duygusunun asıl işaret ettiği şey de, onun aslında "cesur, güçlü biri olmak ve insanların onu cesur ve güçlü birisi olarak görmeleri" isteğidir. Bu durumda Ahmet Bey'in geliştirdiği kaçınma davranışı, aslında olmak istediği insan tipinin özelliklerine (ideallerine) de uygun değildir.

Duygu-düşünce bağlantısını bir sonraki bölümde daha detaylı irdeleyeceğiz. Şimdilik aklınızda tutmanız gereken şey şu: Gerek dış gerekse iç gerçeklikten kaynaklanan duygularımızın asli görevi bize *ne olmak ve nasıl yaşamak istediğimizi*, yani değer ve ideallerimizi göstermektir. Duygularımızın bu yönünü iyi anlar ve onları iyi değerlendirirsek hayatımızı genellikle olumlu yönde etkileyip geliştirirler. Ancak olumsuz duygularımızı çeşitli nedenlerle yanlış değerlendirirsek, hayatımızı olumsuz yönde etkileyip sağlıksız davranışsal sonuçlara yol açabilirler. Bu olumsuz sonuçlara yol açan şey, o duygunun kendisi değil, o duyguyla ilgili değerlendirmemiz ve bununla ilişkili davranışlarımızdır.

Olumsuz Duyguların Olumsuz Yanı: Üzüntü ve Çökkünlükten Depresyona

Mutsuzluk ve üzüntünün en can acıtıcı ve istenmeyen olumsuz duygularımızdan olduğunu söylemiştik. Fakat yok olmaları halinde neler yaşayacağımızı da irdelemiştik. Mutsuzluk ve üzüntünün de diğer olumsuz duygularımız gibi normal ve gerekli olduğunu belirtip, uyum sağlamamıza nasıl yardım ettiklerini örnekler üzerinden göstermiştik.

Ancak, üzüntü veya keder duygusu sık sık ortaya çıkıyorsa, çok şiddetliyse, kalıcıysa, kişinin işlevleriyle beraber aile yaşamını, mesleki hayatını ve ilişkilerini de bozmaya başladıysa, ortamla ve yaşananlarla ilişkili değilse, işte o zaman bir sorun halini alır. Artık durumun depresyon dediğimiz rahatsızlığa dönüştüğüne işaret eder.

Depresyonun kelime anlamı çökkünlüktür. Kişinin ruhsal çökkünlük yaşamasını; yani üzüntü, keder, mutsuzluk, karamsarlık, isteksizlik, durgunluk gibi belirtiler göstermesini ifade eder. Depresyon hem insanlarda normalde de olabilen bir durumun hem de ruhsal bir rahatsızlığın adıdır.

Ruhsal rahatsızlıkların çoğu gibi depresyon da bir sendromdur. Tıp dilinde, sendrom, nedenleri altta yatan tek bir nedenle ve mekanizmayla *açıklanamayan*, yani tek bir nedeni olmayan veya nedeni tam olarak bilinemeyen, ancak birlikte ortaya çıkan belirti ve bulgu kümesini tanımlamakta kullanılır. Başka bir deyişle, ruhsal bozukluklar, nedeni tam bilinmemekle beraber bir küme biçiminde ortaya çıkan belirti ve bulgulardan oluşan bir bütündür.

Belirti, o sorunu yaşayan kişinin belirttiği bedensel, düşünsel, duygusal, davranışsal durumlardır ("mutsuzum, enerjim kalmadı, unutkanlık yaşıyorum" vb.). Bulgu ise dışarıdan gözlemlenen ve fark edilen işaretlerdir (örneğin kişinin az konuşması, durgun olması gibi). Belirti ve bulgular, kalıtsal nedenlerle de oluşabilir, sonradan gelişen nedenlerle de.

Depresyonun en önde gelen belirtisi üzüntü ve mutsuzluktur. Ancak bu üzüntü ve mutsuzluk, normalde yaşanandan çok daha yoğun, sık ve uzun sürelidir. Kişinin kendini kötü görmesini ve geleceğe ilişkin karamsarlığı da içerir. Normal üzüntü duyguları çoğunlukla birkaç saatte veya birkaç günde geçer. Birey normal faaliyetlerini yürütür. Kendini suçlamaz ve geleceğe ilişkin karamsarlığa kapılmaz. Depresyondaki üzüntü ise hem şiddet, yoğunluk, sıklık ve süre açısından fazlalık hem de nitelikçe bazı farklılıklar gösterir.

Depresyonun ikinci önemli belirtisi, kişinin daha önceden hoşlandığı faaliyetlerden artık hoşlanmaması ve zevk almaması, aynı zamanda bunlara karşı ilgisinin de kaybolmasıdır. Kişi için yıkanma, giyinme, ev işleri gibi basit faaliyetleri bile yürütmek son derece zorlaşır. Depresyon iş, aile, sosyal yaşam gibi hayatın önemli alanlarında bozulmalara yol açar. Giderek o kadar kötü bir hal alabilir ki, kişi gelecekle ilgili umutsuzluğa kapılarak ölümün tek çözüm olduğunu düşünebilir.

Depresyonda görülebilecek diğer belirtiler:

- Pişmanlık, suçluluk duyguları
- Kendine güvende azalma, kararsızlık
- Durgunluk, az konuşma, az hareket etme
- Sinirlilik, huzursuzluk, bazı zamanlarda yerinde duramama
- Kolay yorulma, enerji azalması
- Dikkati toplama güçlüğü, unutkanlık
- Uyku bozukluğu (aşırı uyuma ya da uykusuzluk)
- İştah değişikliği (iştahta artma ya da azalma, kilo kaybı veya kilo alımı)
- Bedensel şikâyetler ve ağrılar
- Cinsel istekte azalma
- İntihar veya ölüm düşünceleri

Bir kişide depresyonun varlığından söz edebilmek için bu belirtilerin en az beşinin var olması, belirtilerin günün hemen hemen tamamında hâkim olması ve en az 15 gündür devam etmesi, yani bir süreklilik göstermesi gerekir. Yukarıdaki belirtilerden yola çıkarak depresyon tanısı koyabilmek için son bir ek koşul daha vardır: Bu belirtilerin kişinin yaşamını etkilemesi ve işlevlerinde bir bozukluğa yol açması; yani aile ilişkilerini, iş ve sosyal hayatını olumsuz yönde etkilemiş olması gerekir.

Her duygu gibi mutsuzluk da normaldir; depresyon ise bu duygunun rahatsızlık halini almış biçimidir.

Depresyon, tıpkı diğer ruhsal rahatsızlıklar gibi, birçok nedenle ortaya çıkabilen bir yaşantıdır. Çoğu kere depresyonu başlatan şey olumsuz yaşam olayları ve kayıplar olup, birey bu olumsuzluklarla yaşamdan kaçarak baş etmeye çalışır. Hayatı normal ölçülerde giden bir birey, art arda olumsuz olaylar ve/veya kayıplar yaşadığında, yaşayacağı olası acıları düşünerek bazı şeylerden giderek kaçınmaya başlar. Kişinin evlenmeye doğru gittiğini düşündüğü ilişkisinin, yaşanan sorunların peşinden gelen ayrılıkla sonuçlandığı düşünelim. Eğer bu ilişki onun için önemliyse, ayrılıktan sonra doğal olarak üzüntü yaşayacaktır. Üzüntünün işaret ettiği anlamla ilişkiye geçmeksizin, tek amacı üzüntüyü yaşamamak ve ondan kaçmak olursa depresyona ilk adımını atmış olur. Üzüntü yaşatma potansiyeli olan ilişkilerden kaçınmaya, ayrılıkları konuşulacağı ve üzüleceği için arkadaşlarıyla görüşmemeye ve giderek hayattan geri çekilmeye başlar, sadece mecbur olduğu işleri yapar. Bu geri çekilmenin bedeli ise kişinin hayatının fakirleşmesi, olumlu yaşantıların azalması ve depresyon olur.

İnsan, hiçbir şey yapmadan kendi kendine gelen bir mutluluk enerjisine sahip değildir. İnsan bir şey yaparak (görerek, seyrederek, dinleyerek, yiyerek, tadarak) mutlu olur. Sağlıklı ve mutlu bir kişinin bütün etkinliklerini kısıtlasak, temel gereksinimlerini (hava, su, yiyecek, barınak vb.) karşılamakla birlikte bunlar dışında hiçbir şey yapmasına müsaade etmesek, o kişi bir süre sonra mutsuz biri haline gelir. İşte, depresyondaki kişi, bunu kendi kendine gönüllü olarak yapar. Depresyonun neden meydana geldiğine ilişkin en önemli psikolojik açıklamalarından birisi olan davranışçı kuram, depresyonu olumsuz olay ve kayıpların yaşattığı acıyla baş etmek için ortaya çıkan kaçınma ve bu kaçınmanın giderek kişinin hayatını fakirleştirmesiyle açıklar.

Korku ve Kaygıdan Panik Bozukluğuna

Korkunun neden normal, gerekli ve uyum sağlamamıza yardımcı olduğunu anlatmıştık. Kaygı veya tıbbi adıyla anksiyete ise korku duygusunun ruhsal bir sorun veya rahatsızlık halini almış biçimidir.

Kaygı denilen duyguyu yaşamamış insan yoktur. Bazen bir sınav öncesinde, gece geç bir saatte telefon çaldığında, bir gürültüyle uyanıldığında, çocuğumuz eve geç geldiğinde, sokaktan bir patlama sesi duyduğumuzda ya da benzer başka durumlarda...

Kaygıda hissedilen içsel yaşantı, korkunun aynısıdır. Kaygının tek farkı, ortada görülebilir, nesnel, somut bir tehlike olmaksızın ortaya çıkmasıdır. İnsan beyninin bir şey gerçekleştiğinde verdiği tepkiyle bir şeyin gerçekleştiğini düşündüğü zaman verdiği tepki birbirine çok benzediği için, kaygı dış bir etken olmaksızın o durumun düşünülmesiyle de hissedilebilen bir duygudur.

Kaygının hem bedensel (çarpıntı, kaslarda seğirme, gerginlik, boğulma hissi ve soluğun kesilmesi derecesine ulaşabilen nefes darlığı, kızarma, terleme, titreme gibi) hem de duyusal (uyuşma, karıncalanma, gerçekdışılık hissi, kontrolünü yitirme hissi, dengesizlik, sersemlik, noktacıklar-benekler görme, bulanık görme gibi) bileşenleri vardır. Ortada gözle görülür bir sebep olmaksızın bu bedensel duyumlar ortaya çıktığında kişi nedenini anlayamayıp o anda önemli bir bedensel hastalığı olabileceğini düşünürse (kalp krizi, felç geçirme gibi) sıkıntısı panik derecesine ulaşabilir ve panik atak geçirebilir. Bu panik ataklar tekrarlamaya başladığında, kişi bu ataklar yokken de kaygı duyup yeni ataklardan korktuğunda, ataklar yüzünden belli etkinlikler ve mekânlardan kaçınmaya başladığında artık bu durum panik bozukluğa dönüşmüştür.

Kötü bir şeyler olacağına dair devamlı endişelenme ve tasalanma, kaygının çok yaygın bir biçimidir. Bu durum baş ağrısı, titreme, ağız kuruluğu gibi bedensel şikâyetlere yol açabilir. Bedensel sağlığımızı ve bütünlüğümüzü tehlikede hissettiğimiz zaman vücudumuz otomatik olarak kaçma veya savaşma tepkisi verir. Bu tepki aşırı korku, nefes alıp vermede ve kalp atım hızında artış, kaslarda gerginlik ve terleme şeklindedir. Günümüz dünyasında tehditler daha çok ruhsal olmasına rağmen, kaçma/savaşma tepkisi hâlâ yaygın olarak ortaya çıkmaktadır. Bu nedenle kaygı tepkisine "kaçma-savaşma tepkisi" adı da verilir.

Korumasız ilkel ve vahşi hayatta, otomatik bir düzeneğin organizmada hâkimiyeti ele alması son derece gerekliydi. Zaten böyle bir koruyucu alarm sistemi olmaksızın dünya üzerinde insan diye bir türün var olması da olanaksızdır. Bugünün göreceli güvenli dünyasında bile kaygı ve ona bağlı kaçma savaşma tepkisi gerekli bir mekanizmadır. Hayalinizde yolda karşıdan karşıya geçerken üzerinize doğru korna çalarak bir kamyonun gelmekte olduğunu canlandırın. Eğer hiçbir korku duymuyorsanız büyük olasılıkla ezilirsiniz. Normaldeyse bedeninizdeki kaygı sistemi hâkimiyeti ele alır ve sizin daha güvenli bir yere koşup kaçmanızı sağlar.

Aslında uygarlık denilen şey, bir anlamda, insan güvenliğinin ve refahının artmasıyla yaşam süresinin uzamasıdır. Günümüz dünyasında tehditlerin çoğu gerçek dış etkenlerden çok (vahşi hayvanların saldırısı, kazalar, düşmeler, açlık vb.) zihnimizde ortaya çıkan yeni tehditlere ("Hastalanır mıyım, kanser olur muyum?","Çocuğum sınavı kazanır mı?","Sınıfı geçer miyim?","İnsanlar beni beğendi mi?" vs.) bağlıdır. Bu durumda kaçılacak veya savaşılacak somut bir şey olmadığından, kaygı tepkisinin pek işe yarar bir yönü kalmaz. Fakat işe yaramaması tek başına kaygının zararlı olduğu anlamına gelmez. İster dış ister iç etkiyle ortaya çıksın, kaygı tepkilerinin niteliği aynıdır ve bunlar rahatsız edici olmakla birlikte zararlı değildir. İnsana ancak dış bir tehdit (örneğin üstüne doğru gelen bir araba) veya bedeniyle ilgili somut bir hastalık (örneğin koroner arter tıkanmasına bağlı enfarktüs) zarar verebilir; kaygı ve ona bağlı duygusal, bedensel, zihinsel tepkiler değil.

O zaman özetle şunu söyleyebiliriz: *Kaygının amacı organizmayı korumaktır, ona zarar vermek değildir.*

Kaygının önde gelen belirti olarak görüldüğü çeşitli rahatsızlıklar vardır. Yaşanan kaygının türüne, süresine, ortaya çıktığı durumlara ve şiddetine göre birbirinden ayrılan çeşitli anksiyete bozuklukları vardır. En sık görülenler panik bozukluğu, sosyal fobi, agorafobi ve yaygın anksiyete bozukluğudur.

Panik Bozukluk

Panik atak, aniden başlayan sıkıntının kısa zamanda çok şiddetlendiği, başı ve sonu belli olan şiddetli bunaltı veya korku nöbetidir. Eğer bu ataklar sık sık ortaya çıkıyorsa, kişi başka atakların da olacağına ilişkin sürekli kaygı duyuyorsa veya atakların yol açabileceğini düşündüğü sonuçlarla (kalp krizi, felç, çıldırma, ölüm) ilgili kaygılanıyorsa ya da ataklarla ilişkili olarak belirgin davranış değişikliği gösteriyor, bazı ortamlardan kaçınıyorsa, panik atak panik bozukluk dediğimiz rahatsızlığa dönüşmüş olabilir.

Panik bozuklukta yaşanan panik ataklar genellikle o an kişinin çevresinde olan bitenlerden bağımsız biçimde ortaya çıkar. Ancak kişi, daha önce panik atak yaşadığı ortamlara veya yerlere girmekten giderek kaçınmaya başlayabilir.

Aslına bakılırsa panik atak herkeste görülebilen bir yaşantıdır. Psikiyatrik bozukluk olan panik atak değil, panik bozukluktur. Panik bozukluk ise aslında herkeste zaman zaman görülebilecek rahatsız edici bir yaşantı olmakla birlikte, herhangi bir özel zararı olmayan bir durumdan, yani "panikatak"tan fobi düzeyinde şiddetli biçimde korkmaya dayalıdır. Kısaca, panik bozukluk aslında panik atak fobisidir. Başka bir ifadeyle, korkmaktan korkmaktır.

Agorafobi

Agorafobi, panik bozukluğun ondan ayrılmayan, samimi bir küçük kardeşi olarak düşünülebilir. Bireyin yardım alınamayacak ya da hemen çıkılamayacak ortamlarda kaygı, çarpıntı, titreme, bulantı, idrar gelmesi, donakalma ve benzeri bedensel-ruhsal belirtileri göstermekten korkarak bu durumlardan kaçınmasına agorafobi adı verilir. Yani agorofobiklerin kaygıları durumsaldır, bulundukları mekâna veya ortama bağlıdır.

Agorafobisi olan bireylerin korkup kaçındığı şeylerin başında panik atak geçirme riski olan, kıstırılmışlık duygusu yaratan veya ayrılmak mümkün olmayan, kaçılamayacak ortamlar (kalabalık yerler, alışveriş merkezleri, sinema, tiyatro, toplu taşım araçları vb.) gelir. Benzer şekilde, otoyollarda, köprülerde, tünellerde, geniş açık alanlarda ya da evde yalnız kalmak, yalnız başına yola çıkmak gibi "ihtiyaç halinde" yardıma erişilmesinin güç olduğu durumlarla yabancı çevreler de kişide korku ve kaçınma duygusu yaratır. Agorafobi yaşamını olumsuz etkiledikçe ve aşırı ilerledikçe, kişi evden çıkamaz hale gelebilir.

Sosyal Kaygı

Sosyal kaygının ana özelliği, insanlarla birlikte herhangi bir etkinlik yaparken aşırı korku ve heyecan (anksiyete) hissetmektir. Bu bireyler toplum içindeyken genellikle yargılanmaktan veya eleştirilmekten korkar. Sosyal kaygısı yoğun olan kişiler başkalarıyla birlikte bir faaliyette bulunurken aptalca veya utandırıcı şeyler yapma endişesi duyar. Bu esnada hissettikleri kaygı belirtilerinin (titreme, sesin yetmemesi, konuşurken ses titremesi, kızarma, terleme gibi) dışarıdan görüleceği düşüncesi bile korkuya yol açabilir.

Sosyal kaygının yoğun haline aşırı korku anlamına gelen "sosyal fobi" adı verilmiştir. Sosyal fobi belirtileri gösteren bireyler, bir topluluğun önünde konuşma yapmak, soru sormak, başkalarıyla birlikte yemek yemek, bir şey içmek, başkalarının önünde yazı yazmak, dikkatleri üzerinde toplamak (kalabalık bir odaya girmek), sosyal aktiviteler (partiler, evlenme törenleri, dini törenler), telefonda konuşmak, yeni biriyle tanışmak gibi durumların bir veya birkaçından rahatsız olup kaçınabilir.

Yaygın Kaygı Bozukluğu

Yaygın kaygı bozukluğu, diğer kaygı bozukluklarından farklıdır. Burada, gündelik yaşamdaki hemen her şeyle ilgili olabilen kaygılar söz konusudur. Gündelik hayattaki en basit şeyler, örneğin ev işlerini yapma, misafirliğe gitme, işe gitme, işimizi kaybedip kaybetmeyeceğimiz, maddi durum, okula gitme, dersler, sınıfı veya sınavı geçip geçememek, çocuğumuzun, annemizin, babamızın, eşimizin sağlığı, insanlarla ilişkiler, onlara söylenen sözler, onların söylediği sözler, çıkılan seyahatler, kapı veya telefon çalması bir kaygı konusu haline gelebilir.

Bu konular hepimizde kaygı oluşturabilir. Bu durumun bir bozukluk halini alması için kaygı duyma halinin kontrol edilemez biçimde sürekli devam etmesi ve zamanın çoğunun bu kaygılarla geçmesi gerekir. Endişe hali yaygın kaygının bir özelliği olmakla birlikte, diğer psikolojik kaygı belirtilerine rastlanması da nadir değildir. Yaygın kaygı sorunu olan kişilerde huzursuzluk, aşırı endişe ve heyecan, kolay yorulma, dikkat toplamada güçlük ya da zihnin durmuş gibi olması, sinirlilik, bedensel gerginlik, buna bağlı ağrılar ve uyku bozukluğu da görülebilir.

***

Evet... Kısa bir turla, belli başlı ve sık görülen duygusal bozuklukları belirtileriyle beraber gözden geçirmiş olduk.

Özetle, duygu, insanın sahip olduğu çok önemli bir ruhsal araçtır. Bu aracın temel görevi bize iç dünyamızla ve/veya dış dünyayla ilgili bilgi vermek, nasıl yaşamak ve nasıl bir insan olmak istediğimizi göstermektir.

Duygular görevlerine uygun şekilde anlaşılır ve kullanılırsa, yaşamımızı olumlu yönde etkileyip geliştirir; ama yanlış şekilde değerlendirilir ve bununla bağlantılı olarak da yanlış şekilde davranılırsa, pek çok duygusal bozukluğun oluşumuna olumsuz anlamda katkıda bulunur.

Şimdi, duygusal alandan düşüncelerin dünyasına geçebiliriz...

DÖRDÜNCÜ BÖLÜM

DÜŞÜNCELER

Bilişsel Davranışçı yöntemle çalıştığımız psikoterapi seanslarında bizim temel yöntemimiz danışana sorular sorup karşılıklı bir diyalog geliştirerek görüşmektir. Buna "Sokratik" yöntem de denir. Bu bölüme de terapi seanslarında olduğu gibi soru sorarak başlamak ve sizlerle düşünceye ilişkin bir diyalog geliştirmek istiyorum. Sorum şu:

Düşünce nedir?

Bu soru için size biraz zaman tanıyalım, kitabı bırakıp düşüncenin ne olduğunu tanımlamaya yoğunlaşın.

(...)

Yoğunlaştınız mı? Yoğunlaşıp düşüncenin ne olduğunu kendinizce tanımlamaya çalıştınız mı?

İşte, "Düşünce nedir?" sorusuna cevap vermek için zihninizde gerçekleşen işlem, düşünmektir. Düşünce ise düşünme eyleminin ürünleri. Özünde, düşünce dediğimiz şey beynimizin (veya onun işlevi olan zihnimizin) bir ürünüdür. Yani düşünceler, zihnimizde akan sözcükler veya görüntülerdir.

Zihinsel faaliyetin bir sözel yanı (buna bir tür "duyulmayan, örtük iç konuşma" diyebiliriz) bir de resimsel yanı (hayaller veya zihnimize gelen görüntüler) vardır. Bilişsel bilim* zihnimizdeki bu sözcük veya görüntülere "biliş" (cognition) adını verir. Düşünce, zihinde geliştirilmiş ve depolanmış olan fikirlerin, anlamların, mesajların veya bilgi birimlerinin dışavurumunu ve ifade edilişini sağlayan bir dildir.

Düşüncenin konuşmayla dışa yansıyan formu olan dil, hem beynimizdeki fikirlerle hem de diğer insanların zihinleri veya beyinleriyle ilişki kurmamızı sağlayan bir semboller sistemidir. Düşünce ve onunla çok bağlantılı olan lisan veya konuşma özelliğimiz yoluyla dünyadaki nesneleri, kişileri ve olayları tanımlama, sınıflama, gruplara ayırma, ilişki kurma, inceleme, değerlendirme, yazma etkinliklerinde bulunuruz. Düşünce insan davranışlarını anlamada anahtar role sahiptir. Düşünce olmaksızın bugün uygarlığı oluşturan bilim, edebiyat, teknoloji, sanat, eğitim, din, hukuk gibi pek çok şey de olamazdı. Düşünce ve konuşma sayesinde çok uzaktaki insanlarla bile iletişim kurabiliriz, geleceği öngörüp planlayabiliriz, karmaşık sorunları çözebiliriz, kendimizin ve diğer insanların davranışlarını düzenleyen kurallar geliştirebiliriz, her şeyi öğrenebiliriz. İnsanı diğer canlılardan ayıran gelişmiş düşünme özelliği, özellikle gözlenebilir evrenle ve dış dünyayla ilgili çok işe yarar sonuçlar doğurmuş, bilim ve teknoloji bu sayede gelişmiş, böylece büyük ilerleme ve başarılar elde edilmiştir.

Düşünce, insanın doğrudan yaşantılardan öte, zihinsel olarak da kavramlar ve ilişkiler türetmesini sağlar. İnsan tanımlanırken düşünme ve konuşma özelliğine çokça vurgu yapılır, hatta insan bu özelliğiyle tanımlanır: "İnsan düşünebilen canlıdır," denir.

---

* Bilişsel bilim (cognitive science): Zihin –ve onun işleyiş– süreçlerini bilimsel olarak ele alan, disiplinlerarası bir etkinliktir. Bilişler, bunların ne yaptığı ve nasıl yaptığı, bilişin duygu ve davranışla ilişkisi, bilginin zihinde nasıl temsil edildiği, işlendiği, dönüştürüldüğü ve sinir sistemi içinde çeşitli işlevlerin (algı, dil, bellek, mantık yürütme ve duygular) nasıl işlediği konu alınır.

İleri düzeydeki bazı memelilerin de düşünme özelliğinin olduğundan bahsedebilse bile, insan, düşünebildiğini düşünmesi ve bunun farkında olmasıyla onlardan ayrılabilir. İnsanın dışındaki canlıların yaşam döngüsü büyük ölçüde varlıklarını ve neslini sürdürmekle ilgili etkinliklerle geçer. Üstelik buna ilişkin bir farkındalıkları, yani bilinçleri de yoktur muhtemelen. Yaşanan an neyi gerektiriyorsa onu yaşar, an içinde var olurlar. Örneğin bir ağaç, varlığını sürdürmek için gerekli işlevleri yerine getirir, kendi yapısı ve çevre koşulları neyi getiriyorsa ona göre var olur. Hayvanlarda varlığını sürdürmek için yapılan işlemler daha karmaşıklaşsa da yine kendi özellikleri çerçevesinde bir yaşam döngüsünü sürdürür. Örneğin bir kedi karnı toksa, bedeninde bir hastalığı, yarası yoksa, fiziksel ortam koşulları iyiyse bir sorun yaşamaz.

İnsana geldiğimizdeyse iş biraz farklılaşmaya başlar: İnsan karnı tokken, sağlığı yerindeyken ve fiziksel ortam koşulları onun için idealken bile sorun yaşayabilen bir canlı türüdür. Bu özelliği ona veren şey de çok gelişmiş olan düşünce yeteneğidir. Düşünme becerimiz, dünyayı doğrudan doğruya tecrübe etmek yerine düşünce aracılığıyla yaşamak gibi bir özellik kazandırmıştır bize.

Anda Kalamamak

Gelişmiş düşünce yeteneğimiz diğer canlılara kıyasla bir üstünlük olarak görülür genellikle. İnsanı diğer canlılardan hep olumlu anlamda ayırdığına ve özel kıldığına inanılır. Bunun bizi diğer canlılardan ayırdığı kesin, ama bu farklılık iyi bir şey midir, yoksa kötü bir şey midir? Düşünce bize hep olumlu katkı mı sağlar?

Bu sorunun tam cevabını, insanı diğer canlılarla kıyaslayarak verebiliriz. Diğer canlıların hayatında olmayan ama insanlarda olan ne varsa, hepsi düşüncenin eseridir, diyebiliriz. Bilim, teknoloji, kültür, sanat, bugünkü uygarlık düşüncenin olumlu ürünleriyken, insana özgü ruhsal sorunlar, kaygı, depresyon, intihar, bağımlılık, ilişki travmaları, savaşlar vb. de olumsuz ürünleridir. Yani gelişmiş düşünce yeteneği insanı diğer canlılardan sadece olumlu değil, olumsuz anlamda da ayırır.

Düşünce sadece insanı insan yapan bir özellik değildir, aynı zamanda insana özgü ıstırapların da çoğunun arkasında yatan nedendir. Hem başkalarıyla ilgili olumsuz, nefret dolu ve önyargılı bakışımızı hem de kendimizle ilgili olumsuz kanılarımızı düşünce ile oluştururuz. Çok eskide kalmış, travmatik veya sıkıntı verici olayları düşünme yoluyla yeniden yaşarız. Zararlı ya da yararsız davranışlarımızla ilgili kuralları düşüncemizle oluşturur, onun yardımıyla geliştiririz. Düşünceye aşırı bağlılık ve düşünceyi aşırı kullanmamız, aynı zamanda yaşadığımız anla olan bağlantımızı ve temasımızı da koparır. Bazen o kadar kafamızın içinde oluruz ki etrafta olup bitenleri fark edip yaşayamayız. Diğer canlılardan farklı olarak, insan zihni genellikle içinde bulunduğu durum ve anla ilgilenmez. Başka yerlerde, başka konuları düşünür haldedir. Araştırmacılar, insanların %47'sinin belli bir anda içinde bulundukları çevre veya yaptığı işten başka bir şey düşündüklerini tespit etmiştir. Kafanın başka yerde olması veya zihnin dolaşması diyebileceğimiz bu durumun, insanın o andaki duygusal haline etkisi de incelenmiştir. Ve akılları başka yerde olanların, aklı yaptığı işte olanlara göre ciddi oranda daha mutsuz oldukları saptanmıştır. Çalışmada elde edilen sonuçlara göre, insanlar ne yaparlarsa yapsınlar, akılları başka yerdeyken daha az mutludurlar. İnsanın düşüncesi aracılığıyla geçmişi analiz etmesi veya geleceği planlayıp öngörebilmesi elbette zaman zaman ona avantaj sağlayan bir özelliktir, ama bunun neredeyse her şeyi veya bütün zamanları kapsar hale gelmesi, yarardan çok zarar getirmeye başlar. Bu nedenle, son yıllarda insanın yaşadığı anda var olabilmesini güçlendirmeye yönelik farkındalık artırıcı yöntemler, ruhsal rahatsızlıkların tedavisinde ön plana çıkmaya başlamıştır.

Ruhsal Yaşamda Düşüncenin Öyküsü

Psikoloji alanındaki bilimsel kuramların tarihsel olarak en eskisi davranışçılıktır. Davranışçılar, kişinin içinde bulunduğu çevrede ne olup bittiğine ve buna karşılık ne yaptığına odaklanıp bu ikisi arasındaki bağlantıyı çözmenin insan psikolojisini anlamak açısından yeterli olacağını söylerler. İnsanın sadece anlık tepkilerinin değil, kişilik veya karakterinin de, yani genel davranış ve tutumlarının da geçmişte yaşadıklarından öğrendikleriyle oluştuğunu ileri sürerler. Davranışçılara göre insan, dünyaya her şeye uygun bir hammadde halinde gelir ve çevre onu inşa eder. Yani başlangıçta boş bir kâğıt gibidir ve çevreyle ilişkisi içerisinde öğrendikleri o kâğıdın üstüne yazılarak kişiyi oluşturur. Davranışçılığın insanı hem güncel hem de tarihsel açıdan çevresinin bir ürünü gibi gördüğünü söyleyebiliriz.

Örneğin, yetiştiği aile ortamında fikrini söylediğinde azarlanan veya cezalandırılan bir çocuk, bu tepkiler sonucunda kendi düşüncelerini dile getirdiğinde olumsuz sonuçlar yaşayacağını öğrenir. Davranışçılar buna "koşullanma"* (öğrenme) adını vermiştir. Örnekteki çocuk, davranışçılara göre, yetişkin olduğunda da kendi fikirlerini ifade etmekten kaçınmaya devam edecektir.

Bu, genel davranış eğilimine bir örnektir. Davranışçı kurama göre kişinin güncel-anlık tepkileri ve davranışları da yine çevresi tarafından belirlenir. Örneğin, çocuğu ağlayıp tutturduğunda anne

---

* **Koşullanma (veya eş anlamı olarak öğrenme):** Davranışçı kuramın temel kavramıdır. Klasik koşullanma ve edimsel koşullanma olarak ki türü vardır. **Klasik koşullanma**: Kişide doğal olarak herhangi bir etki uyandırmayan bir uyaranın böyle bir etkisi olan başka bir uyaranla(koşulsuz uyaran) eşlendirilmesi sonucunda ortaya çıkan bağlantı kurmaya dayalı öğrenme. Bu tür öğrenmeyi keşfeden Pavlov'un deneyinde köpek için doğal bir uyaran olan ve salya tepkisi doğuran yiyecek, köpek için herhangi bir özelliği olmayan zil sesi ile eşlendiğinde bir süre sonra köpek sadece zil sesine de salya akması tepkisi verir. Öğrenmenin ikinci türü olan **edimsel koşullanma** ise bir davranışın sonuçları tarafından şekillendirilmesiyle ortaya çıkan, bağlantılandırmaya dayalı bir tür öğrenmedir. Edimsel koşullanmada denek hayvanı belli bir pedala bastığında yiyecek geliyorsa (ödül veya pekiştireç) hayvanın pedala basma davranışının sıklığı artar.

onun isteklerini yerine getiriyorsa, çocuk daha sonra herhangi bir şey istediğinde ağlama davranışını tekrar eder. Çünkü ağladığında istediğinin yapılacağını öğrenmiştir veya buna koşullanmıştır.

Özetlersek, davranışçılara göre insan zihni öğrenmelerin, koşullanmaların, dış dünyanın verilerinin olduğu gibi biriktiği bir tür depodur. Zihinde olup biten işlemleri ve düşünce, duygu gibi içsel süreçleri dikkate almadığı için davranışçılığa "boş bir zihnin kuramı" da denilmiştir.

Davranışçı bilim adamları, modellerini geliştirirken daha çok hayvanlarla deneyler yaparak elde ettikleri verileri kullanmış ve bunları insan psikolojisine uyarlamışlardır. Bunun bir nedeni hayvan deneylerinde çalışmanın kolaylığı, diğer nedeni ise insanlarla hayvanlar arasında davranışın genel yasalarının fark göstermediğine inanmalarıdır. Davranışçılara göre insanla hayvan arasında niteliksel değil, sadece niceliksel bir ayrım söz konusudur. Davranışçılığın erken dönemlerinde hayvanlar üzerinde yapılan deneylerle bulunan davranış yasaları ile belli bazı durumlar (örneğin fobiler başta olmak üzere birçok kaygı bozukluğu, çocuklarda görülen bazı davranış sorunları) rahatlıkla açıklanabiliyor, hatta tedavi edilebiliyordu. Özellikle 1950 sonrasında davranışçılık hem Avrupa'da hem de Amerika'da psikoloji ve psikoterapide ana akım haline gelmiştir.

Davranışçı ilkeler, kuramsal olarak her şeyi açıklayabilir gibi görünmekle birlikte, bütün ruhsal rahatsızlıkların tedavisinde çok da yaygın ve etkili bir kullanım alanı kazanamamıştı. Fobilerin ve bazı kaygı bozukluklarının tedavisinde oldukça başarılı sonuçlar sağlayan bu yöntem, toplamda bakıldığında çok az sayıda sorunda etkili oluyordu. Üstelik tedavideki başarısızlığın en önemli nedenlerinden biri şuydu: Özellikle anksiyete bozuklukları için davranışçıların sunduğu ana tedavi yöntemi, bireyin kaçınmalarından vazgeçerek korkularıyla yüzleşmesi ve bunlara alışmasıydı. Hastalarsa "maruz kalma" (exposure) temelli bu tedaviyi reddediyordu.

Bu durum, davranışçı terapinin yaygınlaşmasının önündeki en büyük engellerden biriydi.

1970'lerin başından itibaren davranışçılık sadece uygulamadaki kısıtlılıkları yüzünden değil, bilimsel anlamda da krize girdi. O yıllarda yapılan yeni çalışmalarla, sadece davranışçı kuramla açıklanmayan, yani organizmanın sadece çevrenin ürünü olmadığını gösteren veriler birikmeye başladı. Zihnin aktif sayılabilecek bilişsel özelliklerinin olduğu bulundu. Örneğin hayvanların bile pekiştirme olmaksızın öğrenebileceği, bununda ancak bilişsel sistemde meydana gelen değişikliklerle mümkün olabileceği öne sürüldü. Kaldı ki iş insana geldiğinde bilişsel sistemin rolünün önemine ilişkin bu veriler çok daha fazlaydı. Yapılan çalışmalar, insan zihninin pasif bir depo değil, aksine etkin rol alan bir işlemci olduğunu ortaya koydu.

Kuramsal düzeyde davranışçılığın bir diğer önemli sorunu da insana özgü olan dil ve düşünce alanını tam olarak açıklayamamasıydı. Davranışçılığın kurucularından B. F. Skinner dili koşullanma ve pekiştirmeyle açıklamaya çalıştıysa da karmaşık bir dilin sadece ve sadece pekiştirmeyle kazanılamayacağı gösterildi.

Bir yandan bu kuramsal eleştiriler, bir yandan da klinik uygulamadaki sınırlılığı davranışçılığın giderek gözden düşmesine yol açtı. Dil, düşünce ve soyut düşünebilme gibi insana özgü yanları önceleyen bilişsel kuramlarsa yükselmeye başladı.

"Biliş" dediğimizde kastettiğimiz şey, zihnimizden geçen sözcükler veya görüntülerdir. Bilişsel kuramlar, olan bitenle duygu ve davranış tepkisi arasında çok önemli bir aracının yer aldığını ve bunun algı ve bilişsel-zihinsel süreçlerimiz olduğunu söyler: Dikkat, algı, anlamlandırma, değerlendirme, yorumlama ve tahmin sistemimiz.

Bilişsel sistem, dünyaya arkasından baktığımız bir gözlük veya kameraya benzetilebilirse de, bir gözlüğe veya kameraya kıyasla dünyayla ilgili algılarımızı çok daha fazla etkileyen aktif bir aracıdır.

Düşüncenin İnsan Tepkilerinde Nasıl Bir Etkin Rolü Olabilir?

Zihnin odağı yaşanan anda olup bitenlerde değil de ağırlıklı olarak kişinin içsel dünyasına dönükse sorunlar çıkmaya başlayabileceğini söylemiştik. Peki, kişinin içinde olduğu gerçeklikten ve andan bu şekilde uzaklaşmasının sonuçları neler olabilir? Buna bir örnek üzerinden bakalım...

Sorumluluk duygusu aşırı gelişmiş ve endişeli biri olan Ahmet Bey, evinde güzel bir akşam yemeği yer. Bedensel olarak herhangi bir sorunu, ağrısı sızısı olmaksızın, huzurlu bir şekilde televizyonun karşısına geçer. Derken, birdenbire endişe hissetmeye başlar...

Dışarıdan baktığımızda, ortamda dikkate değer hiçbir değişiklik meydana gelmemiştir. O yüzden endişesinin nedenini anlamamız olanaksızdır. O zaman, bu tepkisiyle ilgili tek bir kaynak kalır geriye: Ahmet Bey'in zihni.

Zihnine bir yolculuk yapıp orada olup bitenlere kulak verdiğimizde duyduğumuz şeyler, Ahmet beyin yaşadığı endişeyi anlamamızı sağlar:Ahmet Bey o anda, "Ya ileride işimi kaybedersem? Ya sağlığım bozulur da iş yapamaz hale gelirsem?" diye düşünmektedir...

İşte bu türden düşünce kaynaklı sıkıntıları insana"hediye eden" de yine çok gelişmiş zihnimiz ve onun ürünü olan düşünme yeteneğimizdir.

Koşulları çok ideal olan, hayvanların kendi doğal ortamlarının oluşturulduğu özel bir hayvanat bahçesini ele alalım. Yaşadıkları iklimsel koşullar, beslenme kaynakları ve kendi türdeşleriyle birlikte olmak gibi olanaklar sağlandığında bu hayvanların sorunsuz bir şekilde yaşayabildiğini görebiliriz. Peki, benzer bir şekilde, bir grup insanı temel ihtiyaçlarını karşılayacakları bir ortamda tutacak olsak sonuç ne olurdu acaba? Biraz hayal gücümüz kullanırsak, böylesi bir ortamın hapishaneye benzeyeceğini ve insanların orada kolay kolay mutlu olamayacağını tahmin edebiliriz. Temel gereksinimleri karşılandığında ve ağrısı, acısı olmadığında belki bütün diğer canlılar rahat edebilirken, düşünebilen canlının (insanın) sadece bunlarla mutlu olması zor görünüyor. Çünkü gelişmiş bir düşünme yeteneği olmayan hayvanların duygusal tepkileri büyük oranda dış etkenler tarafından belirlenirken, insanın duygusal tepkileri aynı zamanda iç dünyanın (yani gelişmiş zihinsel özellikleri sayesinde düşüncelerinin) etkisiyle de ortaya çıkabiliyor.

İnsana özgü sorunların çoğu, insan için hem en önemli bağış hem de en büyük ceza sayılabilecek gelişmiş düşünce özelliği sayesindedir. Düşünceyi hem bir bağış hem de ceza olarak adlandırmak, düşünce hep olumlandığı için kulağa başta garip gelebilir; ama düşünce özelliğine sahip olmanın sonuçlarını düşündüğümüzde gayet uygun bir nitelemedir.

Ruhsal sorunlarımızla düşüncenin ilişkisini daha net açıklayabilmek için düşüncelerimizin, en yakın komşusu olan duygularımızla ilişkisini tekrar hatırlamakta yarar var: İnsan zihninde sürekli bir sözel ve/veya resimsel bir akış söz konusudur. Bu akışa gündelik dilde düşünce deriz. Düşüncelerimizin bir kısmı özellikle seçtiğimiz konularla veya içinde bulunduğumuz an ve durumla ilgilidir. Bir kısmı da aklımıza kendiliğinden gelirler. Örneğin, sizden şu anda ilkokul öğretmeninizi düşünmenizi istesem?

(...)

Evet... Hatırladınız mı? Nasıl biriydi? Adı neydi?

Bu kitabı okurken şu ana dek belki de aklınıza hiç gelmemiş bir şey bu soruyla aklınıza gelmiş oldu: İlkokul öğretmeniniz. Ben size bu soruyu sordum, siz de düşündünüz ve aklınıza geldi.

Zihin akışımızın bir kısmı işte bu şekilde yönlendirebildiğimiz düşüncelerden oluşur. Ancak bu yönlendirilmiş düşünce faaliyeti sırasında bile bir yandan kendiliğinden aklınıza gelen başka düşünceler de olabilir: Öğretmeninizin görüntüsü, onunla yaşadığınız kimi olaylar veya bu kitapta neden böyle bir şey istenildiği vb.

Özetle düşünce faaliyetimizin bir kısmı da böyle kendiliğinden ve otomatik şekilde işler.

İnsanda duyguların hem çevrede olan bitenlere hem de düşüncelere bağlı olarak ortaya çıkabildiğini önceki bölümde ele almıştık. Bütün duygularımız algı ve düşünceyle yakın ve karşılıklı bir etkileşim içindedir. Düşüncenin insan üzerindeki etkisi o kadar önemlidir ki nerdeyse birkaç otomatik duygusal tepki dışında, hemen her duygusal tepkimizde düşüncenin az ya da çok etkisi vardır. Dış dünyada olan bitenler bile bize algı ve değerlendirme süreçleri aracılığıyla ulaştığı için aslında dış dünyaya bağlı duygularımızda dahi iç dünyamızın bir düzeyde katkısı vardır. Örneğin her insan bir yakınını kaybettiğinde üzüntü yaşar ama yas tepkisi kişiden kişiye değişir, kendine özgü nitelikler ve farklar gösterir.

Ünlü Japon yönetmen Akira Kurosava'nın *Rashomon* isimli filmi, gerçeğin her birimizin algıladığından ibaret, öznel bir şey olduğunu çok güzel betimler: Film eski Japonya'da geçer. Bir samuray* eşiyle birlikte ormanda yolculuk yaparken karşılarına çıkan haydut tarafından yolları kesilir. Haydut, samurayı öldürür ve karısına tecavüz eder. Olaya ormanda odun kesen bir köylü tanıklık eder. Film, yaşanan olayın bu dört kişinin gözünden art arda anlatılmasından oluşur. Anlatılan dört hikâye de birbirinden farklıdır. Peki, gerçek bu hikâyelerden hangisidir? Belki hepsi, belki de hiçbiri. Film bize dış gerçekliğin asla iç gerçeklikten bağımsız olmadığını anımsatır. Gerçekliğin herkesin kendi dünyasında kurguladığı öznel bir şey olduğunu gösterir.

Kişi, zihninde dış dünya ve olayların temsili oluşurken ister istemez buna kendi iç dünyasından da bir şeyler katar. Bunun oranı kişiden kişiye ve durumdan duruma değişir. İç gerçeklikle dış gerçeklik arasındaki benzerlik ve farklılık kaba hatlarıyla şöyledir: Algı ve düşüncemiz, iç gerçekliği oluştururken dış dünyayı çok fazla değiştirmeksizin, aslına yakın bir şekilde aktarıyorsa belki daha az sorun yaşarız. Ama iç gerçeklikle dış gerçeklik birbirinden uzaksa, bu bizim çeşitli sorunlar yaşamamıza yol açabilir.

* Eski Japonya'da soylu asker sınıfından olanlar için kullanılan bir terimdir.

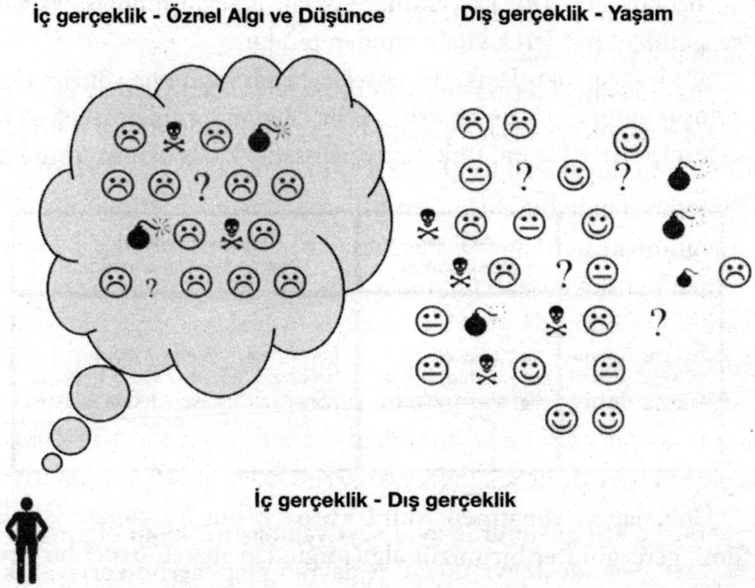

Şekil 7: İç gerçeklik (öznel algı ve düşüncelerimiz), dış gerçeklik, çevre ve o çevrede olan bitenler, birbiriyle ilgili ama birbirinden farklı şeylerdir.

Şu anda yaşadığınız durum üzerinden örneklersek: Sizler için dış gerçeklik, içinde olduğunuz ortam ve elinizde tuttuğunuz bu kitaptır. Bu kitabı okurken herkesin düşünceleri, duygusal ve davranışsal tepkileri belki benzemekle beraber yine de birbirinden farklı olacaktır.

Sırada, bu kitabı okuma durumu üzerinden, aynı olayda farklı iç gerçekliklerin nasıl olup da farklı duygu ve davranış tepkilerine yol açabileceğine ilişkin bir senaryo var: Bu kitabı okuyan A, B ve C adında üç kişi olduğunu varsayalım. A, kitabı okurken, "Bu bana yararlı olacak" diye düşünüp merak ve ilgi duygusu hissederek devam eder. Bu durumda dikkatinin çoğu kitapta okuduğu şeylere yönelmiştir ve yaptığı işten, yani okuduğu kitaptan keyif almaktadır.

B, okurken, "Yine işe yaramaz boş laf," diye düşünüp isteksizlik ve sıkılma hissederek kitabı elinden bırakır.

C'nin kitap okurkenki düşünceleri kendi yaşamına yönelir. Çözümsüz görünen sorunları aklına gelir. "Benim sorunlarım çok ağır," diye düşünerek karamsarlık ve kaygı hissedip kitabı okumayı bırakır.

Olan Bitenler	Algı ve Düşünceler	Duygusal Tepkiler-Davranışlar-Konuşmalar
A. Kitap okuma	Yararlı olacak	Merak, ilgi / Okumaya devam
B. Kitap okuma	İşe yaramaz, boş laf	İsteksizlik, sıkılma / Kitabı bırakma
C. Kitap okuma	Sorunlarım çok ağır	Karamsarlık, kaygı / Kitabı Bırakma

Bu üç kişi görünürde aynı şeyi yapmasına, kitap okumasına rağmen, üçünde de ayrı duygu ve davranış tepkilerinin ortaya çıkmasına yol açan şey, onların öznel algı ve düşünce sistemleridir. Olaylarla ve içinde olduğumuz durumla duygu ve davranış tepkilerimiz arasında yer alan bilişsel sistemimiz, bir anlamda tepkilerimize son şeklini verir. İnsanın bilişsel sistemi, dünyayla kendisi arasındaki etkin bir aracıdır. Ancak hepimiz bu aracıyı gerçeğin kendisi sanırız. Yani algı ve düşüncelerimizi, algı ve düşünce değil de doğrudan gerçeklik gibi görürüz.

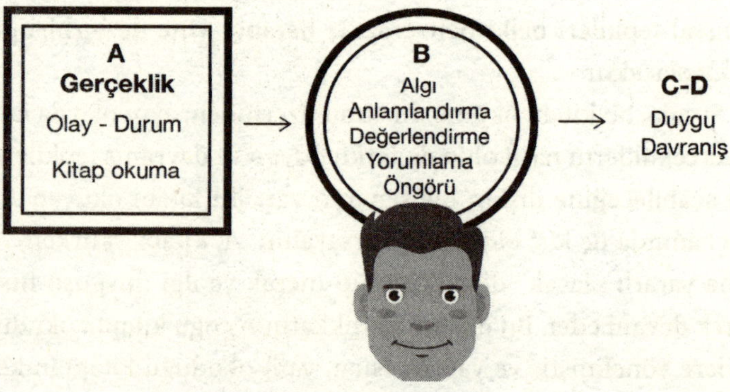

Şekil 8. Dünyaya ardından baktığımız gözlük olarak algı ve düşüncelerimiz

Bilişsel sistemin temel görevi, olan bitenleri algılamak, fark etmek, tanımlamak, anlamlandırmak ve öngörü yoluyla sorun çözmemize, karar vermemize yardımcı olmaktır. Bilişsel sistem bu işlevini iyi bir şekilde yerine getirip yararlı ürünler ortaya koyabildiği gibi, etkisiz bir şekilde işleyip yararsız veya sorun oluşturan sonuçlar da ortaya çıkarabilir.

Pekâlâ, bilişsel sistemin bu işleyişi ve ürünleri, yani algı ve düşüncelerimiz ne zaman yararlı, ne zaman yararsızdır?

Bilişsel sistemimiz dış dünyaya -burada dış dünya derken insanın dışında olan nesneler dünyasını kastediyorum- ilişkin görevini oldukça iyi biçimde yerine getirir: Bilim, teknoloji insan zihninin bu işlevlerinin ürünüdür. Nesneler dünyası ve bu dünyanın işleyişiyle ilgili zihnimizin ürettiği iyi ve işe yarar sonuçlar bizim bu sisteme olan güvenimizi artırır ve maddi alanda zihnimizin sunduğu verileri çokça kullanırız. Yani yere doğru bıraktığımız bir şeyin yerdeki dikey izdüşümüne, ileri doğru fırlattığımız bir şeyinse ileriye düşeceğini bilmemiz ve bunu gerektiğinde kullanmamamız gibi. Zihin ayrıca hem soyut işlemlerde (matematik, mantık) hem de doğal bilimlerde (fizik, kimya, biyoloji vb.) gözlem, hipotez oluşturma ve test etme yoluyla çok işe yarar sonuçlar (kuramlar) üretir. Ancak iş kişilerarası ilişkilere, sosyal hayata, kendimizi ve diğer insanları tanımaya, anlamaya ve anlamlandırmaya geldiğinde, düşünce maalesef o kadar başarılı değildir ve bu da bazen bize önemli sorunlar yaşatabilir.

Düşünce ve Duygusal Sorunlar

Duyguyu insanın iç dünyasıyla ve dış dünyayla ilgili bilgiler veren bir tür işaret / alarm sistemine benzetmiştik.

Hiçbir alarm sisteminin doğrudan doğruya olup biteni anlama, algılama, bilme gücü yoktur. Örneğin bir yangın ve gaz kaçağı alarmı sistemi doğrudan doğruya gazı ya da yangını algılamaz. Sensör (algılayıcı) kendisini uyarabilecek her şeyi algılamaya ve bunlar belli bir düzeyi aşıyorsa da sinyal vermeye programlıdır. Yani duyguyu bir işarete benzetiyorsak, algı ve düşüncelerin de bu işaret sisteminin algılayıcısı (sensörü) olarak işlev gördüğünü düşünebiliriz.

Olan Biten	Algı ve Düşünceler	Duygusal Tepkiler-Davranışlar-Konuşmalar
Yangın-gaz	Alarmın algılayıcısı Ses ve ışık	Etrafı Kontrol etmek kaçmak

İdeal koşullarda alarmın görevi, tehlikenin farkına varmamıza ve buna göre önlem almamıza yardımcı olmaktır. Ama tabii ki bu işleyiş her zaman ideal koşullarda gerçekleşmez. Eğer bir alarm ötüyorsa bunun iki kaynağı vardır: Ya gerçekten o alarmı gerektiren bir tehlike vardır (ideal koşul) ya da sensörün yaptığı hatalı bir değerlendirmeden kaynaklanan yanlış bir alarm söz konusudur.

Alarma benzer şekilde, duyguların ortaya çıkışı da dışarıda olan biten olaylardan ve/veya bizim algı ve değerlendirme sistemimizden (sensörden) kaynaklanır. Fakat dediğimiz gibi, insanın çok gelişmiş düşünme özelliğinin de etkisiyle, çok azı hariç, hemen her duygusal tepkimizde algı ve değerlendirme sistemimizin bir oranda etkisi vardır. "Duygular" bölümümüzden de hatırlayacağınız gibi, bazı duygular büyük ölçüde olan bitenle, bazıları ise büyük ölçüde düşünceyle ilgilidir.

Şöyle bir örnekle durumu açıklayalım: Yolda dalgın bir şekilde karşıdan karşıya geçen Ahmet Bey, aniden duyduğu korna sesiyle irkilerek başını çevirdiğinde bir arabanın hızla üzerine doğru yaklaştığını görür. Kendini çarçabuk geriye çeker ve bu esnada şiddetli bir korku yaşar. Kendini kurtardıktan sonra ilk düşünebildiği anda içinden şu geçer: "Az daha eziliyordum, dikkatli yürüyeyim!" Toparlanıp o günkü işlerini yapmak üzere tekrar yürümeye başlayan

Ahmet Bey'in korkusu giderek yatışır ve yaklaşık 2-3 dakika sonra duygusal olarak eski haline döner.

Bu olayda Ahmet Bey'in yaşadığı korku-irkilme tepkisi ve beraberindeki kaçınma davranışı doğrudan doğruya olan bitenden, yani üzerine doğru hızla gelen ve büyük bir ses çıkartan cisimden (arabadan) kaynaklanmıştır (Şekil 9). Böylesi gerçekçi duygular, yaşanan olayı izleyerek, nerdeyse hiç düşünülmeksizin, hızla ortaya çıkan duygulardır. Bu tür duygulara "olay veya durum duygusu" diyebiliriz. Böyle adlandırmamızın sebebi, duygunun doğrudan olan bitene tepki olarak ortaya çıkmasına işaret etmek içindir. Doğrudan dış olaylara tepki olarak meydana gelen bu tür duygular, dışarıdan bir gözlemci tarafından da kolaylıkla anlaşılabilir duygulardır. Yani olaya tanıklık eden kişi, olayı yaşayan kişinin korkmuş olabileceğini ve hatta neden dolayı korkmuş olabileceğini kolaylıkla anlayabilir.

Olay veya durum duygularının bir diğer özelliği de bu tür bir olayı yaşayan hemen herkesin benzer bir tepki vermesidir. Örneğin yer sarsıldığında, geceleyin aniden uyandırıldığımızda, birden yüksek bir ses duyduğumuzda hemen hepimiz korkarız. Hatta bu tür olayların oluşturduğu korkular üst düzey hayvanlarda, yeni doğan bebeklerde de görülebilecek duygulardır.

Bir önceki bölümden hatırlayacağınız gibi, bu tür duyguların temel görevi dışarıda olan biteni fark etmeye ve buna uygun davranmaya, yani hızlı ve iyi şekilde tepki verip yaşamımızı sürdürmemize katkıda bulunmaktır.

Olan Biten	Algı Düşünce	Duygu	Davranış
	Az daha eziliyordum, dikkatli olayım.	Korku	Kendini hızla geriye çekme, kaçma

Şekil 9. Olay veya durum duygusu

Peki, bütün duygularımız böyle, büyük ölçüde olan bitenle mi ilintilidir? Dış dünyayla ve başımıza gelenlerle açıklanabilecek türden midir acaba hepsi? "Duygular" bölümünü anımsarsanız, bu sorunun cevabının "hayır" olduğunu kolaylıkla bilebilirsiniz.

Az önceki hikâyenin sonunu şöyle değiştirelim: Ahmet Bey'in yürümeye davam ederken bir süre sonra yoğun bir endişe duygusu yaşadığını ve hemen evine dönerek artık bu olaydan sonra dışarıya daha az çıkmaya başladığını, hatta eve kapandığını varsayalım.

Bu yeni senaryomuzda, Ahmet Bey'in kaldırımda yürümeye devam ederken neden endişe yaşadığını anlayabildiniz mi?

Türlü tahminlerde bulunabilirsiniz. Belki de nasıl böyle bir şey hissetmiş olabileceğine ilişkin hiçbir neden bulamayabilirsiniz. Bu kitabın okurlarından bazılarının aklına Ahmet Bey'in neden endişe duyabileceğine ilişkin bazı varsayımlar gelmiş olabilir. Bu türden tahminleri olan kişiler, belki farklı belki de birbirine benzer birçok açıklama getirecektir. Ancak bu açıklamalar birbirinden farklı olsa da hepsinin bir ortak özelliği bulunacaktır: Çoğu, Ahmet Bey'in yaşadığı endişeyi, o anda düşündüğü bir şeylerle açıklamaya dönük olacaktır.

Neden? Çünkü bu durumu sadece o anda olan bitene göre (yani bir kişinin kaldırımda yürümesiyle) açıklamaya kalkarsak, ileri sürebileceğimiz hiçbir tahmin bu endişe duygusunu tutarlı şekilde açıklayamaz. Dolayısıyla, bu duygu o anda olan bitenle doğrudan doğruya açıklanamayacağı için çoğu kişi Ahmet Bey'in bu olaya ilişkin düşünce veya yorumlarıyla ilgili tahminlerde bulunmak durumunda kalacaktır.

Biz biraz bilimkurguya başvuralım ve varsayalım ki zihin okuyan bir makineye sahibiz: Ahmet Bey'in yürürken endişe hissettiği anda zihnini okuyabiliyoruz ve zihninde, "Çok dikkatsizim, her an yeniden böyle bir şey başıma gelebilir," düşüncelerinin olduğunu görüyoruz. Bu düşünceleri gördükten sonra, birdenbire, Ahmet Bey'in neden endişe duyduğu bizim için artık anlaşılır hale gelir.

Ahmet Bey'in ilk yaşadığı korku duygusu olan bitene bağlıyken, sonrasındaki endişe duygusu neye bağlıdır? Çok açıktır ki yaşanan endişe duygusu büyük ölçüde Ahmet Bey'in, "Çok dikkatsizim, her an yeniden böyle bir şey başıma gelebilir," düşünceleriyle ilgilidir.

İşte, yaşanan durum veya gerçeklikten çok, onun yorumlanıp değerlendirilmesiyle ortaya çıkan bu tür duygulara, kolayca hatırlanması açısından "düşünce duygusu" adını verebiliriz (Şekil 10).

Olan Biten	Algı Düşünce	Duygu	Davranış
Kaldırımda yürüme 	Çok dikkatsizim, her an yeniden böyle bir şey başıma gelebilir.	Endişe	Eve dönme Evden daha az çıkma

Şekil 10. Düşünce duygusu

O zaman kabaca, duyguların iki alanla, yani dış gerçeklik ve iç gerçeklikle ilişkili olduğunu söyleyebiliriz. Duyguların bazıları ağırlıklı olarak dış dünyaya (ani bir patlamayla korkmamız gibi) bazıları da ağırlıklı olarak düşüncelere bağlıdır (her şey yolundayken kanser olabileceğimizin aklımıza gelip korkuya kapılmamız gibi).

Pekâlâ, bu türden, yani düşünceyle ortaya çıkan duyguların görevi nedir ve insanın pek çok duygusu düşünceyle de ilişkili olduğuna göre, düşüncelerin duygularımızı etkilemesinin işlevi ne olabilir?

İkisi aslında aynı şeydir. Nasıl mı? Dış gerçeklikle ilişkili duyguların olan biteni fark etmeye ve buna uygun davranmaya yardımcı olduklarını söylemiştik. Gerçekçi duygular için yaptığımız akıl yürütmeyi tekrarlarsak, duygular ilişkili oldukları alanla ilgili bize bilgi veriyordu. Düşüncelerin etkisiyle çıkan duygularımızsa bizim iç dünyamızla ilgili olduğundan, birincil olarak bizim iç dünyamızla ilgili bilgi verir. Yani bu duygular daha çok bizim nasıl bir insan olmak ve nasıl bir hayat yaşamak istediğimiz, yani isteklerimizin ne olduğu konusunda bilgi verir. Özetle duygular, içinde olduğumuz ortama ve olan bitenlere ve/veya istek ve ideallerimize ilişkin bilgi verip davranışlarımızı yönlendirmemize yardımcı olabilen bir tür habercidir.

Resim 6. Bir haberci olarak duygu.

Duyguların iç dünyamız ve/veya dış dünyamızla ilgili verdiği bu iki türlü bilginin insana katacağı şey ne olabilir? Tabii ki bu bilgileri kullanarak yaşamımızı daha kolay, iyi ve etkili şekilde sürdürmek. Bu ise öncelikle duyguların verdiği bilgileri fark edip bu bilgilerin gereğine uygun davranarak mümkün olur. Eğer duygularımızın neyle ilgili olduğunu, neye işaret ettiğini fark eder ve anlarsak, onlardan daha iyi bir şekilde yararlanabiliriz.

Olan bitenlere ilişkin duyguları işlevine uygun anlamakta ve kullanmakta çok fazla sorun yaşamayız. Çünkü bu tür duygular hemen eyleme de dönüşürler. Örneğin, bir patlama sesi duyduğumuzda irkilip geriye çekilmemiz gibi... İnsan olarak asıl zorluk veya sıkıntı yaşadığımız nokta, düşüncelere bağlı duygularla ilgilidir. Özel bir çalışma yapmadıkça veya farkındalık geliştirmedikçe bu tür duyguların düşünceye değil de gerçekliğe bağlı olarak ortaya çıktığına inanırız. Düşüncelere bağlı duygulara eşlik eden düşüncelerin düşünce olduğunu unutup onları doğrudan yaşadığımız gerçeklik gibi algılamak ve buna göre davranmak ise bize sorun yaşatır.

Aniden şiddetli bir patlama duyan kişi korku hissetmiştir. Bu kişiyi ne korkutmuştur? "Şiddetli patlama", yani yüksek ses dediğinizi duyar gibiyim. Bu tür duygulara "olay veya durum duygusu" dediğimizi hatırlatayım. Büyük ölçüde olan bitenden kaynaklanan ve hemen ortaya çıkan çok hızlı tepkilerdir bunlar.

Bir arkadaşımız bize selam vermeksizin başka bir yöne bakarak yanımızdan geçip gittiğinde kızgınlık ve üzüntü yaşadığımızı varsayalım. Daha sonra da o arkadaşımıza küsüp onunla temasımızı kesmiş olalım. Bu olayda neden kızgınlık ve üzüntü duymuş olabiliriz?

Bunun cevabı ilk soruya göre daha zor. Eğer bir ipucu verirsem, bu olayda bizi neyin kızdırıp üzdüğünü belki daha rahat anlayabilirsiniz:Arkadaşımız selam vermediğinde, "Beni görmezden geliyor, beni önemsemiyor," diye düşünmüşüzdür. Buradaki "kızgınlık ve üzüntü" duygusu olan bitene mi bağlıdır, yoksa bizim düşüncemize mi? Evet, büyük ölçüde düşüncemize. Neden mi? "Aniden şiddetli bir patlama duyan kişi o anda ne hisseder?" dediğimizde çoğu insan bu kişinin korkacağını söyler. Oysa bir arkadaşımız bize selam vermeksizin başka bir yöne bakarak gittiğinde şaşkınlık, merak, kızgınlık, korku, üzüntü gibi geniş bir yelpazeye yayılan duygular yaşayabiliriz. Ve olaya değil de düşüncemize baktığımızda, "Beni önemsemiyor," düşüncesinin duygumuzu çok daha iyi açıkladığını görüp neden kızıp üzüldüğümüzü çok daha rahat anlayabiliriz.

Düşünceye dayalı duygularımızın iç dünyamızda neye işaret ettiğini bilirsek ve duygularımızı buna uygun değerlendirilebilirsek, yani bizi geliştirecek yönde kullanırsak hayatımız üzerinde olumsuz bir etki doğurmazlar. Duyguların soruna dönüşmesinin en büyük nedenlerinin başında, olumsuz duyguların hep ne istemediğimize dönük olarak anlaşılıp kullanılması gelir. Mesela az önceki örnekte ne istemediğimize, yani "önemsenmemeye, görmezden gelinmeye" odaklanmamız hem kızgınlık ve üzüntümüzü arttırır hem de sorunun çözümüne katkıda bulunmayan bir sonuç doğurur. Oysa o duygunun işaret ettiği isteğimizi, yani "önem verilen ve fark edilen biri olmayı istediğimizi" fark etsek ve daha sonra da buna dönük davranmaya çalışsak o duygunun bir zararı olmayacağı gibi, yararı da olabilir.

Anlaşılacağı üzere, kişilerin yaşamında sorunlara yol açan şey duygunun bizzat kendisinin verdiği bir zarar değil, o duygunun işaret ettiği isteği görmemek ve bunun yerine o duyguya eşlik eden düşünceyi gerçek olarak görmektir. Oysa bu duygular o anki yaşanan gerçekliğe ilişkin bilgi vermekten çok başka bir şeye, aslında kişinin iç dünyasıyla ilgili bir şeye, yani yaşantısında önem verdiği değer ve ideallere işaret eder.

Değer ve idealler konusunu ileride ele alacağız, ancak bununla neyi kastettiğimizi kısaca açıklamak istiyorum: Örneğin yukarıdaki örnekte arkadaşımıza selam vermediği için kızarken duygumuzun işaret ettiği değeri (önemsenen bir insan olmak) fark etmeyip düşüncemizi ("Bana değer vermiyor") gerçek olarak kabul etmiştik. Bu düşüncemize uygun davranarak da ona küsmüştük. Oysa öncelikle o andaki düşüncemizi sadece bir düşünce (gerçek değil, bir düşünce) olarak görüp daha sonra da (iç dünyamıza) bağlı olan kızgınlık duygumuzun aslında hangi değer veya ideallerimize işaret etmekte olduğuna bir baksaydık ne görürdük? Yaşadığımız kızgınlık duygusunun aslında karşımızdaki kişi tarafından dikkate alınan, değer verilen, saygı duyulan biri olma isteğimize işaret ettiğini fark ederdik. Bu durumda, duygumuzun işaret ettiği asıl değeri fark etmek yerine o anda aklımızdan geçen düşünceye göre hareket ederek arkadaşımıza küstüğümüzde, acaba kendi değerlerimize uygun bir davranışta mı bulunmuş oluruz? Böyle yaparak, aslında duygunun işaret ettiğinin tersine bir şey yapmış oluruz. Yani değer görme, önemsenme idealimizden uzaklaşırız. İşte buna yol açan şey, düşüncemizi düşünce değil de gerçek gibi görmemizdir.

Düşünceyi gerçek gibi görmek, acaba sadece bazı kişilerin bazı zamanlarda yaşadıkları bir durum veya sorun mudur? Hayır.

Herkes kendi algı ve düşüncesini gerçek gibi görür. Bu doğal, insani bir özelliktir. Bu özellik eğer düşüncemiz gerçekçi, uygun ve yararlıysa (üstüne gelen arabadan kaçan birinin, "Az daha eziliyordum, dikkatli olayım," düşüncesinde olduğu gibi) yaşamımıza katkıda bulunur. Fakat gerçeklikten uzak, uygunsuz ve yararsızsa ("Çok dikkatsizim, her an yeniden böyle bir şey başıma gelebilir" düşüncesinde olduğu gibi) o zaman yaşamımıza zarar veren bir özellik halini alabilir.

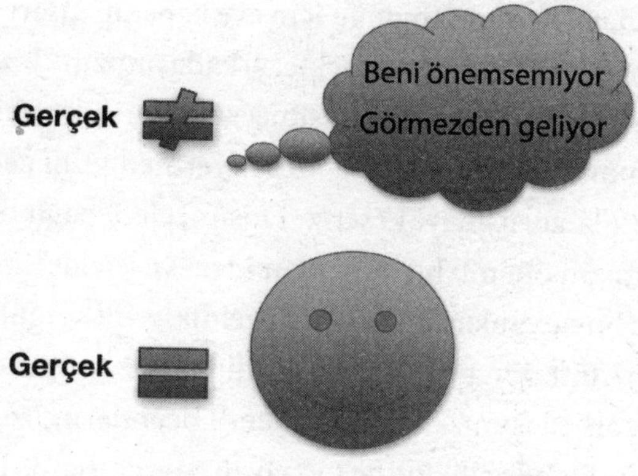

Algı ve düşünceyle gerçeği eş görme kaçınılmaz bir insani özelliktir. Ancak eğer düşüncelerimiz ve duygularımız bize sorun yaratan davranışlara yol açıyorsa, bunlar üzerinde bir farkındalık geliştirmemiz gerekir. Böylesi bir sorun yaşıyorsak unutmamız gereken ilk şey, algı ve düşüncelerimizle dış gerçekliğin veya olup bitenlerin birbirinden ayrı olduğudur.

Özetle, gerçek ayrı bir şeydir, düşünce ayrı. "Ne yani, bu basit şeyi biz bilmiyor muyuz?" diyebilirsiniz, fakat bu basit gerçeği hepimiz sık sık unuturuz. Düşüncelerle bağlantılı duyguları, iç dünyamızı yansıttıklarını unutup dış dünyayı, yani gerçekliği yansıtıyormuş gibi alır ve hareket edersek davranışlarımız gerçeklikten kopuk hale gelmeye başlar. Üzerine araba gelince korkan ama daha sonra yürürken endişe duyan kişi kendisinin "ezilmediğini", aslında sadece ve sadece, "Çok dikkatsizim, her an yeniden böyle bir şey başıma gelebilir," diye düşündüğünü, endişesinin buna bağlı olduğunu unutursa işte o zaman sorun başlar. Aslında rahatlıkla yaya olarak sokakta dolaşabilecek yetkinlikteyken, sanki kendisini dikkatsiz ve her an ezilebilecek birisi gibi görmeye, dışarı çıkmaktan kaçınmaya başlarsa o zaman yaşamı kısıtlanır ve bu düşünceye uygun davranışı ona zarar verir. Yani düşüncesini gerçek gibi görüp, "Çok dikkatsizim, her an yeniden böyle bir şey başıma gelebilir," diye inandığında yapılacak en iyi şey "dikkatsizliğinin" sonuçlarından kaçınmak olduğu için eve kapanıp dışarı çıkmamayı seçer. Aynı şekilde, diğer örnekte, arkadaşımızın "bizi önemsemediği, bize değer vermediği" düşüncesinin de sadece bir düşünce olduğunu unuttuğumuzda, bize "değer vermediği"ni gerçek kabul ederek onunla görüşmeyi keseriz. Düşüncelere bağlı duygular iç gerçekliğimizin önemli bir yanı olan ideal ve isteklerimizi yansıttığı için de bu duyguların ne anlama geldiklerini sorgulamaksızın düşünceleri bire bir gerçek gibi gördüğümüzde (kendimizi eve kapatarak, arkadaşımıza küserek) kendi değerlerimize, olmak istediğimiz insanın özelliklerine uymayan davranışlarda bulunuruz.

Düşüncenin Görevi Nedir?

Zihinsel sürecimizin ürünü olan düşüncelerimiz, zihnimizin daha önce yaşadıklarından, gördüklerinden, duyduklarından, okuduklarından öğrendikleriyle, yani kendimiz, diğer insanlar, dünya ve ilişkilerle ilgili inançlarımızla yaşadığımız güncel durumun etkileşimi sonucu ortaya çıkar. Dış olaylar ve iç dünyanın (inançlarımızın) etkileşimiyle ortaya çıkan düşüncelerin insan yaşamındaki işlevi veya görevi nedir acaba?

Pek çok canlı düşünebilme özelliği olmamasına rağmen yaşamını sürdürebildiğine göre, düşünce çok da yaşamsal bir özellik gibi durmuyor. O halde, düşünce bize gereksiz yükler dışında bir şey katmıyor mu? Düşünce gerçeklikten farklı, sadece kafamızın içinde olup biten bir süreç olduğu için onu hiç hesaba katmamak mı lazım? Tabii ki hayır.

Düşüncenin temel görevi, duyguların işaret ettiği istek ve ideallere dönük olarak nasıl davranıp ne yapabileceğimizi belirleme konusunda bize yardımcı olmaktır. Duygu ne istediğimizi, düşünce de bu isteğimize nasıl yaklaşabileceğimizi gösterir. Düşünce bu görevini, olayları ve nesneleri tanımlayarak, anlamlandırarak, tahmin ederek yapar. Bu anlamda düşünce dediğimiz şey, insan zihninde oluşan tanımlama, anlamlandırma ve tahminler biçimindeki varsayımlardır. Bu varsayımlar gerçekçi, uygun ve yararlı olabileceği gibi, gerçeklikten uzak, uygunsuz ve yararsız da olabilir.

Düşüncenin olan bitenleri veya olacakları tanımlama, anlamlandırma ve öngörü işlevini hem maddi-fizik dünyada hem de kişisel ve sosyal alanda kullanırız. Dış dünya, doğa, maddi varlıklar, atomlar, moleküller, canlılar, onların yapısı ve işleyişi hep düşüncenin alanı içindedir. Düşünce, daha önce bahsettiğimiz gibi, cansız âlemi tanımlamada son derece başarılıdır. Çünkü dış dünya, fiziksel âlem (hava, su, toprak, cisimler), insan da dâhil olmak üzere canlıların fiziksel özellikleri ve bunların işleyişi, fizik ve biyoloji yasaları da denilen, iyi kötü her yerde geçerli olan kurallara göredir. Örneğin bir taşı bıraktığımızda yere düşer. Taş hep yerçekimi yasasıyla tanımlanan kurallara göre davranır ve ne olacağını öngörebiliriz. Taş benim evimde de bıraktığımda yere düşer, sizin evinizde de, Türkiye'de de, Avustralya'da da. Bu dünyayı ve nesneleri tanımlama ve öngörü faaliyetinden bilim ve teknoloji doğmuştur. Bilim ve teknoloji sayesinde yapılan hesaplamalarla uzaya fırlattığımız bir uydunun dünyanın yörüngesine oturmasını ya da bir arabanın hava yastığının çarpışma anında belli bir basınçla açılmasını sağlayabiliriz.

Hem gündelik yaşamda hem de bilimsel etkinliklerde bu denli başarılı olan düşünce, iş insanların iç dünyasına, düşünsel, duygusal ve davranışsal tepkilerine ya da ilişkilerine geldiğinde çuvallamaya başlar. Çünkü bu sosyal dünyanın ve ilişkilerin kuralları o kadar net, her yerde geçerli ve aynı değildir. Yani bir taş benim evimde de, sizin evinizde de bırakıldığında yere düşerken, bir evde 5 yaşında bir çocuk babasına, "Baba tatilde denize gidelim mi?" dediğinde, "Sen sus, ne bileceksin, karışma büyüklerin işine!"diyorsa, buna karşılık başka bir evde, başka bir 5 yaşında çocuk babasına, "Baba tatilde denize gidelim mi?" dediğinde babası, "A iyi fikir, ne iyi ettin de söyledin, bakalım..." diyorsa, birinci ve ikinci çocuğun fikrini ortaya koyma ve kendini ifade etmekle ilgili beklentileri, inançları farklı olur.

Bu farklı beklenti ve inançların etkisiyle hepimizde, özellikle sosyal ve kişisel alandaki olaylarla ilgili farklı değerlendirmeler, anlamlandırmalar, tahminler oluşur. Eğer olay veya durumlara ilişkin eski öğrendiklerimizin etkisiyle oluşan anlık düşüncelerimiz ortalama yaşamdaki gerçekliğe uygunsa, bu düşünceler işimizi kolaylaştırır. Diğer yandan, düşüncelerimiz gerçekçi, uygun ve yararlı değilse hayatımızı zorlaştırır ve sorun yaşamamıza yol açar.

Düşüncenin Yapısı ve İşlevi

Düşüncelerin gerçekçi, uygun ve yararlı ya da gerçekdışı, uygunsuz ve yararsız olmaları aslında önemlidir ama tek belirleyici değildir. Düşüncenin bizim üzerimizdeki etkisinde bunun kadar önemli bir faktör daha vardır: O düşünceye nasıl baktığımız, onu nasıl gördüğümüz yani düşüncemizle olan ilişkimiz.

Düşüncenin düşünce olduğunu ve işlevini unutup düşündüklerimize gerçek olarak bakarsak, üstelik düşüncemiz gerçekdışı, uygunsuz ve yararsız varsayımlardan oluşuyorsa, işte o zaman düşüncenin kendisi önemli bir sorun kaynağı haline gelir.

Düşünceyi gerçekten ayrı bir şey olarak görmek demek, onun gerçeklikten ayrı ve zihnimizde olup biten bir süreç olduğunun farkında olmak ve bu bilinci diri tutmak demektir. Ancak bu basit ayrımı çoğu kere unuturuz. Psikolojide bu ayrımın farkında olmama haline "bilişsel kaynaşma" (füzyon) ve bunun daha ciddi biçimlerine de "düşünce eylem kaynaşması" (thought action fusion) adı verilir.

Ağabeyimin bana aktardığı ilginç bir anıyla bu soyut konuyu, yani bilişsel kaynaşma kavramını daha da netleştirebileceğimi umuyorum.

Hikâye 1970'li yıllarda geçiyor. O dönem ağabeyim bir ilkokul öğrencisi. Kahramanmaraş'a İstanbul'dan bir tiyatro grubu geliyor. Ağabeyim, anneannem ve dedem o zamanlarda Kahramanmaraş'ta çok sık bulunamayacak bu kültürel etkinliğe katılıyor. Tiyatro sahnesine dönüştürülmüş sinemaya gidip oyunu izlemek üzere koltuklarına oturuyorlar. Oyun başlıyor. Oyunun kahramanları arasında insanlara kötülük yapan olumsuz bir karakter var. Oyun ilerledikçe seyircilerden bir kısmı bu kötü adamın yaptıklarına çok kızmaya ve zaman zaman sahneye müdahale etmeye, oyunculara bağırmaya başlıyorlar. Örneğin kötü adamın arkadan yaklaştığı oyuncuya, "Dikkat! Arkandan yaklaşıyor!" gibi uyarılar yapıyorlar.

Ya da kötü adama kızıp hakaret edenler oluyor. İzleyicilerin bu müdahaleleri giderek öyle hale gelmiş ki bir noktadan sonra oyun sürdürülemez olmuş. Oyun durdurulmuş ve ana karakterlerden birini oynayan oyuncu izleyiciye dönerek, "Sayın izleyicilerimiz, bu izlediğiniz bir oyun; gerçek değil! Lütfen sahneye müdahale etmeyin, sahnedeki oyunculara laf atmayın ve konuşmayın. Şu ana dek belki hoşunuza gitmeyen şeyler oldu ama sessizce izlerseniz, ileride sizin de hoşunuza gidecek şeyler olacak," gibi bir şeyler söylemiş. Ağabeyim, sonrasında oyunun ne kadar sürdüğünü veya seyircilerin ne yaptıklarını tam hatırlamasa da, müdahaleler tekrar başlayınca dedemin, "Haydi gidelim, bu oyun seyredilmez oldu," dediğini ve sinema salonunu terk ettiklerini anlatmıştı.

Bu ilginç, belki de biraz mizahi hikâyenin aklımıza getirdiği sorular var:

O oyunu sessizce izleyenlerle sahneye müdahale edenler arasındaki temel fark nedir acaba?

Oyuna müdahale eden seyircilerin bu davranışının altında yatan temel etken nedir?

Bu soruların cevabı tahmin edebileceğiniz gibi tek: Oynanan oyunla ilgili temel bir perspektif farkı. Sessizce izleyenler, olan bitenin sahnede olup bittiğinin ve gerçek değil, kurmaca olduğunun farkındadır. Oyunda olup bitenler onları da heyecanlandırsa veya kızdırsa bile, sahneye müdahale etmekten alıkoyan şey bu bilinç veya farkındalıktır. Oysa sahneye müdahale eden veya laf atan seyircilerin farkında olmadığı şey, izlediklerinin gerçek değil oyun olduğudur.

Düşünce dediğimiz insana özgü önemli işlev de bir anlamda zihnimizde oynanan bir tiyatro oyununa benzer. Bizi bu denli etkilemesinin nedeniyse tiyatroda oyuna müdahale eden izleyiciler gibi onu gerçek zannetmemizdir. Düşünce dediğimiz bu içsel tiyatronun senaristi ve yönetmeni zihnimizdir. İnsan zihninin en temel görevlerinden birisi düşünce (senaryo) üretmektir.

Gerçekçi akımın tiyatrodaki önde gelen isimlerinden birisi olan Alman tiyatro yazarı Bertolt Brecht'in* tiyatrosunda *yabancılaştırma etkisi* denilen bir kavram vardır. Brecht'in oyuncularında, sözgelimi 1940'larda İkinci Dünya Savaşı'nda geçen bir olay canlandırılırken, oyunun bir yerinde oyuncular bugünkü güncel hayatla ilgili bir olaydan bahseder. Oyunun kurmaca dünyasının büyüsü âdeta bozulur bu diyaloglarla. Burada amaç, izleyiciye izlediği şeyin gerçek değil bir kurmaca olduğunu hatırlatmaktır. Brecht'in gerçekçi bir oyun yazarı olarak yapmak istediği şey, sahnedekilerin bir kurmaca, asıl gerçeğinse izleyicinin yaşadığı hayat olduğunu vurgulamaktır.

Düşüncelerimizle ilişki kurarken bizimde yapmamız gereken ilk şey budur belki de. Öncelikle düşüncenin ne olduğunu hatırlamak ve ona dışarıdan bakmaktır. Böylece, düşüncenin düşünce olduğunu unutmamamız, bizde oluşturduğu etkiyi bir parça hafifletebilir belki.

Düşüncenin Düşünce Olduğunun Bilincinde Olmak Bize Nasıl Yararlı Olabilir?

Düşüncenin sosyal yaşamla ilgili işlevinde büyük bir sorun olması otizm, Asperger sendromu ve şizofreni gibi rahatsızlıklarda görülen belirtilere yol açar. Bu rahatsızlıklardaki kadar ciddi düzeyde olmasa da düşüncenin diğer insanları ve davranışlarını tanıma, anlama ve öngörme açısından yol açtığı sorunlar, pek çok ruhsal rahatsızlık veya kişiler arası sorunda da görülür. Bu tür sorunlar sadece ruhsal rahatsızlık yaşayanlarda değil, zaman zaman bütün insanlarda görülebilecek doğal sorunlardır.

Maddi dünyada veya insan ilişkilerinde olan bitenleri veya olacakları tanımlama, anlamlandırma ve tahmin işlevini yerine getirme açısından baktığımızda düşüncelerimizin iki uç arasın-

* Bertolt Brecht (1898-1956): Asıl adı Eugen Berthold Friedrich Brecht. Alman şairi, oyun yazarı ve tiyatro yönetmeni. Epik tiyatronun, diğer bir deyişle "diyalektik tiyatro"nun kurucusudur.

da belli bir noktada olduğunu söyleyebiliriz. Düşüncelerimizin üzerinde yer aldığı bu çizginin bir ucunda tamamıyla gerçekçi tanımlamalar, uygun ve yararlı çıkarımlar, tutan öngörüler, diğer uçta ise tamamıyla gerçekdışı tanımlamalar, uygunsuz ve yararsız çıkarımlar, tutmayan öngörüler yer alır.

Örneğin, okuduğunuz bu kitabın "ruh sağlığıyla ilgili bilgi ve tecrübesi olan birisi tarafından yazıldığı" gibi bir çıkarımınız (düşünceniz) varsa bu gerçekçi, uygun ve yararlı bir düşünce olur.* Bu düşünce, beraberinde merak ve ilgi duygusunu uyandırır ve kitabı okuma davranışıyla sürer. Bu kitapla ilgili başka bir çıkarım da "konuya hâkim olmayan bilgisiz birisi tarafından yazıldığı ve aktarılanların işe yaramayacağı" biçiminde olabilir. Bu düşünceyle bağlantılı duygu ise kızgınlık ve kitabı okumayı bırakma davranışı olacaktır. Bu çıkarım gerçekçi ve uygun olmayan, nihayetinde kişiye yararı dokunmayacak bir düşüncedir. Çünkü bu kişi, belki de anlamaya çalışarak okuduğunda bu kitaptan faydalanabilecekken gerçekçi ve uygun olmayan düşüncesine inanarak okumayı bıraktığında bu yararı elde edemeyecektir.

Zihnimizden geçen ve olan bitenle bağlantılı, duygularımızla ilgili bu türden anlık değerlendirmelere bilişsel psikoterapide "otomatik düşünce" veya "anlık düşünce" adı verilir.

Anlık düşüncelerimizi ve bunların işlevini anlamamıza yardımcı olması için bir başka örneğe bakalım: Bir kişi sıcak, güneşli bir yaz günü dışarıya bakıyor ve o sırada, "Hava çok sıcak ve güneşli, gün boyu böyle sürer, eğer güneşte kalırsam cilt kanseri olurum," diye düşünüp dışarı çıkmıyor. Başka bir kişi ise aynı hava koşullarını görüp, "Bugün hava sıcak ve güneşli; sağlığıma iyi gelir, D vitaminim yükselir," diye düşünerek dışarı çıkıyor. Zihnimiz bir bilgi işleme makinesi gibi bu türden anlık değerlendirmeleri ve tahminleri sürekli yapar. Eğer bu tanımlamalar, anlamlandırmalar ve tahminler gerçekçi, uygun veya yararlı ise yaşamımızı geliştı-

* Kitabı okurken edindiğiniz kazanımlarla, umulur ki, sizin için yararlı olacak bir düşüncedir.

rip kolaylaştırır. Örnekteki birinci anlık düşünce kişiyi gereksiz yere sıkıntıya sokacak, üstelik belki de bedensel sağlığını olumsuz etkileyecek davranışlara yol açacaktır. İkinci düşünce ise hem daha gerçekçi hem de daha uygun ve yararlıdır. İşte ruhsal sorun anlarında veya bazen neredeyse tüm yaşam boyu birinci türden uygunsuz ve yararsız düşünsel ürünler, kişiyi olumsuz yönde etkileyip hayatını zorlaştırabilir.

Zihnimizin Alanları: Şemalarımız

Zihnimizde düşünce adına olup bitenleri ikiye ayırabiliriz. Birisi anbean zihnimizden geçen sözel düşünceler ve görüntüler, yani anlık düşüncelerimiz (otomatik düşünceler); diğeri ise aslında bunların da kaynağı olan, geçmişte yaşayıp öğrendiklerimizle oluşan inançlarımız. Eğer insanı bir bilgisayara benzetirsek anlık düşüncelerimizi ve zihinde oluşan görüntüleri bu bilgisayarın ekranında görülenlere benzetebiliriz. Daha kalıcı zihinsel ürünler olan inançlarımız (şemalarımız) ise bu bilgisayara yüklenmiş programlar gibidir.

Şekil 11. İnançlarımız: Programlarımız veya "software"imiz.

Bilgisayarın ekranında gördüklerimiz tuşlara basmamızla ve farenin hareketleriyle değişir. Tuşlara basılmasını veya farenin hareketlerini yaşadığımız olayla çevremizde olup bitenlere benzetebiliriz. Ekranda o an olacakları, ortaya çıkacak yazı ve görüntüleri belirleyen etkenlerden birisi tuşlar ve farenin hareketleri ise diğer belirleyici de hangi programın o anda çalışmakta olduğudur.

Düşüncelerimizi Yöneten Programlar

Şu anda elinizde tuttuğunuz bu nesne nedir?

"Bu soruyu bilemeyecek ne var?" diyeceksiniz. "Böyle basit soru olur mu; bizimle dalga mı geçiyorsunuz?" diye düşünenler bile olabilir. Cevap tabii ki sizin de bildiğiniz gibi "kitap".

Peki, bunun kitap olduğunu nereden biliyorsunuz? Şimdi de "Bu tabii ki bir kitap, başka ne olabilir ki? Bunu herkes bilir!" diyebilirsiniz. Evet, ama hiçbir şekilde uygarlıkla karşılaşmamış bir ilkel kabilenin üyesine bu soruyu sorduğumuzda alacağımız yanıt koca bir şaşkınlık ve kitabı evire çevire inceleyip bakmak, koklamak, dokunmak, ısırmak, tatmak ve benzerleri olacaktır. Bunlar tıpkı dünyayı yeni keşfeden 1 yaşındaki bir bebeğin yaptığı şeylere benzer davranışlardır. Bir bebek için de aynı soru benzer şekilde anlaşılmazdır.

Peki, "uygar" dünyanın üyesi olan çocuklar ve yetişkinler bu soruyu nasıl bu kadar kolay yanıtlayabiliyor? Bunun cevabı belki anımsamadığınız kadar küçük olduğunuz bir dönemde duyup görerek yaşadıklarınızla öğrendiğiniz bilgiler olabilir. Yani aklımıza gelen anlık düşüncelerin kökeni daha önceden öğrendiklerimizle ilişkilidir. İnsanı bir bilgisayara benzetmiştik. Eskiden öğrendiğimiz şeyleri, bu bilgisayara daha önceden yüklenmiş programlara benzetebiliriz.

Somut bir örnekten gidelim: Çocuklukta, dünyayı tanıdığı erken yaşamında, ebeveyninin veya çevresindeki ilişkide olduğu önemli kişilerin sürekli güvenilmez biçimde davrandığını, örneğin yalan söylediğini, verdiği sözleri tutmadığını gören biri sizce diğer insanlarla ilgili nasıl bir inanç geliştirir?

"İnsanlar güvenilmezdir."

Bu kişinin kendisiyle ilgili inancı ise büyük olasılıkla, "Ben kandırılabilecek biriyim," şeklinde olacaktır. Dolayısıyla, ileriki yaşamında insanlarla birlikteyken onda çalışacak etkin program, "İnsanlar güvenilmezdir" ve "ben kandırılabilirim" programı veya inancı olacaktır. Bu kişi belli bir anda olup bitenleri bu inanca göre algılayıp değerlendirecektir.

Bir başka çocuğunsa, dünyayı tanıdığı erken yaşamında, ebeveyninin veya çevresindeki ilişkide olduğu önemli insanların çoğunlukla güvenilir biçimde davrandığını, örneğin doğru söylediğini, verdiği sözleri tuttuğunu ya da çok nadiren tutmadığını ve neredeyse hiç yalan söylemediğini varsayalım. Sizce bu kişi diğer insanlar ile ilgili nasıl bir inanç geliştirir?

"İnsanlar güvenilirdir" ve "ben güvendeyim."

Bu kişi hayatın içinde dürüst olmayan tutumlarla nadiren karşılaştığında,"bazı durumlarda bazı insanlar güvenilmezdir" biçiminde bir olumsuz inanç da geliştirebilir. Ancak bu inanç, "insanlar güvenilirdir" olumlu inancına göre daha zayıf ve daha özel durumlarda etkinleşen bir inanç olacaktır.

Birinci kişide insanlara güven konusunda tek program varken, ikinci kişide hayatın içinde karşılaşılacak durumları daha kapsayıcı iki program var. Bu durumda, yetişkinliğinde hayata karıştığında insanlarla ilişkilerini birinci kişi nasıl, ikinci kişi nasıl yaşar?

Ortalama insanı güvenilirlik açısından tanımlamak için herhalde en gerçekçi ifade, "genellikle güvenilebilecek ama bazı durumlarda ve bazı zamanlarda güvenilmeyecek bir canlı türü" olabilir.

Peki, insanla ilgili bu ortalama gerçekliğe hangi program daha uygundur?

I. Program: "İnsanlar güvenilmezdir."

II. Program: "İnsanlara belli durumlarda ve zamanlarda güvenilebilir, bazen de güvenilmeyebilir."

I. Program'ın adına "kuşku programı "diyelim, II. Program'a ise "uyumlu ilişki programı". Sizlerin de düşündüğü gibi, II. Program ortalama insan davranışlarına daha uygundur. I. Program'ı kullanan kişi hiçbir zaman hiç kimseye güvenmeyeceği için yaşamı zorlaşır, gereksiz kuşkular nedeniyle uzak durduğu güvenli durum ve kişilerden yararlanamaz. II. Program ise hem kişiyi güvenilmeyecek insanlardan ve durumlardan korur hem de güvenilecek durum ve insanlara güven duymamızı sağlayarak yaşamımızı kolaylaştırır (bu arada I. Program'ın egemen olduğu kişilere kuşkucu [paranoid] kişilik adı verilir).

Görüldüğü üzere, insanı insan yapan özelliği olan düşünme, genellikle kişinin hayatını kolaylaştırıp dünyaya büyük ölçüde hükmetmesini ve diğer canlı türlerinden ayrılmasını sağlarken, diğer yandan da kimi zaman zorlanmasına ve sıkıntı yaşamasına yol açar.

Düşüncenin iyi işlediği ve yararlı olduğu yerler çoğunluktadır. Özellikle dış dünya, fizik dünyamızda gerçekleşen olaylara ilişkin olarak düşüncemiz çok iyi işler; örneğin suyun bizi ıslatacağını bilmemiz bu türden bir düşüncenin ürünüdür. Gündelik hayatta yemek hazırlarken, yerken, yürürken, araba kullanırken ve her türlü işi yaparken algı ve düşünce çok işimize yarar. Bilim ve teknolojide, meslek yaşamımızda gerçekleştirdiğimiz etkinliklerde de temel yönlendiricimizdir.

"Peki, işe yaramadığı yer neresidir?" diyeceksiniz. Tamamıyla değil ama ruhsal sıkıntı durumlarında düşüncenin işe yaramaz hale gelip sorun oluşturduğu yer, insan ilişkileri ve kendimizle, diğer insanlarla ilgili düşünce ve inançlarımızdır.

Biz şimdi daha çok düşüncenin bize sorun yarattığı alanlara, yani düşüncenin sorun yaşamamıza aracılık ve öncülük etme potansiyelinin çok yüksek olduğu kendimizle, diğerleriyle ve ilişkilerin işleyişiyle ilgili inanç ve düşüncelerimize yoğunlaşalım...

İnsan zihni dış dünyadan belli bazı verileri alarak işleyen bir bilgi işlemci gibidir. Zihnimizin bilgiyi, yani olan bitenleri değerlendirme ya da işleme yöntemleri arasında gruplama, genelleme, ayırma, benzetme gibi temel işlevler yer alır. Bunlar fiziksel dünyayı, nesneler dünyasını değerlendirmede oldukça geçerli ve uygun sonuçlar ortaya çıkarırken, insan ilişkileri dünyasında veya sosyal hayatta duruma uygun olmayabilen sonuçlar çıkarmamıza yol açabilir.

Zaman zaman uygunsuz sonuçlar da üretebilen bu düşünce işleme özelliklerine geçmeden önce bununla neyi kastettiğimizi açıklayalım.

Şimdi, alttaki soruyu okuduktan sonra cevap olarak aklınıza ilk gelen şeyi yazın:

"Göğsünüz ağrıyorsa, bunun nedeni ne olabilir?"

....

Diyelim ki bu soruya cevap olarak bir kişinin aklına ilk gelen şey, "Kalp krizi geçiriyorum," bir başkasınınki ise "Kaslarım tutulmuştur," olsun. Neden bu iki kişinin sorudaki bedensel duyuma, yani göğüs ağrısına ilişkin farklı değerlendirmeleri vardır? Çünkü bu iki kişinin olayı değerlendirme biçimi farklıdır. Birinci kişinin zihni bu bilgiyi işlerken "felaketleştirme" adını verdiğimiz bir düşünce işleme özelliği göstermektedir.

Dış ve iç gerçeklikten algıladıklarımızdan bizim için önem taşıyanları değerlendirip işleyerek çeşitli anlam ve yorumlar üretiriz.

Bu tür etkinlikler psikoloji biliminin "bilişsel psikoloji" adı verilen bir alt alanının konuları arasında yer alır. Bilgi işleme insan zihninin gerçekleştirdiği en önemli etkinliklerden biridir. Bilgi işleme süreçlerimiz çoğu kere işe yarar sonuçlar (anlamlandırma, yorum ve değerlendirmeler) üretirken bazen de bizim için sorun olabilecek sonuçlar ortaya çıkarabilir. Bu durumda, normalde bize hız kazandıran ve daha çabuk değerlendirme yapmamızı sağlayan düşüncemizdeki bu pratik kısayollar birer tuzak haline gelebilir. Psikolojik sorunlarla uğraşan bilişsel terapistler bu bilgi işleme süreçlerine özelliklerine göre çeşitli adlar vermiştir. Aşağıda bunların belli başlı tanımlarını ve örneklerini bulacaksınız.

1) **Keyfi çıkarsama:** Kişinin yaşantısında o sonucu destekleyen herhangi bir kanıt olmaksızın ya da aksine kanıt olmasına karşın tamamen ilgisiz veya tam tersi bir sonuç çıkarması. Örneğin arkadaşımızın olumlu ve destekleyici sözlerini, ilgi yerine acıma belirtisi olarak görmek. Telefon eden bir arkadaşımız "Son günlerde nasılsın?" diye sorduğunda, "Bana acıdığı için ilgileniyor", "Benimle ilgilendiğinden değil, işi olduğu için konuşuyor," biçiminde çıkarımlarda bulunmak. Bir yerde, kişinin çıkardığı sonucun olayın dış görünüşüyle hiç ilgisi olmamasıdır bu.

Olumlu tarafları dışarıda bırakıp olumsuz taraflara odaklanma eğilimi

2) **Seçici soyutlama (zihinsel filtreleme):** Belli bir ortamı ya da bağlamı genele veya öne çıkan belirgin özelliklerine göre değil de bir ayrıntıya göre tanımlamak. Örneğin yaptığı konuşma birçok kişi tarafından beğenilen kişinin, sürekli konuşmayı dinleyen ancak eleştiren bir arkadaşını düşünerek, "Konuşmam kötü oldu," sonucunu çıkararak kendisini kötü hissetmesi. Beğenerek tuttuğumuz ve taşındığımız yeni evde bir musluğun su damlattığını görünce evi tutmakla hata yaptığımız sonucuna vararak sürekli bu aksaklığı düşünmek.

3) **Hep ya da hiç biçiminde düşünme (siyah beyaz veya ikili düşünme):** Her türlü deneyim ve yaşantının iki aşırı uçtan birisi gibi değerlendirilmesi söz konusudur. Bir şey ya tam olmuştur ya da yoktur; bu iki uç arasında yer alan noktalar görülmez. Sevmediğimiz veya rakibimiz olan kişiyi tamamıyla kötü görmek bunun gündelik hayatta sık karşılaşılan örneğidir. Belki bazı durumlarda kısa süre için işimize yarasa bile genelde en çok sorun yaşatan düşünce işleme özelliklerinden birisidir. İyi ilişkide olduğu bir arkadaşının kendisine, "Sen işleri geciktiriyorsun," demesi üzerine kişinin, "Nankör! Meğerse arkadaşım değil düşmanımmış, açığımı kolluyormuş!" diye düşünmesi, "hep ya da hiç" biçiminde düşünmeye bir örnektir.

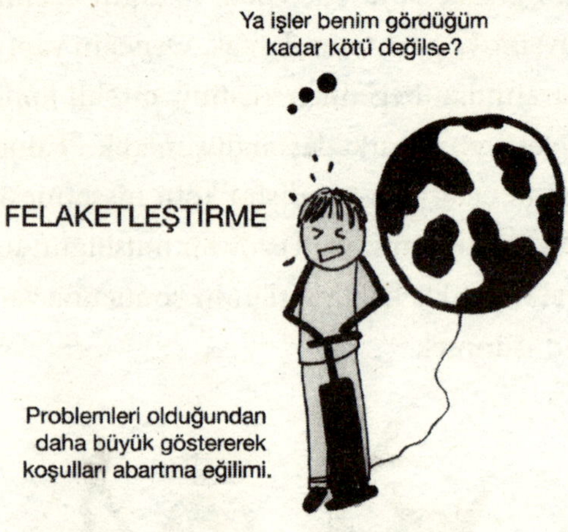

4) **Felaketleştirme (geleceği okuma):** Olması muhtemel diğer sonuçları hesaba katmaksızın geleceği hep olumsuz olarak öngörme. Okuduğu bir konuyu anlayamayan bir kişinin, "Bunu boşuna okuyorum, anlayamayacağım" diye düşünmesi, kendini kaygılı hisseden birinin, "Çok kötüyüm. Hiç düzelmeyeceğim," diye düşünmesi, üzerine aldığı işi verilen sürede bitiremeyen

birinin, "İşi yetiştiremedim, beni kovacaklar," diye düşünmesi, konuşurken zaman zaman heyecanlanan birinin, arkadaşını gördüğünde, "Heyecandan tek bir kelime bile edemeyeceğim," diye düşünmesi, *felaketleştirme* örnekleri olarak gösterilebilir.

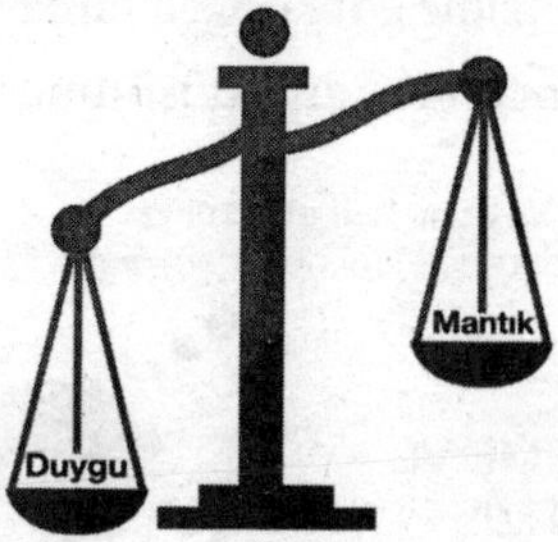

5) **Duygusal çıkarsama:** Tersine kanıtlar olmasına rağmen bunları yok sayarak ya da ihmal ederek sadece öyle hissedildiği için (aslında inanıldığı için) bir şeyin *doğru olduğuna inanma.* Örneğin epeyce başarıları olan birinin hayatına bakıp, "Yaptığım bazı şeyler var ama kendimi çok başarısız hissediyorum" diye düşünmesi. Bir kişinin korku hissettiğinde bunun kötü bir şeylerin olacağına işaret ettiğine inanması ve "Korkuyorum, demek ki kötü bir şeyler olacak," veya "Korkuyorum, demek ki korkulacak şeyler var," diye düşünmesi.

6) Etiketleme: Daha uygun, gerçekçi sonuçlar çıkarılabilecek olmasına rağmen kişinin belli bir davranış veya durumdan yola çıkarak kendisine veya diğerlerine genel etiketler yapıştırması. Örneğin, hata yapan birinin, "Ben aptalım," diye düşünmesi. Kişinin, bir konuda kendisine göre doğru olmayan bir bilgi veren bir arkadaşı için "O yalancı biri," diye düşünmesi.

7) Küçümseme veya büyütme: Bir şeyi olduğundan çok büyük veya çok küçük görme. Bu düşünce özelliğinde kişi yaptığı işleri küçümser ve değersizleştirirken, hatalarını veya hatalı olarak değerlendirdiği davranışlarını da abartır. Yazılıdan 100 üzerinden 70 alan bir öğrencinin, "Bu yazılıdan 70 aldım, çok kötü bir not," ve "70'i herkes alabilir, bu bir başarı değil," şeklinde düşünmesi (*büyütme*) buna örnek verilebilir. Başarısız olduğuna inanan ve "Ben başarısızım," diyen bir kişiye arkadaşı yüreklendirmek için "Ama sen çok iyi bir okul bitirdin," dediğinde, "Evet o okulu bitirdim ama sadece şans eseri," demesi de (*küçümseme*) yine buna örnektir.

8)Zihin okuma: Hepimiz diğer insanların ne düşündüğünü düşünürüz, bu gayet doğaldır. Ama bunu sürekli yaparsak veya bunların bizim tahmin veya varsayımlarımız olduğunu unutursak, başkalarının düşüncelerini kesinlikle bildiğimize veya zihinlerini bire bir okuduğumuza inanırız. Arkadaşına attığı mesaja cevap alamayan birinin, "Sustuğuna göre demek ki artık benimle görüşmek istemiyor," veya "Aramadığına göre benim hiç önemli olmadığımı düşünüyor," diye düşünmesi zihin okuma örnekleridir.

9)Aşırı genelleme: Kişinin bir veya birkaç olaya bağlı olarak tüm durumları kapsayan aşırı genel sonuçlar çıkarması. Örneğin kız / erkek arkadaşından ayrılan birisinin, "Artık benimle hiç kimse ilgilenmeyecek ve sevmeyecek," sonucuna varması. Arkadaşı randevuya sadece 5 dakika geç geldiğinde, "Hiçbir şekilde güvenilmez biriymiş," gibi düşünmek.

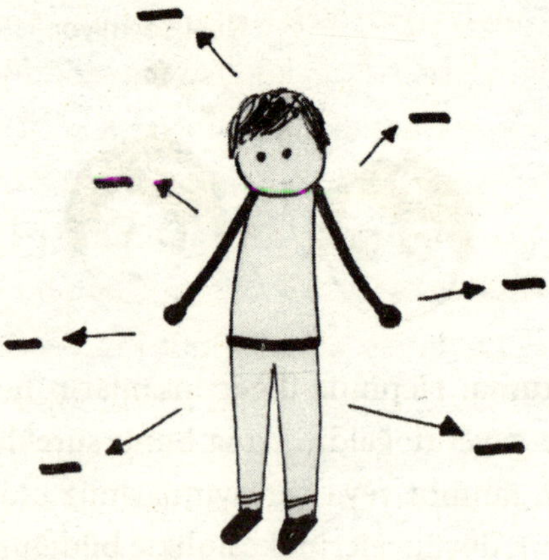

10) Kişiselleştirme: Olayları kendimizle ilgili görerek, kendimizle bağlantılı olarak açıklamak. Kişinin kendisiyle ilgili olmayan veya çok az ilgisi olan bir olayı kendisiyle bağlantılı görmesi. Kişiselleştirme suçluluk duygusu ve öfkenin en sık görülen nedenlerinden biridir. Çocuğu kötü not alan bir annenin, "Ben kötü anneyim, benim yüzümden böyle oldu," sonucuna ulaşması, arkadaş toplantısına gelmeyen kişi için "Ben varım diye özellikle gelmedi," diye düşünmek ve ona öfke duymak birer *kişiselleştirme* örneğidir.

Kendinden ve başkalarından gerçekdışı ve mantıksız taleplerde bulunma eğilimi.

11) "-meli, -malı" ifadeleri: Kişinin kendisinin veya diğerlerinin nasıl davranması gerektiği konusunda sabit fikirleri olması ve bunların gerçekleşmemesi halinde doğacak kötü sonuçları abartması. Sınava hazırlanan bir öğrencinin, "Bu sınavı kazanmalıyım", "Bu yıl sınıfta kalmamalıyım," diye düşünmesi. İş başvurusunda bulunan ve görüşmeye çağrılan kişinin, "Ben bu işe girmeliyim," diye düşünmesi. Bu düşünce özelliğinde kişi belli sonuçların mutlaka bir biçimde olması gerektiğini, tersinin asla kabul edilemeyeceğini savunur ve buna inanır. Tabii bu düşüncenin en yakın sonucu da aşırı gerginlik ve sinirlilik olur.

Bu saydıklarımız, insanlarda en çok rastlanan düşünce işleme biçimleridir. İnsanların aynı olayla ilgili farklı şekillerde düşünmelerinin altında, zihnimizdeki düşünce işleme biçimleri yatar. Bunlar doğal olarak anlık düşüncelerimizi, anlık düşüncelerimiz de duygusal tepkilerimizi etkiler.

Sıkıntı yaşadığınız durumlara eşlik eden düşüncelerinize bir de bu gözlükle bakmaya ve düşüncelerinizin yukarıda tanımlanan özellikleri gösterip göstermediğini fark etmeye çalışın…

Şimdi düşünce ve duygu dünyasını bırakıp yaşanan dünyaya, gerçek hayata geçebiliriz. Yani davranışlarımıza...

Beşinci Bölüm

Davranışlar Yaşananlar ve Değerler

Sizin için yaşamın anlamı nedir?

Hemen cevaplanması zor bir soru gibi duruyor sanırım. Üzerinde durup düşünmek gerek.

Öncelikle, bileşenlerine ayırırsak iki şeyi içeriyor; birincisi yaşam, ikincisi ise ona verilen anlam.

O zaman tek tek bakalım: Yaşam dediğimiz şey iki zaman noktası arasında, yani doğumla ölüm arasında geçen süre. O halde yaşama anlamını veren veya vermeyen şey, bu zaman diliminde olup bitenlerdir.

Yaşamın anlamıyla ilgili ise dinlerin, çeşitli felsefi akımların getirdiği birçok açıklama var. Zaten "Yaşamın anlamı nedir?" sorusu daha çok din ve felsefenin alanına giren bir sorudur. Biz işin dini ve felsefi tarafını o konuyla ilgili kişi ve otoritelere bırakıp daha yalın bir şekilde bakalım bu soruya:

Yaşamı yani dünya üzerindeki süremizi ne şekilde geçiriyoruz? Yaşama anlamını veren şeyin bu olduğunu düşünürsek, sorunun cevabıyla ilgili daha net konuşabiliriz. Başka bir gezegenden insan denilen canlı türünü izleyip tanımaya gelen bir varlık olsak, herhalde ulaşacağımız ilk genel sonuç insanların öncelikle varlığını sürdürmeye (hava alarak, karnını doyurarak vb.) ve aynı zamanda da kendi neslini sürdürmeye çalıştığını (çocuk sahibi olarak) görürdük. O halde basit ve temel şekliyle yaşamın anlamı veya amacı, varlığını ve neslini sürdürmektir, diyebiliriz. Aslında bizim yaşamın anlamı dediğimiz şey, bu temelin üstüne eklenenleri bulmaya dönük.

Bu temel, çok basit açıklamayı bir kenara bırakıp yaşadığı süre içinde insanın zamanını nasıl geçirdiğine bakarsak, sıralamanın bir önemi olmaksızın, belli başlı şu sekiz alandaki etkinliklerle karşılaşırız:

1) **Duygusal alan:**

İnsan yaşamını oluşturan alanlardan birisi duygusal ilişkileridir. Bu ilişkiyle kastedilen şey, insanın duygusal olarak yakınlık duyduğu, beraberlik kurduğu kişiyle ilişkisidir. Örneğin, evliyse eşiyle veya ilişkisi varsa sevgilisiyle olan ilişkisidir. Bu alanda yapılan etkinlikler insan yaşamının duygusal alanını oluşturur. Kişinin eşiyle paylaştığı her şey; iletişim, konuşma, ortak etkinlikler, cinsel yaşam, vb.

2) **Akrabalık (anne, baba, çocuklar vb.):**

İnsan yaşamının bir alanını da annesi, babası, çocukları, akrabaları ile olan ilişkileri ve bu ilişkiler içinde veya bu ilişkiler adına yaptıkları oluşturur. Anne babayla olan paylaşımlar, birlikte geçirilen zaman, alınan veya verilen destekler, onların hayatı, bizim onlar için yaptıklarımız, onların bize yaptıkları şeyler bu alanla ilgilidir. Örneğin ebeveynlerimizi ziyaret etmek, onları aramak, onlarla konuşmak, ilgilenmek, çocuğumuzu okula götürmek, onunla oynamak, bir sıkıntısı olduğunda dinlemek, kendi payımıza düşen şeyleri yapmak vb.

3) **Arkadaşlık ilişkileri:**

Arkadaşlarımız, dostlarımız, onlarla geçirdiğimiz zaman, onlarla birlikte yaptığımız etkinlikler ve paylaştığımız şeyler hayatımızın bu alanını oluşturur. Yapılan ziyaretler, sohbetler, konuşmalar, beraberce gezmek vb.

4) **İş, kariyer, okul, akademi alanı:**

Yaptığımız iş, okuduğumuz okul, aldığımız eğitim, işimizle ilgili etkinliklerimiz veya o alanda daha yetkin hale gelmek için yaptığımız şeyler, birlikte çalıştığımız kişilerle olan paylaşımlarımız, ilişkilerimiz vb.

5) **Bedensel alan (Beden, fiziksel görünüm, cinsel yaşam):**

Bedenimiz, beden sağlığımız için yaptıklarımız, beslenmemiz, uykumuz, dış görünümümüz, saçımız, kıyafetimiz, kişisel bakımımız, cinsel yaşamla ilgili etkinlikler bu alanı oluşturur.

6) **Hobiler, boş zamanlar:**

Yapmak zorunda olmadığımız ama isteyip hoşlandığımız için yaptığımız etkilinler bu alanı oluşturur. Oyun oynamak, yeni yerler gezmek, doğaya çıkmak, yürüyüş yapmak, müzik dinlemek, müzik aleti çalmak, resim yapmak, el işleriyle uğraşmak, film seyretmek, spor izleyiciliği, bulmaca çözmek, kitap okumak gibi etkinlikler.

7) **Toplumsal alan:**

Hepimiz büyük bir toplum içinde yaşıyoruz. Dolaylı şekilde zaten varlığımız ve yaptığımız işle o büyük toplum içinde bir yerimiz, etkimiz var ama bunun yanı sıra toplumsal etkinliklere katılmak, siyasetle ilgilenmek, sivil toplum kuruluşları, toplumsal yardım dernekleri veya örgütlü olmayan toplumsal etkinliklerde bulunmak bu alanın içerisinde yer alır.

8)Felsefi, manevi veya dini alan:

Bu alan kişinin yaşama bakışını, ona verdiği anlamı ve bu anlamla ilgili etkinliklerini kapsar. Eğer dini inancı olan biriyse dini etkinlikler veya inandığı bir dünya görüşü veya veya felsefi anlamda hayata verdiği anlama ilişkin etkinlikler bu alanı oluşturur.

İşte kabaca, yaşam dediğimiz şey, insanların bu alanlara ilişkin etkinliklerle zaman geçirmesi diye adlandırılabilir. Bu alanlardan her birinin yaşamda tuttuğu süre, kazandığı önem, ağırlık veya öncelik kişiden kişiye değişir. Örneğin tutkulu bir futbol izleyicisi için bu, yaşamının önemli bir kısmını kapsarken, işine çok bağlı birisi için de iş en önemli zaman alıcı etkinlik alanı olabilir.

Pekâlâ, yaşamı oluşturan bu alanlarda bireyin yapıp ettiklerini belirleyen şey nedir? Kişinin nasıl bir insan olup nasıl bir hayat yaşamak istediği, yani bu alanlardaki idealleri ve değerleridir.

İdeal, istek veya değer dediğimiz şey nedir? Bunu en iyi somut bir örnekle açıklayabiliriz. Mesela ana babalık alanını alalım: Ben bir babayım ve oğullarım var. Benim babalık alanıyla ilgili ideal veya değerim, "Ben nasıl bir baba olmak istiyorum? Oğullarımla aramda nasıl bir ilişki istiyorum?" sorularına verdiğim cevaptır. "Ben oğullarını ruhsal ve bedensel olarak sağlıklı bir şekilde yetiştiren, onlara destek olan, saygı gösteren, onların görüşlerini dinleyen, onlarla ortak zaman ve etkinlikler paylaşan bir baba olmak ve karşılıklı saygı, sevgi ve güvene dayanan, birbirimize destek olduğumuz bir baba oğul ilişkisi istiyorum."

Bireyin bu ideal ve değerlerine ilişkin farkındalığının olması önemlidir. Peki, değer ve ideallerimi nasıl fark edebilirim, onlarla nasıl ilişki içinde olabilirim?

Değer ve ideallerimizi fark etmemizi sağlayan en önemli araç veya yardımcımız duygularımız, özellikle de olumsuz duygularımızdır.

Gerek dış dünya gerekse iç dünyamızla yani düşüncelerle ilgili duygularımız, bizim değer ve ideallerimizin ne olduğunu gösterir. Eğer olumsuz duygularımız olduğunda onları bastırmaya, yok etmeye çalışırsak ya da onlara eşlik eden düşüncelere gerçekmiş gibi davranırsak o duygular devam eder ve peşimizi bırakmaz. Bu tür durumlarda duyguyu bastırmak veya eşlik eden düşünceye uygun davranmak yerine, o duygunun bizim nasıl bir insan olmak ve nasıl bir hayat, nasıl bir çevre istediğimizle ilgili hangi ideal veya değerimize işaret ettiğini bulmaya çalışırsak, isteklerimiz, ideallerimiz ve değerlerimizle ilişki kurmuş oluruz.

Diyelim ki, ben oğluma, "Günün nasıl geçti?" gibi bir soru sorduktan sonra, ondan, "Seni ilgilendirmez" diye cevap almış olayım. Sonrasında da duygusal olarak kızgınlık ve üzüntü hissederken, "Bana bunu nasıl söyler!" ve "Onu iyi yetiştiremedim," gibi iki düşünce aklımdan geçmiş olmuş olsun. Bu olay sonucunda, ben sürece ilişkin hiç farkındalık içinde olmaksızın doğrudan doğruya o düşüncelerimi gerçek gibi görüp, kendimi kızgınlık ve üzüntüye kaptırarak ona, "Nasıl böyle konuşursun, doğru dürüst konuş benimle!" diye bağırabilirim. Daha sonra da üzüntümü azaltmak için kendimi avutmaya, sakinleşmeye veya ortamdan uzaklaşmaya çalışabilirim. Bu tür bir düşünce-duygu-davranış dizgesi oğlumla yaşadığım sorunların çözümüne ya da kendimi daha iyi hissetmeme uzun vadede hiçbir katkıda bulunmaz. Bunun alternatifi ise kişinin, duygu, düşünce ve davranışlarıyla ilgili bir farkındalık içinde olup bunları işlevlerine uygun kullanmasıdır. Yani öncelikle duygumuzu ve düşüncemizi fark etmek, duygunun neye işaret ettiğini, düşüncenin ve işlevinin ne olduğunu unutmamak ve duygunun işaret ettiği içsel değerimize uygun davranmak. Bu örnekte yaşadığım kızgınlık, oğlumla birbirimize saygı duyduğumuz bir ilişki içinde olma, üzüntü ise benim nazik, duyarlı ve iyi davranan bir çocuk yetiştirme isteğime işaret eder.

Eğer kişi, yaşamını oluşturan temel alanlarda istek ve ideallerinin farkındaysa, onlarla ilişki içindeyse ve ideal ve değerlerine dönük davranışlarda bulunup bunlara uygun bir yaşam sürüyorsa, o zaman mutlu olur ve kendisini iyi hisseder. İstek ve idealleriyle teması kesilmişse ya da bunlara uygun bir hayat yaşamıyorsa, o zaman da kendini kötü hisseder. İnsanın hissettikleri, yani bedensel duyum ve duyguları ya iç dünyasından veya dış dünyadan kaynaklanır. Mutluluk da dış dünyaya veya iç dünyamıza bağlı, buralarda olup bitenlere tepki olarak ortaya çıkan bir sonuç veya işarettir. Mutluluk kendi başına bir hedef değil, hedeflerimize uygun davrandığımızda, onlara yaklaştığımızda kendiliğinden ortaya çıkan bir sonuçtur.

İnsanın duygularını etkileyen dışsal olaylara "sorun" dersek, sorunlarımız genellikle başımızdan geçen olaylarla ve içinde bulunduğumuz çevreyle ilişkili olarak başlar veya ortaya çıkar. Bu olayların ve yaşananların bir kısmı büyük ölçeklidir. Örneğin terk edilme, boşanma, hamile kalma, ciddi bir bedensel hastalık yaşama, kaza geçirme, şehir değiştirme, evlenme, uzun bir arkadaşlığın bitmesi, işe başlama, sınava girme, derste kalma, okul bitirme, önemli bir konuda suçlanma gibi. Bir kısmı da daha küçük ölçeklidir. Başımızın ağrıması, işe geç kalma, dersten beklediğimizden düşük not alma, arabamızın arıza yapması, tatile çıkma, arkadaşımızın bizi evine çağırmaması gibi. Eğer olaylar ve diğer insanların tepkileri bizim beklenti ve isteklerimize uygun olursa daha çok ve kolay mutlu oluruz. Ne kadar bizim beklenti ve isteklerimizden uzaksa da o kadar mutsuz ve sıkıntılı oluruz.

Davranış ve yaşam olaylarının bize etkisini örneklemek açısından en uygun ruhsal rahatsızlıklardan birisi depresyon, yani ruhsal çökkünlüktür. Depresyonda kişinin yaşamı ve davranışları değişir. Bu, depresyonun nedeni davranışlardır demek anlamına gelmez ama bazen neden olarak, bazen de sürdürücü olarak, depresyonda kişinin davranışları ve yaşamı önemli bir rol oynar. Yakın çevrenizden kendisini mutlu ve iyi hisseden birini aklınıza getirin. Bu kişinin yaşantısını dışarıdan gözlemlediğinizi düşünün: Mutlu kişi yaşamdaki çeşitli etkinlikler için istek duyar. Örneğin arkadaşlarıyla buluşmak ister. İstek duyduğu bu şeyleri yapar. Yani arkadaşlarıyla buluşur. Ve bu etkinliği yapınca da bundan hoşlanır, bir daha yapmak için istek duyar. Buna kabaca mutluluk döngüsü diyebiliriz. Depresyonda olan bir kişinin yaşamına baktığımızda ise onun isteksiz olduğunu, az şey yaptığını, bu yaptığı şeylerden zevk almadığını ve giderek daha az şey yapmayı seçtiğini görürüz.

Nasıl ki bir insanın karnını tok hissetmesi için yemek yemesi gerekiyorsa, mutluluk da benzer şekilde kişinin kendisine uyan etkinlikler yapması ve bundan sağladığı doyumla gerçekleşir. Bir insanın fiziksel olarak nasıl ki beslenmesi gerekiyorsa, ruhsal olarak da beslenmesi gerekir ve bu beslenme de ideallere dönük bir yaşam ve yapılan etkinliklerle gerçekleşir. Mutlu bir insanı mutsuz biri yapmanın yolu ona bir şey yaptırmamaktan geçiyorsa, mutsuz bir insanı mutlu hale getirmenin yolu da ona bir şeyler yaptırmaktan geçer. Yalın bir şekilde depresyon, kişinin yaşamındaki olumlu ve ödüllendirici etkinliklerin azalmasından, olumsuz ve ödüllendirici olmayan etkinliklerinse artmasından oluşur. Depresyondaki kişinin amacı kendi kötü, üzgün hissetmemek olur ve bunu gerçekleştirebilmek için de birçok etkinlikten kaçınmaya çalışır. Bunun asıl sonucuysa kişinin yaşamının fakirleşmesi ve daha da mutsuzlaşması olur.

Anksiyete bozuklukları, yani aşırı kaygı ve korkuyla süren rahatsızlıkları olan bireylerin hayatlarına baktığımızda da kaçınmanın çok fazla olduğunu görürüz. Anksiyeteli kişinin amacı, kaygı ve korku hissetmemek olur. Örneğin panik bozukluğu olan bir insana baktığımızda bütün yaşamının panik atak geçirmemek ekseninde şekillendiğini görürüz.

Sıkıntı Yaşamamalıyım
(Mehmet Bey'in öyküsü)

Çalışkan bir işadamı olan Mehmet Bey, işinde beklenen atılımları yapamamakta ve buna yaşadığı sıkıntıların yol açtığını belirtmektedir. 3 yıl önce kendisine panik bozukluk tanısı konulmuş, ilaç tedavisi önerilmiş ancak kendisi ilaç tedavisinin de yan etkilerinden korktuğu için tedaviye devam etmemiştir.

Mehmet Bey'in en büyük sorunu, durup dururken geçirdiği nefes darlığı atakları ve boğulma hissidir. Sürekli nefesini takip etmekte, yeterince hava alamadığına inandığında hızlı ve derin nefes almakta ama bu onu rahatlatmak yerine daha da sıkıntısını artırmaktadır. Eğer boğulma hissi çok artarsa acil servise başvurup yardım istemekte ve bazen oksijen almaktadır.

Mehmet Bey'in sıkıntılarına bulduğu çare, kendisinde nefes darlığı yaşatabilecek kalabalık ortamlar, kapalı salonlar, penceresi açılmayan otel odaları, havasız olduğunu düşündüğü yerler ve asansörlerden kaçınmaktır.

Eşiyle aralarındaki sorunların en öncelikli olanı, sürekli yaşadığı tedirginlik ve sıkıntı nedeniyle sık sık alkol kullanması, hatta son dönemde neredeyse gün boyu ara ara alkol almasıdır. Alkol kullanımı sıkıntıya karşı geliştirilen bir başa çıkma yöntemi veya çare olmak bir yana, giderek kendisi de artık bir sorun haline gelmeye başlamıştır. Geceleri de uykuya dalmayı kolaylaştırması için kullanmaya başladığı alkolün miktarı arttıkça, sabahları kalkmakta zorlanmaya ve işine geç gitmeye başlamıştır. Bu yüzden de iş yerindeki verimi azalmıştır. Eşiyle aralarında tartışmalara da neden olan bu sorun ilişkilerindeki çatlakları daha da büyütmüştür. Bütün bunlara Mehmet Bey'in panik atak yaşayacağı endişesiyle cinsel ilişkiden kaçınması sorunu da eklenmiştir.

Mehmet Bey'in hayatına baktığımızda gördüğümüz şey, onun yaşamının temel belirleyicisinin sıkıntı yaşamamak olduğudur. İşiyle, eşiyle ve arkadaşlarıyla ilişkisi hep bunun etkisi altında belirlenmekte ve bu durumun izin verdiği ölçüde gerçekleşmektedir.

Kirlenmemeliyim
(Ali Bey'in öyküsü)

Kirlilik ve bulaşma konusunda takıntıları olan Ali Bey, kirli olduğunu düşündüğü nesnelerden, kişilerden ve onların değdiğini düşündüğü yerlerden kaçınmaktadır. Kirli kişilerin nereye oturup oturmadığını bilemediği için dışarıdaki mekânların, toplu taşıma araçlarının hepsini kirli kabul etmektedir. Bu nedenle otobüste koltuğa oturmamakta, eğer bir şekilde başkalarının oturduğu koltuğa oturursa o kıyafetlerini eve gelince çıkarıp ayrı bir yerde tutmaktadır. Eve gelince ilk iş olarak kıyafetlerini çıkarıp onlarla hiçbir yere oturmadan banyoya gidip yıkanmaktadır.

Ali Bey kaçınmalardan ve yıkanıp temizlenmeye ayırdığı zamandan son derece yorgun olduğunu ve artık hayatın kendisi için bir eziyet haline geldiğini söylemiştir.

Ali Bey'in hayatının temel belirleyicisi, kir bulaşması ve bundan kaçınmadır. Yaşamını bu korku biçimlendirmekte, bunun müsaade ettiği kadarını yapmakta ve kirlilik hissini yaşamamak için her türlü bedeli ödemektedir.

Her Şey Karanlık

(Ayşe Hanım'ın öyküsü)

Ayşe Hanım 30'lu yaşlarında, bir evlilik ve boşanma yaşamış, bir yıllık ilişkisi ise yeni bitmiş, meslek sahibi, çalışan bir kadındır. Son iki aydır çok mutsuz ve üzgün olan Ayşe Hanım zamanın çoğunu evinde ve yatakta geçirmekte, arkadaşlarıyla ve akrabalarıyla zorunlu olmadıkça görüşmemektedir. Gelecekle ilgili oldukça karamsar olan Ayşe Hanım istenilmediğine, sevilmediğine ve bu durumun değişmeyeceğine inanmaktadır.

İki ay öncesine dek canlı, neşeli ve hareketli biriyken, ilişkisi sona erdikten sonra büyük bir mutsuzluk ve keder yaşamıştır. İş dışındaki zorunlu olmayan etkinliklerini azaltmış, zamanının çoğunu artık yalnız başına geçirmeye başlamıştır. Evdeyken de genellikle tek başına kalarak bu ayrılığın nedenini, niye terk edildiğini, ilişkisinin niçin yürümediği tekrar tekrar düşünerek zamanını geçirmektedir. Daha önce hoşlandığı ve zevk aldığı, arkadaşlarıyla buluşma, tiyatroya gitme, spor yapma gibi etkinlikleri ise bırakmıştır.

Arkadaşlarını neden aramadığı sorulduğunda kendisinin herkesten farklı olduğunu, hiç kimsenin onu tam anlayamayacağını ve bu yüzden de insanlarla birlikte olursa kendisini daha kötü hissedeceğini söylemektedir. İnsanlardan ve aynı şehirde yaşayan ailesinden uzak durmaya çalışmakta, insanlarla birlikteyken az konuşmakta, genellikle yavaş hareket etmekte ve az şey yapmaktadır.

Neden eskiden yaptığı etkinlikleri gerçekleştirmediği ve tatil günlerini uyanık olmasına rağmen yatakta geçirdiği sorulduğunda, insanlarla birlikteyken ya da bir şey yaparken yaşadığı ayrılığı hatırlayıp kendisini daha da kötü hissedeceğini, yaşadığı durumla tek başa çıkma yolunun yatakta yatmak ve eğer şansı yaver giderse uyumak olduğunu söylemektedir.

Farklı farklı sorunları olan bu üç insanı benzeştiren ortak özellik nedir sizce?

Üçü de ciddi sıkıntılar yaşamakta, üçünün de yaşamının temel belirleyicisi ruhsal sıkıntıları ve bu soruna çare olarak buldukları yöntem kaçınmak. Daha doğrusu üçünün de yaşamı, sıkıntı yaşamamaya çalışma üzerine kurulu.

Bu, kişinin hayatını, olmasını istediği şeylere dönük değil de, olmamasını istediği şeylere dönük yaşamasıdır. Yaşamın bu şekilde kaçınma odaklı olması ise kişinin gerçekten önem verdiği istek ve ideallerinden uzaklaşması gibi bir sonuca yol açar. Böyle bir yaşam ise bireyi daha da mutsuz hale getirir...

Böylece, ruhsal yaşamımızdaki ana etkenlerin tamamının üzerinden bir geçmiş olduk. Buna anlama kısmı diyebiliriz. Ama anlamak yeterli değil, bir şeyleri değiştirmek de gerek. O halde şimdi sıra geldi çözüm kısmına...

Çözüm nedir?

Bu da kitabımızın ikinci kısmının konusu...

İKİNCİ KISIM

ÇÖZÜM

Altıncı Bölüm

Çözümün Haritası

Harita bize yön gösterir, gitmeyi istediğimiz noktaya nasıl ulaşacağımız konusunda fikir verir. İyi bir haritaya sahip olmak, yolculuğun hedefe dönük olabilmesinin de ilk şartıdır. Amacım, sizlerle birlikte, iyi bir yaşam hedefine giden bir yol haritası çizmek.

Her birey için iyi bir yaşamın ne olduğu ve özellikleri farklıdır. O nedenle de herkese uyacak iyi yaşam formülü verilemez. Her birey kendisi için uygun yaşamın ne olduğunu kendisi keşfetmek durumundadır.

Peki, iyi yaşama nasıl kavuşulabilir? Kötülükle mücadele ederek mi, yoksa iyiye dönük yaşayarak mı?

Ruhsal sorunlar iyi yaşamın önündeki engeller olarak görülür hep ve bunlar ortadan kaldırılırsa iyi yaşamın gerçekleşeceğine inanılır. Ancak sorunun ortadan kalkması, iyi yaşama kendiliğinden kavuşulacağı anlamına gelmez.

İnsan belli bir fiziksel çevre içinde, diğer canlılar ve diğer insanlarla ilişki halinde yaşar ve bu ilişkilerden olumlu veya olumsuz olarak etkilenir. İnsanın psikolojik alanını oluşturan-etkileyen belli başlı alanlar şunlardır: Genetik olarak aktarılan ama aynı zamanda çevreyle de biçimlenen biyolojik yapısı, bedeni, beyni, o beynin işlevleri olarak anlık algı ve düşünceleri, tecrübeleri ve öğrendikleriyle oluşan inançları, bedensel duyumları ve duyguları, fizyolojik tepkileri, davranışları ve konuşmaları. Bu alanlar aynı zamanda insanın yaşadığı sorunların başladığı ve o sorunların sürmesine katkı sağlayan alanlardır. Kitabın birinci kısmında bu alanların bazılarını (duygu, düşünce, yaşam) detaylarıyla ele aldık. Eğer psikolojik sorunlar bu alanlarda çıkıyor ve sürüyorsa, bunların çözümü de yine aynı alanlardaki değişikliklerle olanaklıdır. Şimdi bu değişiklileri nasıl gerçekleştirebileceğimize bakalım ve iyi yaşama doğru yolculuğumuza başlayalım...

Şekil 12. İnsan, insanlardan oluşan bir çevre içinde var olur.

Önce insan yaşamını oluşturan bazı bireysel ve ilişkisel alanlara iki gruba ayırarak göz atalım.

I. Bölge	II. Bölge
Aklımıza kendiliğinden gelen düşünceler, istekler ve duygularımız	İnançlarımız (Aklımıza gelen düşüncelere inanıp inanmamak)
Duygularımız	Konuşmalarımız
Diğer insanların bizimle ilgili düşünce, davranış ve duyguları	Davranışlarımız
Bedensel tepkilerimiz	Kararlarımız ve seçimlerimiz
Geçmişimiz	Geleceğimiz

Şimdi şunları düşünmenizi istiyorum:

I. Bölge'yi doğrudan doğruya kontrol etme, etkileme, değiştirme gücümüz ne kadardır?

II. Bölge'yi doğrudan doğruya kontrol etme, etkileme, değiştirme gücümüz ne kadardır?

Eğer 100 puanı kontrol etme, etkileme, değiştirme gücümüz oranında paylaştırarak dağıtacak olsanız I. Bölge'ye ne kadar, II. Bölge'ye ne kadar pay verirsiniz?

I. Bölge'yi oluşturan alanları tek tek ele alıp düşünelim.

"Hadi bugün akşama kadar sorunlarınızı, sizi rahatsız eden şeyleri hiç aklınıza getirmeyin, hep iyi şeyler düşünün!"

Yapabilir misiniz bunu?

"Bugün boyunca kendinizi hep iyi hissedin!"

Olabilir mi?

"Diğer insanların sizinle ilgili olumlu düşünmelerini ve bunun hep böyle devam etmesini sağlayın!"

Çok mu zor?

"Bedensel tepkilerinizi kontrol edin! Kalp atışlarınızı dakikada 10'a indirin."

İmkânsız mı?

Ya geçmişi değiştirmek?

"Çocukluk anılarınızı silip yok edin."

"İşte o hiç mümkün değil," mi diyorsunuz?

II. Bölge'ye gelelim…

Aklınıza gelen her şeye inanmamak? Olabilir belki de...

Konuşmalarınızı veya davranışlarınızı kontrol etmek?

Bu büyük ölçüde mümkün… Örneğin, "Bu kitabı havaya kaldırın," denilse, elinde veya kolunda fiziksel bir engel olmayan herkes bunu şu anda yapabilir.

Kararlarınız?

Bu kitabı okumak veya okumamak kararı örneğin…

Evet, sizden istenenlerden hangilerini yapıp hangilerini yapamadığınıza bakarsanız, yapabildiklerinizin çoğunun II. Bölge'den olduğunu fark edersiniz. Biz insanlar, büyük ölçüde II. Bölge'yi kontrol edebiliriz. I. Bölge üzerinde belki sınırlı bir kontrolümüz olsa da bu bile yine II. Bölge üzerinden gerçekleşir.

Pekâlâ, bir de sizi uğraştıran konulara bir bakın. Ne kadarı I. Bölge, ne kadarı II. Bölge'yle ilgili? Duygusal enerjinizi, zamanınızı, düşüncenizi ne kadar I. Bölge, ne kadar II. Bölge alıyor?

Evet, tahmin edebiliyorum; zaman ve enerjinizin çoğu I. Bölge'yle uğraşmakla geçiyor:

"Acaba sıkılır mıyım?"

"Üzülür müyüm?"

"Korkar mıyım?"

"Sıkıntı yaşar mıyım?"

"Acaba aklıma kötü düşünceler gelir mi?"

"Keşke bunlar hiç aklıma gelmese; bunları kafamdan silmek istiyorum; bütün bunları unutmak istiyorum."

"Acaba bu konu kafama takılır mı?"

"Acaba arkadaşım bana küsmüş müdür?"

vb...

Bunlar tanıdık geldi mi?

Burada çok ilginç bir durum veya çıkmaz var: Çoğu insanın, özellikle de ruhsal açıdan sıkıntı yaşayanların yaşamına baktığımızda, zamanının ve enerjisinin çoğunu hiçbir verim alamayacağı I. Bölge'yle uğraşarak harcadığını görürüz.

Eğer I. Bölge'ye takılır kalır ve sorunlarımızı orayla uğraşmaya devam ederek veya orayı kontrol ederek çözmeye çalışırsak sonucun yılgınlık, yorgunluk, kızgınlık ve hayal kırıklığı olma olasılığı çok yüksektir. I. Bölge ruhsal sıkıntıların kaynağı olan veya bir anlamda ruhsal sıkıntının sorunların hâkim olduğu, onun dediğinin olduğu, onun borusunun öttüğü alandır diyebiliriz.

Bu kitabın temel hedefi, sizin asıl ve daha çok etkinizin olduğu II. Bölge'ye yönelerek, nasıl bir insan olmak istiyorsanız öyle bir insan olmanıza ve nasıl bir hayat yaşamak istiyorsanız öyle yaşamanıza yardımcı olmaktır.

Pekâlâ, neye göre inanıp neye göre inanmayacağımızı, neye göre konuşup neye göre davranacağımızı, neye göre seçimler yapıp kararlar vereceğimizi ve nihayetinde bunlara göre geleceğimizin nasıl şekilleneceğini belirleyecek olan nedir?

Değerlerimiz, ideallerimiz ve isteklerimizdir...

Kontrol edilemez değiştirilemez **Kontrol edilebilir değiştirileilir**

Kontrol edilemeyecekler	Kontrol edilebilecekler
• Aklımıza kendiliğinden gelen düşünceler, istekler ve duygularımız	• İnançlarımız (Kendimiz, dünya ve diğer insanlar ve ilişkilerle ilgili)
• Duygularımız	• Konuşmalarımız
• Diğer insanların bizimle ilgili düşünce, davranış ve duyguları	• Davranışlarımız
• Fizyolojik tepkilerimiz	• Kararlarımız ve seçimlerimiz
• Geçmişimiz	• Geleceğimiz

Şekil 13. Kontrol edilebilecekler - Kontrol edilemeyecekler

Değer ve ideallerle istekler herkese göre değişir ve özneldir. O zaman kişi değer ve ideallerinin-isteklerinin ne olduğunu nasıl ve nereden bilip öğrenebilir?

Kişi bunları duygusal sistemi sayesinde, belki şaşıracaksınız ama en çok da o hiç istemediği, yok etmek istediği olumsuz duygularından öğrenebilir.

Yaşamımız I. Bölge'yi kontrol edemeyeceğimiz halde kontrol etmeye çalışarak zaman tüketmekle değil, II. Bölge'ye yani değer ve ideallerimize dönük davranışlar geliştirerek değişir. II. Bölge'ye ilişkin bir şeyler yapmanın ve hayatımızı istediğimiz yönde değiştirmenin ilk adımı I. Bölge'yle uğraşmayı bırakmak ve II. Bölge'ye yönelmektir. Bu anlamda kişinin olumsuz duyguları, gerektiği gibi uygun yerde kullanılır ve yararlı biçimde değerlendirilirse, düşünceleri onun en büyük yardımcıları haline gelebilirler. Her bireyin kendi açısından iyi yaşamı bulmasında kendi duyguları, özellikle de olumsuz duyguları en büyük yardımcısıdır.

O halde olumsuz duygularımızla başlayalım işe...

Birinci Adım: Yaşamımızdaki Sorunları Fark Etmek

Önceki bölümlerde insan yaşamının hem sıradan yanlarına katkıda bulunan hem soruna dönüşebilen bileşenlerin üzerinden geçtik. Bu bileşenler, kişinin içinde yaşadığı ortam ve o ortamda olan bitenler, algı ve düşüncelerimiz, duygusal tepkilerimiz, davranışlarımız ve bütün bunların olup bittiği bir alan olarak bedenimiz ve beynimizden oluşuyor. Sorunu/sorunları oluşturan bileşenler bunlarsa, çözümü getirecek anahtar da yine burada, bu bileşenlerde duruyor. Bu bileşenlerdeki soruna katkıda bulunan, sorunu sürdüren etkenler ortadan kaldırılır, hatta onların yerine sorunu azaltabilecek değişiklikler yerleştirilebilirse, sorun da azaltılabilir veya ortadan kaldırabilir.

Burada sorunla kastedilen şey, hem dışsal koşulların ağırlıklı olarak etkili olduğu yaşam sorunları, hem de genellikle içsel koşulların etkili olduğu ruhsal sorunlardır. Yaşam sorunları dediğimizde çevreniz (yakın olduğunuz insanlar) ve yaşam olaylarıyla ilgili sorunlarınız ve değişmesini istediğiniz şeyler kastedilmektedir. Örneğin ailede iletişim sorunu, yakın zamanda yaşanmış üzücü olaylar vb... İçsel veya kendimizle ilgili sorunlar ise duygusal (korku, üzüntü vb.), düşünsel (düşünce takıntıları vb.), davranışsal (alkol kullanımı vb.), fizyolojik (kilo verme vb.) olabilir. Bu tür sorunların sosyal kaygı, panik bozukluk gibi bazı örneklerini "3. Bölüm"de vermiştik. Sorun veya sorunlarımız bu alanlardan hangisiyle ilgili olursa olsun, bir kez ortaya çıktıktan sonra diğer alanlarda da soruna eşlik eden değişiklikler oluşur. Bunların bir kısmı sorunu çözmeye yönelik çabalar gibi dursa da, bazen sorunu çözmek yerine sürdürebilir, hatta kendileri de bir sorun haline gelebilirler.

En İyi Olmalıyım
(Cem Bey'in öyküsü)

Okul hayatında çok başarılı bir öğrenci olan Cem Bey'in lise yıllarından itibaren yoğunlaşan, insanlarla etkileşime girme ve topluma karşı konuşma korkusu gibi sosyal kaygıları vardır. Bu kaygıları tıp fakültesinde okurken daha da artmış, psikiyatra giderek sosyal fobi tanısı almış ve ilaç tedavisine başlanmıştır. İlaç tedavisiyle yakınmaları azalmakla birlikte yine de süren Dr. Cem, bu sıkıntılarıyla kaçınarak veya yüksek dozda kaygı giderici ilaçlar alarak baş edebilmektedir. Kendi alanında çok bilgili bir doktor olduğu halde toplantılara, kongrelere katılamamakta, sosyal kaygıları yüzünden bütün teklifleri geri çevirmekte, sunum yapmamaktadır. Bu da onun mesleki açıdan ilerlemesini engellemektedir. Hastalarını muayene ederken çok fazla sıkıntı yaşamasa da muayene sonrası hasta ve yakınlarıyla konuşurken zorlanmakta, bu yüzden konuşmalarını kısa tutmaktadır.

Sunum ve konuşma yapmak ve ders anlatmakla ilgili kaygıları nedeniyle akademik pozisyonları reddetmiştir. Kongre ve toplantılardan kaçınması mesleki bilgilerini artırmasını olumsuz etkilerken, insanlardan uzak durması ve sorulmadıkça fikrini söylememesi sosyal hayatını fakirleştirmektedir. Çeşitli kereler karşısına çıkan fırsatları bu sorunu yüzünden kaçırabilmektedir. Kendisine hastanede başhekim yardımcılığı teklif edildiğinde, gelir ve çalışma şartları açısından çok iyi olmasına rağmen, daha çok sosyal ilişki kurması gerekeceği için yine sosyal kaygıları yüzünden bu teklifi reddetmiştir.

Dr. Cem Bey'in hayatındaki en belirleyici şey, onun sosyal kaygısı ve bu kaygıdan kaçınma çabasıdır. Bu davranışlarıyla kendi açısından soruna yönelik bir çözüm geliştirdiğini düşünmektedir. Çözüm dediğim anda bazı okurların hemen itirazlarının olacağını tahmin ediyorum. Evet, aslında bu, sorunun çözümü değil. Kaygı yaşadığı durumları belki bir süreliğine ertelemesi veya onlardan kaçınması tutumudur. Bu kaçınma Cem Bey'in işinde iyi bir noktaya gelmesine engel olmaktadır.

Pekâlâ, bu fakirleşmeye rağmen neden kaçınmaktadır?

Bu sorunun cevabı psikoloji biliminin bize öğrettiği önemli bir kavramda yatar: İnsan davranışını, daha çok, o davranışın yakın sonuçları biçimler, belirler. Birçok zararına karşılık pek çok insanın sigarayı, içkiyi veya başka zarar veren davranışları sürdürmesinin altında bu yatar. Kişi sigaranın *yararlarını* (rahatlama, hoşlanma, gerilimin azalması) hemen yaşarken, zararları çok daha sonra çıkar. Bu durumda da, kişi her ne kadar zihinsel düzeyde sigaranın zararlarını duyup anlasa da, yaşantı düzeyinde buna maruz kalmadığı için sigaranın zararlarını gerçekmiş gibi görmez, sigara içme davranışıyla sonuçlarını ilintilendirmez ve sigara içmeyi sürdürür.

Cem Bey'in, "Yarın toplantıda sunumu sen yapar mısın?" sorusu sorulduğunda yaşadığı gerilim ve sıkıntı, "Ben boğaz enfeksiyonu geçiriyorum, sesim kısıldı, konuşmakta zorlanıyorum, konuşmayı Kemal Bey yapabilir mi acaba?" deyip bu önerisi kabul edildiğinde yerini rahatlamaya bırakır. Bu durumda Cem Bey'in kaçınma davranışının erken sonucu (hemen ortaya çıkan ilk sonuç) rahatlamadır ve kişi kaçınmayla rahatladıkça bu tür davranışlarının sıklığı giderek artmaya başlar. Bu artış erken dönemde rahatlama getirse de uzun vadede Cem Bey'in genel yaşam kalitesi düşmeye başlar ve mesleki olarak da bulunduğu yerde kalmasına yol açar.

Buradan Hemen Çıkmalıyım
(Ahmet Bey'in öyküsü)

Ahmet Bey 50 yaşlarında, evli ve bir çocuklu, görünürde herhangi bir sorun yaşamasını gerektiren ne bedensel ne de ailevi bir sorunu olan, kendi aile şirketini yöneten bir işadamıdır. Dışarıdan bakıldığında hiçbir sorun yaşamaması beklenen bu kişi, yoğun sıkıntılar nedeniyle neredeyse yaşamını bile sürdürmekte son derece zorlanmaktadır. Ahmet Bey "kapalı" veya kendisine göre "hemen çıkılamayacak" yerlere girememekte, mecbur kalırsa buralarda uzun süre duramamakta, yalnız başına araba kullanamamakta, yanında sürekli iki cep telefonu (biri arızalanır veya şarjı biterse diye), su ve Aspirin olmadıkça rahat edememektedir. Aspirin'i yanında taşımasının nedeni kalp krizi anında eğer çiğnerse onun kendisini kurtarabileceğine olan inancıdır.

Ahmet Bey 7 yıl öncesine dek yaşamı seven, neşeli, hareketli ve önemli bir sorunu olmayan biriyken, bir uçak yolculuğu sırasında göğüs ağrısıyla başlayan bir sıkıntı yaşamıştır. Bu sıkıntı sırasında kalp krizi geçirerek öleceğini düşünmüş, uçak yere iner inmez önce havaalanındaki sağlık merkezinde, ardından da götürüldüğü hastanenin acil servisinde yapılan tetkiklerde ve muayenelerde kendisinde bedensel bir sorun veya kalbiyle ilgili bir rahatsızlık saptanmamıştır.

Bu olayın ertesi haftasında yine göğsünde sıkışma ve ağrıyla başlayan bir sıkıntı yaşayan Ahmet Bey, yapılan muayeneden ve söylenenlerden kuşku duymaya başlamıştır. Bu kez tanınmış bir kardiyologa giderek detaylı tetkik ve muayeneden geçmiş, kendisine kalple ilgili bir rahatsızlığı olmadığı söylenip psikolojik yardım alması önerilmiştir. Ahmet Bey psikolojik tedaviye başvurmamış, nu detaylı muayene sonrasında ilk iki ayı rahat geçiren Ahmet Bey'in benzer sıkıntıları tekrar etmiştir. Çarpıntı veya göğüste sıkışmayla başlayan bir sıkıntı nöbetinde tekrar acil servise başvurmuş, yapılan muayene sonucunda yine bedensel bir hastalığı olmadığı, sorunun psikolojik olabileceği söylenmiştir. Ahmet Bey bu dönemde sadece uçağa binmekten değil, kapalı veya hemen çıkamayacağı yerlerin tamamından rahatsız olmaya başlamış; asansöre binemez, yalnız başına araba kullanamaz hale gelmiştir. Artık kendisindeki sorunun psikolojik kökenli olduğuna ikna olan Ahmet Bey, bir psikiyatra başvurmuş, doktor panik bozukluğu olduğunu söyleyerek ona antidepresan yazmıştır. Antidepresanlar bu atakların sıklık ve şiddetini azaltmış, ancak buna rağmen Ahmet Bey bir süre sonra hem kaçınmaya (asansörden ve uçaklardan) hem de güvenlik önlemleri almaya (yanında su, sıkıntı giderici ilaç ve iki cep telefonu taşımak) devam etmiştir.

Ahmet Bey, tipik bir panik bozukluğu olan agorafobi öyküsü vermektedir. Sorununu "çözmek" için bulduğu çare, sorunu tetikleyen ortamlardan kaçınmak veya bu tür ortamlara "güvenlik önlemleri" ve "kurtarıcılarla" girmektir. Ama görüldüğü gibi, bu bulduğu çareler Ahmet Bey'in sorunu çözmemiştir. O zaman sorunun çözümü nedir?

Olumsuz Duyguların Farkına Varmak

Değişimin ilk adımı duygularımızı fark etmek ve onların ne anlama geldiğini anlamaktır. Olumsuz duygular, hatırlayacağınız gibi, bizim işaret sistemimizdir. Bu çok değerli işaretleri fark edip değerlendirmezsek hem boşa gitmiş olur hem de onları fark etmemiz için daha sık, daha uzun süreli ve daha şiddetli ortaya çıkmaya başlarlar. Bu artış, duygunun gereğinin yapılmamasından ileri gelir. Duygular ya dış dünyanın ya iç dünyamızın etkisiyle bir anlamda onlara tepki olarak ortaya çıkan işaretlerdir. Duyguları olumsuz veya olumlu diye ayırma eğilimdeyiz ama aslında duygunun iyisi veya kötüsü olmaz; duygunun işaret ettiği şey iyi veya kötü olabilir ancak. Duygunun neye işaret ettiğini anlamaksızın onu yok etmeye çalışmak, bu çok değerli bilgi kaynağını boşa harcamak olur. Duygusal tepkileri anlamaya, değerlendirmeye çabalamadan yok etmeye çalışmak, olumsuz duyguları azaltmak amacıyla belli durumlardan kaçınmak, örneğin gereksiz ilaçlar kullanmak, uykuya sığınmak, aşırı alkol almak, uyuşturucu kullanmak, aşırı yemek yemek, sigara içmek, kendine zarar verici davranışlarda ve hatta en uç noktada intihar girişiminde bulunmak gibi tepkiler, kişinin sorunlarını çözmediği gibi, kendileri sorun haline gelir; kişinin yaşadığı sorunları daha da derinleştirir. Üstelik uzun vadede o büyük korkular yok olmaz.

Duygu yok edilecek değil, öncelikle kabullenilecek, yaşanılacak ve değerlendirilecek bir işarettir. Duyguyu dış dünya veya iç dünyamızdan haber getiren bir haberci gibi düşünebileceğimizi söylemiştik. Bu haberci bazen iyi, bazen de kötü haberler getirebilir. Ama unutmayalım ki "kötü" bir haber söz konusu olduğunda haberciyi yok etmek, haberi ortadan kaldırmaz. İadeli taahhütlü bir postanın siz teslim alana dek sürekli postacı tarafından geri getirilmesi ve siz onu almadıkça peşinizi bırakmaması gibi, duygunun ilettiği mesajı almadıkça o duygu peşimizi bırakmaz.

Bir haberci olan duyguyu uygun bir şekilde değerlendirmenin

ilk adımı onu görmek, onun farkında olmak, ikinci adımı ise onun getirdiği haberi almak ve okumaktır. "Duygular" bölümünden hatırlayacağınız gibi, bu anlamda en önemli veya değerli bilgileri olumsuz duygularımız verir. Olumlu duygular da bize bilgi vermekle beraber, asıl olumsuz duygularımız daha yaşamsal bilgiler verir. Algılar (görme, işitme vb.) çevreyi fark etmemize yarayan ilk araçsa, duygular da kendimizi tanımamız açısından en önemli ikinci araçtır diyebiliriz. Algılar gibi duygular da hem iç dünyamız hem de dış dünyayla ilgilidir. Dış dünyayla nerdeyse bire bir ilgili gibi düşündüğümüz algılarımız bile aslında sadece dışarıyı yansıtmaz; önemli bir düzeyde iç dünyamızla da ilgilidir.

En önemli duyularımızdan birisi olan görmeyi ele alalım. İnsan beyni cisimleri, dünyayı renkli algılar ancak aslında cisimlerin, nesnelerin, kısacası evrenin kendisinde, özünde renk diye bir özellik yoktur. Renk algısı, cisimlerden, nesnelerden yansıyan ışığın dalga boyuna göre bizim beynimiz tarafından oluşturulur. Bir anlamda görmemizle ilgili en önemli bileşenlerden birisi olan renk algısı, aslında içsel olarak beynimiz tarafından üretilir. Bir ölçüde her algımız, aynı zamanda içsel olarak üretilen bir şeydir. Dış dünyadan algıladığımız şeylerin bir kısmı bizim için yararlı (güzel görünümlü ve kokulu, sevdiğimiz bir çiçek) ve olumlu, bir kısmı ise yararsız, olumsuz veya zararlıdır (üzerimize hızla gelen bir araba). Algıda olumsuz olanı fark etmek, olumlu olanı fark etmeye kıyasladığımızda, daha yaşamsaldır. Güzel bir çiçeği görmemek tabii ki bir kayıptır ama üzerimize gelen bir arabayı görmemek ölümcül bir sonuç doğurabilir.

İş duygulara geldiğindeyse, algılara kıyasla, içsel süreçlerimizin (düşüncelerimizin) etkisi duygularımızda çok daha fazladır. Algı bir ölçüde öznel olsa bile daha çok dış dünya tarafından biçimlenirken, duygularımızda bu öznellik ve kişisellik çok daha fazladır. Bu anlamda duygular hem dışarıyı hem de kendimizi anlamakta çok önemlidir. Duygularımızı ve işaretlerini tanımanın ilk adımı, kişisel projektörlerimizi biraz duygularımızın, özellikle de olumsuz duygularımızın üzerine çevirmektir.

İşte bu konuda size çok yararı olacak ilk araç, olumsuz duygu kaydıdır. Bu araç duygulara ve onların işaret ettiği şeylere karşı farkındalığınızı çok artırarak, hem onları daha iyi tanımanızı hem de getirdiği haberleri daha iyi okunmanızı sağlayacaktır. Sizi rahatsız eden korku, üzüntü, kızgınlık gibi olumsuz bir duygu yaşadığınızda ya da sizin için sorun olan bir davranışta bulunduğunuzda, mümkün olduğunca kısa bir süre içinde bu durumu kaydetmeye çalışın. Bunu vakit geçirmeden yapmanız daha iyi hatırlamanızı sağlayacak ve elde edilen bilgiler de daha gerçeğe uygun olacaktır. Olayın üzerinden süre geçtikçe bellekte ayrıntılar silinmeye, ilgili olmayan yorum ve bilgiler de olayın içine karışmaya başlar.

Bu kayıt çalışması, yaşadığınız sıkıntının bir tür fotoğrafını çekmeye benzer. Birisine İstanbul'u tanıtmak isteyelim. Birinci yol, ona İstanbul'u anlatmak olabilir. Anlatarak ona aktaracağınız bilgileri düşünün. İkinci yol ise İstanbul'un en karakteristik yerlerinden çekilmiş 5 fotoğraf göstermek olabilir. Sizce hangisi daha kısa sürede ve daha gerçeğe uygun biçimde İstanbul'u tanıtır? Saatlerce İstanbul'u anlatsak, o beş fotoğrafın vereceği fikrin yerini tutabilir mi? Anlık düşünce kayıtları, sıkıntınızla ilgili çok daha gerçekçi ve geçerli bilgi verir. Bu nedenle bilişsel terapide kullandığımız temel araçlardandır.

Doğrudan yaşadığımız öznel durumlar olduğu için duyguların tanımı zordur. Herhangi bir durum, olay ya da iç yaşantılarla beraber hissettiğimiz şeylerdir. Duyguların normaldeki işlevi aynen fiziksel duyumlarda (görme, duyma, koku vb.) gibi bir şeyleri fark etmemiz ve ona göre davranmamız içindir. Ancak bütün işaret sistemleri gibi duygularımız da bazen yanlış alarmlar verebilir. Psikolojik sorun yaşanan durumlarda duygularımızın doğal haberci işlevi bozulur ve bizzat duygunun kendisi bir sorun haline gelir.

Kayıt formunda belirttiğiniz olay ya da durumu yaşarken neler hissettiniz, duygunuz neydi? Korku, panik, öfke-kızgınlık, üzüntü, keder, karamsarlık, utanç, suçluluk, şaşkınlık, kıskançlık vb.?

Bunu kaydettikten sonra yapmanız gereken şey, o anda yaşadığınız duygunun şiddetini veya yoğunluğunu puanlamanız. Bu puanlama doğal olarak öznel bir değerlendirmeye dayalı olacaktır. Duygunun yoğunluğunu nesnel olarak ölçme şansımız olmadığı için daha önce yaşadıklarınızı düşünerek, o anki duygunuzun yoğunluğunu 0 ile 100 arasında derecelendirmeye çalışın. "0" hiçbir olumsuz duygu yok, "10-20" o duygu var ama çok hafif önemsiz bir yoğunlukta, "50" orta şiddette, "60-70" duygunun oldukça yoğun olması, "80-90" çok yoğun şiddette, "100" de hayatta o ana kadar o duyguyu yaşadığınız ya da yaşayabileceğiniz en şiddetli yoğunluk diye düşünün.

Yukarıda tanıştığımız Cem Bey'den bir örnekle devam edelim. Sosyal kaygısı olan Cem Bey'in ilk yapması gereken şey, bu tür duyguları olduğunda bunları irdelemektir. Yani makale sunumu öncesinde ve sırasında yaşadığı duyguları fark etmektir. Cem Bey, makale sunumu öncesinde yaşadığı duyguların tedirginlik ve endişe, sunum esnasındaki duygularının ise aşırı heyecan ve panik olduğunu ifade etmiştir.

İkinci Adım: Olan Biteni Olduğu Gibi Fark Etmek

İlk yapmanız gereken şey olumsuz duyguyu yaşarken ya da soruna dönüşen davranışı gerçekleştirirken bunu başlatan ya da buna eşlik eden olay, durum veya ortamı tanımlamanızdır. Olay, o sırada olan biten şeydir. Örneğin, "arkadaşım Ahmet'le karşılaşmam", "Ali'yi aradığımda telefonunun meşgule düşmesi", "kalp atışlarımda hızlanma" gibi. Eğer sıkıntıyı yaşarken herhangi bir olay öncülük veya eşlik etmediyse, sadece o sıkıntıyı yaşarken bulunduğunuz ortamı yazın: "evde otururken", "kuyrukta beklerken", "sınav salonunun önünde" gibi.

Olay ve durumu yazarken, mümkün olduğunca, olumsuz duygunun başladığı veya en şiddetli olduğu andaki olayı ya da durumu tanımlayın. Bir dış gözlemci bakış açısıyla, yani sadece olan biten somut gerçekliği aktararak, yorum katmadan yazmaya çalışın. O anda o ortamda eğer bir video kamera olsaydı neyi gösterirdi; bunu düşünerek yazın. Örneğin, siz konuşurken arkadaşınız yanındaki kişiye bakarak gülmüş olsun. Bu durumla ilgili olayı, "Arkadaşım benimle alay etti," diye tanımlarsanız, olayı değil, yorumunuzu yazmış olursunuz. Olayı, başkaları tarafından somut olarak veya yorum yapmadan gözlenen şey olarak düşünün. Bu örnekte, "Ben konuşurken arkadaşım yanındaki kişiye bakarak güldü" şeklindeki bir ifade, orada olan biteni daha gerçekçi tanımlar.

Olumsuz duygu kayıt formu çalışması sırasında, üzerinde çalıştığınız şey, başı ve sonu olan bir olay ya da kendinizi kötü hissettiğiniz bir durum olmalıdır. İdeal olan, olumsuz duygunuzun başladığı veya yoğunlaştığı andaki otomatik düşüncenizi, yani zihninizde o anda olan düşünceyi ya da imgeyi not etmenizdir. Birden fazla olay ya da durumu aynı anda çalışmak ve yazmak yerine bunları tek tek ele almanız daha iyi sonuç verir.

Cem Bey'in makale sunumu öncesi tedirginliği, sunum tarihi belli olduğu dönemde başlamış ve zaman yaklaştıkça giderek artmıştır. O zaman Cem Bey'in forma yazacağı şey, bu duyguyu yoğun olarak yaşadığı durumlardır.

Önceliğiniz, kendinizde olumsuz duyguya ve sorun olan davranışa yol açan olayları, yani yaşadıklarınızı saptamak, ardından o sırada ne hissedip ne düşündüğünüzü fark etmek ve bunları not etmek olmalı. Bu işlem belki oldukça rahatsız edici olabilir ama bir şeyi değiştirmek istiyorsak öncelikle ne olup bittiğini görmememiz gerekir.

Aşağıda gördüğünüz kayıt, Cem Bey'in klinikte diğer doktorlara makale saatinde sunum yaparken yaşadığı duruma ilişkin doldurduğu kayıttır. Cem Bey bu forma iki durum yazmıştır. Birincisi, kahvaltı yaparken, evden çıkmadan önceki durum, ikincisiyse hastanede asistanlara sunum yaparkenki hali.

Olumsuz Duygu Kaydı

Sizi rahatsız eden korku, üzüntü, kızgınlık gibi olumsuz bir duygu yaşadığınızda veya sizin için sorun olan bir davranışı yaptığınızda mümkün olduğunca kısa süre içinde bu durumu aşağıda gösterildiği şekilde kaydetmeye çalışın.

Tarih-Yer	**Olay-Durum**	**Duygu-Bedensel Tepkiler**	**Düşünceler**	**Davranışlar**
Sizi rahatsız eden olayı, durumu yaşadığınız tarih, yaklaşık saat ve yer.	Sizi rahatsız eden olay ya da durum neydi? Olayı veya durumu mümkün olduğunca yorum katmadan yazmaya çalışın; o anda o ortamda eğer bir video kamera olsaydı neyi gösterirdi, bunu düşünerek yazın.	Bu olay ya da durumu yaşarken neler hissettiniz, duygunuz neydi? Korku, panik, Öfke, kızgınlık, üzüntü, keder, karamsarlık, utanç, suçluluk, şaşkınlık, kıskançlık-gibi? Bu duygunun yoğunluğu neydi? 0-100 arasında şiddetini puanlayın: ("0" hiç bir olumsuz duygu yok, "10-20" çok hafif önemsiz sıkıntı, "50" orta şiddette sıkıntı, "60-70" oldukça sıkıntılı, "80-90" çok fazla şiddetli sıkıntı, "100" hayatta o ana kadar yaşadığım ya da yaşayabileceğim en şiddetli sıkıntı.) Bu sırada hangi bedensel tepkileriniz oldu? (Çarpıntı, nefes darlığı, göğüste baskı, sıcaklık vb.)	Bu durumu ya da olayı yaşarken en yoğun biçimde sıkıntı duyduğunuz anda aklınızdan ne geçiyordu? Kendi kendinize neler söylüyordunuz? O anda zihninizde canlanan herhangi bir hayal var mıydı? Bunları bulmakta zorlanırsanız o olayı veya durumu zihninizde canlandırıp tekrar yaşamaya ve o an aklınızdan geçenleri yakalamaya çalışın.	Bu duyguyu yaşarken ya da sonrasında ne yaptınız? Eğer bir olaysa, bu olayın sonucunda ne yaptınız? Olay nasıl sona erdi?
3.11.2015 Sabah evde, mutfakta Klinik toplantı salonu	*Kahvaltı yapma Oturarak masada makale sunumu yapma*	*Tedirginlik, endişe (80) Korku (90) Çarpıntı, kızarma, titreme, terleme*	*Ya sesim çıkmazsa? Ya çok heyecanlanırsam? Makaleyi okurken: Çok heyecanlıyım, diğerleri alaycı şekilde bakıyorlar. Kızardım, titriyorum. Tuhaf karşıladılar, heyecanlandığımı gördüler. Bende bir sorun olduğunu fark ettiler.*	*Az konuşma, az yeme, Sofradan çabu kkalkma Makaleyi kısa keserek bitirdim.*

Olumsuz Duygu Kaydı (Geliştiren Prof. Dr. M. Hakan Türkçapar, Ankara 2015, Her hakkı saklıdır. Kaynak belirterek kullanılabilir.)

Üçüncü Adım: Düşüncelerimizi Fark Etmek

Düşünce, hatırlayacağınız gibi, zihnimizden geçen sözcük ve görüntülere verdiğimiz addır. Sözcüklere, elinizde tuttuğunuz kitapta olduğu gibi kâğıdın üzerinde olduklarında yazı, ses dalgaları halinde olduklarında konuşma, kafamızın içinde olduklarında da düşünce diyoruz. Düşünce bir olay ya da durumu yaşarken aklınızdan geçen veya zihninizde var olan şeylerdir.

Bilişsel davranışçı terapistler olumsuz duygu ve davranışlara eşlik eden düşüncelere "olumsuz otomatik düşünce" adını vermişlerdir. Bunların gün içinde her an zihnimizden geçen, kendiliğinden ortaya çıkan, anlık, kısa değerlendirmeler olduğunu söyleyebiliriz.

Anlık (otomatik) düşünceler aslında bilişsel psikolojide "biliş" (cognition) adı verilen, bilinç akışını oluşturan sözel veya imgesel parçaların bir alt kümesidir. Duygusal sıkıntılarımızı ele alırken daha çok ilgilendiğimiz anlık düşünceler, zihin akışı içinde yer alan ve duygusal sıkıntılarımıza ya da sorun olan davranışlarımıza eşlik eden, ortama ve duruma özgü bilişlerdir. Anlık düşünceler, kişinin zihninde o anda olup biten şeylerdir. Örneğin şu anda sizin zihninize, zihninizi gösteren bir cihaz bağlanabilse, bu cihazın göstereceği şeyler arasında yer alır anlık düşünceler... Bunlar kendiliğinden ortaya çıkar; yönlendirilmiş veya güdülenmiş düşünce ürünü değildir. Sıklıkla fark edilmezler. Sadece eşlik eden duygu fark edilir. İçerik ve anlamlarına göre belli duygularla birleşiktirler. Konuşma dili gibi değillerdir; zihinde yer aldıkları için kısa ve uçuşan bir doğaları vardır. Telegrafik formdadırlar, yazı ya da konuşma cümlelerimiz gibi uzun ve gramer kurallarına uygun değildirler. Zihin içinde çok hızlı akan anlam kümeleridir. Örneğin, kapalı bir yere girdiğinde, kapalı yerlerde bulunma korkusu (agorafobi) olan birinin zihninden sadece "Eyvah!" şeklinde sözel bir anlık düşünce geçebilir. Bunlar kişi belirli bir durum içine girdiğinde hızla ortaya çıkan ve incelenmeksizin doğru kabul edilen bilişlerdir. Zaten bu nedenle yoğun duygusal tepkilere yol açarlar. Bu tür düşüncelere Türkçe ifade ederken daha anlaşılır olması açısından "anlık düşünceler" demeyi daha açıklayıcı buluyorum. Bunlara "düşünce" denilmesi, sadece sözel düşünce oldukları anlamına gelmez. Zihnimizden görüntüler biçiminde de geçebilirler.

Eğer sorun düzeyinde bir duygusal tepkimiz ve davranışımız varsa, o zaman bu duruma eşlik eden düşünceleri saptamak atılacak ilk adım olabilir. Bu düşünceleri kaydetmek, bunların farkına varmak oldukça yararlı sonuçlar getirebilir. Sorun olan olayı veya durumu yaşarken, sorun olan duyguyu hissettiğinizde (örneğin kaygı sorunu olanlar için bu kaygı; depresyonu olanlar için üzüntüdür) veya sorun olan davranışta bulunurken (örneğin kumar bağımlısı biri için bahis oynamak) aklınızdan ne geçiyordu? En yoğun biçimde sıkıntı duyduğunuz anda ne düşünüyordunuz? Kendi kendinize ne söylüyordunuz? O anda zihninizde canlanan herhangi bir hayal var mıydı? Haydi, biraz hayal gücü de kullanalım; zihninizin içinde o anda bir gözlemci olsa ne görür ve duyardı? Kendinize bu soruları sorun. Bunları mantıklı veya mantıksız, uygun veya uygunsuz, saçma ya da yerinde olmalarına bakmaksızın, zihninizden geçtiğine yakın şekilde kaydetmeye çalışın. Bunları bulmakta zorlanırsanız o olayı veya durumu zihninizde canlandırıp tekrar yaşamaya ve o an aklınızdan geçenleri yakalamaya çalışın.

Bazı anlık düşüncelerimiz özgün olarak aklımızdan soru biçiminde geçmiş olabilir. Başı ağrıyan birinin, "Acaba felç mi oluyorum?" diye düşünmesi ve bu düşünceyle ilgili korkuya kapılması gibi... Buradaki korku duygusu aslında soru ya da olasılık gibi ifade edilse de aslında o anda bizim "felç olduğumuzu" düşündüğümüze işaret eder. Soru biçimindeki düşünceler, genellikle ilk anda gelen düşüncelerden sonra ortaya çıkarlar. Olay sırasındaki ilk düşüncemiz genellikle durum belirten bir şekilde olur: "Felç oluyorum." Bu, beynimizin aslında soru sormadığını ama tam da aslında o anda öyle bir şey oluyormuş gibi tepki verdiğini gösterir. Bu nedenle, soru veya olasılık formunda olan düşüncelerinizi, soru ya da olasılık formundan arındırarak düz cümle şeklinde ifade etmeye dikkat edin. Yoğun duygusal sıkıntı doğuran soru biçimindeki bir kısım otomatik düşünce ise "-meli", "-malı"lar içerir. Bunlar da "meli", "-malı" şekline dönüştürülmeli. "Ya sınavdan kalırsam", aslında "Sınavdan kalmamalıyım" veya "Bunu bana nasıl yapar", aslında "Bana bunu yapmamalıydı" ya da "Nasıl oldu da bunu fark edemedim?" aslında "Bunu fark etmeliydim" şekline dönüştürülmeli.

Düşüncelerinizi kaydederken her bir anlık düşünceyi ayrı kaydedin. Bunun en kolay yolu anlık düşüncelerin her birinin bir olayı anlatan bir cümle olmasına dikkat etmektir. Anlık düşüncelerinizin içinde, "çünkü", "bu nedenle", "ama", "fakat" gibi bağlaçlar varsa bu anlık düşüncenizden çok olayla ilgili yorumunuzu yazdığınıza işaret eder. Yorumlar da değerlidir ancak onların yorum olduğunu ya da özgün anlık düşüncenizin günlük dile çevrilmiş, açımlanmış hali olduğunu unutmayın.

Uygun Tanımlanmamış Olaylar-Durumlar	**Uygun Tanımlanmış Olaylar-Durumlar**
1. Ahmet beni adam yerine koymadı. (Burada olay değil, kişinin yorumu var.)	1. Ahmet gelmeyeceğini bana söylemedi.
2 Hep böyle oluyor. (Olay değil düşünce belirtilmiş.)	2. Ahmet'in gelmeyip bunu daha önceden bildirmemesi.
3. Kalp atışlarım hızlandığında kalbim duracaktı. (Olay kalp atışlarının hızlanmasıdır, "kalbim duracaktı" bir anlık düşüncedir.)	3. Kalp atışlarımda hızlanma hissi.
4. Konuşmaya başladığımda kıpkırmızı olduğumu fark ettim. (Olay danışanın konuşmasıdır. Kendisini kızarmış algılaması bir imgeye dayalı olduğundan anlık düşüncesidir.)	4. Konuşma yapmak.

Özellikle sık tekrarlayan veya yaşanan olaylarda anlık düşünceler kaybolabilir. Ya da yoğun duygusal tepki gösterilen olaylarda anlık düşünceler hızlı hale gelip kısalabilir ve artık fark edilmeleri güçleşebilir. Örneğin sosyal kaygıları olan biri yolda kendisini tanıyan bir kişiyle karşılaştığında aklından, "Ne yapacağım şimdi?" düşüncesi geçip korku duymuş olabilir. Bu durumda kişinin özgün anlık düşüncesinin anlamı açımlanarak sıkıntısına eşlik eden bilişsel içerik açığa çıkartılabilir. Bu tür çeviri şeklindeki anlık düşünceleri bulmak için "Niye, 'Ne yapacağım?' diye düşündüm?" diye sorabilirsiniz. Buna verilen cevap, "Çünkü beni böyle görürse rezil olabilirim," biçiminde ise kişide sıkıntı yaratan ama o anda ifade edilmemiş bir düşünceye bizi ulaştırabilir. Anlık düşünceye veya ona benzer hiçbir şeye ulaşamıyorsanız, o olayın anlamını veya o duygunun sonucunu kendinize sorun. Örneğin, köpeği görünce korkan ve o ana ilişkin hiçbir düşünce bulamayan birisi, kendisine köpeğin korkulacak nesi olduğunu veya bunun ne zararı olacağını sorabilir.

Mesela Cem Bey'in düşünce kayıt formuna baktığımızda, evdeyken "Ya sesim çıkmazsa", "Ya çok heyecanlanırsam" şeklinde iki anlık düşüncesini, daha sonra üniversitede asistanlara makaleyi okurken ise "Çok heyecanlıyım, diğerleri alaycı şekilde bakıyorlar" ve "Bende bir sorun olduğunu fark ettiler" biçiminde iki düşüncesini kaydettiğini görüyoruz.

Uygun olan ve olmayan anlık düşünce örnekleri

Uygun olmayan anlık düşünceler	Gerçek anlık düşünceler
1. Sınavı geçebilecek miyim?	1. Sınavı geçemeyeceğim.
2. Gelecek mi?	2. Gelmeyecek.
3. Ya bana kızarsa?	3. Bana kızacak.
4. Bu işi nasıl halledeceğim?	4. Bu işi halledemeyeceğim.
5. Ben aptal mıyım?	5. Aptalım.
6. Herhalde beni sevmediği için gelmedi.	6. Beni sevmiyor.

Dördüncü Adım: "Ne Yaptım?" (Davranışlarımızı Fark Etmek)

Ele aldığınız durumu yaşadığınız sırada veya sonrasında ne yaptınız? Eğer bir olaysa, bu olay nasıl bitti? Yaptıklarımız neye yol açtı, nasıl sonuçlandı?

Gösterdiğimiz davranışın ne olduğu çok önemlidir. Çünkü içinde bulunduğumuz çevre veya daha sonra yaşayacaklarımız üzerinde bir etkimiz olacaksa, bu ancak davranışlarımız ve konuşmalarımız, yani yapıp ettiklerimizle gerçekleşebilir.

Örneğin Cem Bey'in "Olumsuz Duygu Kaydı" formuna baktığımızda sabah evdeyken ve heyecanlıyken az konuştuğunu, az yediğini ve bir an önce sofradan kalktığını, üniversitedeki asistanlara yaptığı makale sunumu esnasında ise makaleyi kısa keserek hemen bitirdiğini görüyoruz.

Böylece ilk aşama olan "olan biten"i tespit etmenin örneklerini görmüş olduk. Bir yere yolculuğa çıkmadan önce nerede olduğumuzu bilmek önemlidir. Duygu veya davranış tepkimiz belli bir ortamda oluşur. Bunun tespiti açısından olay veya durumu ayırt ederek kaydetmemiz önem taşır.

Bölümün başında tanıttığımız Ahmet Bey'e geri dönüp bir de

onun yaşadığı bir sıkıntı durumundan örnek görelim: Hatırlarsanız Ahmet Bey'de "agorafobi" dediğimiz, hemen çıkılamayacak veya yardım alınamayacak yerlerde bulunma korkusu vardı. Ahmet Bey'in yaşadığı olumsuz duygu, bindiği uçakta gerçekleşmişti. Uçağa bindiğinde daima koridor tarafında ve çıkışa yakın oturan Ahmet Bey'e o gün, önceden koltuk ayarlaması yapmadığı için, cam kenarı bir koltuk verilmiştir. Ahmet Bey'in dışarı çıkamama korkusu, iç koltukta oturduğunda ve uçağın penceresinden baktığında daha da yoğunlaşmaktadır. Yerine oturduktan sonra sıkıntısı giderek artan Ahmet Bey hostesi çağırarak yerinin değiştirilmesini istemiştir. Yeri değiştirilinceye dek huzursuz şekilde bekleyen Ahmet Bey şans eseri boş olan bir koridor koltuğuna alınınca rahatlamıştır.

Aşağıda Ahmet Bey'in yaşadığı bu duruma ilişkin doldurduğu Olumsuz Duygu Kaydı formunu görüyoruz:

Tarih-Yer Sizi rahatsız eden olayı, durumu yaşadığınız tarih, yaklaşık saat ve yer.	**Olay-Durum** Sizi rahatsız eden olay ya da durum neydi? Olayı veya durumu mümkün olduğunca yorum katmadan yazmaya çalışın; o anda o ortamda eğer bir video kamera olsaydı neyi gösterirdi, bunu düşünerek yazın..	**Duygu-Bedensel Tepkiler** Bu olay ya da durumu yaşarken neler hissettiniz, duygunuz neydi? Korku, panik, Öfke, kızgınlık, üzüntü, keder, karamsarlık, utanç, suçluluk, şaşkınlık, kıskançlık-gibi? Bu duygunun yoğunluğu neydi? 0-100 arasında şiddetini puanlayın: ("0" hiç bir olumsuz duygu yok, "10-20" çok hafif önemsiz sıkıntı, "50" orta şiddette sıkıntı, "60-70" oldukça sıkıntılı, "80-90" çok fazla şiddetli sıkıntı, "100" hayatta o ana kadar yaşadığım ya da yaşayabileceğim en şiddetli sıkıntı.) Bu sırada hangi bedensel tepkileriniz oldu? (Çarpıntı, nefes darlığı, göğüste baskı, sıcaklık vb.)	**Düşünceler** Bu durumu ya da olayı yaşarken en yoğun biçimde sıkıntı duyduğunuz anda aklınızdan ne geçiyordu? Kendi kendinize neler söylüyordunuz? O anda zihninizde canlanan herhangi bir hayal var mıydı? Bunları bulmakta zorlanırsanız o olayı veya durumu zihninizde canlandırıp tekrar yaşamaya ve o an aklınızdan geçenleri yakalamaya çalışın.	**Davranışlar** Bu duyguyu yaşarken ya da sonrasında ne yaptınız? Eğer bir olaysa, bu olayın sonucunda ne yaptınız? Olay nasıl sona erdi?
25 Haziran 2015, Adana uçağı	*İç koltukta oturmak*	*Panik (95)*	*Çıkamayacağım.* *Bana sıkıntı gelirse buradan çıkamam.* *Etrafa zarar verebilirim.* *Kontrolümü yitirebilirim.*	*Hostesten koltuğu değiştirmesini istemek.*

Evet, şimdi sıra sizde…

Siz de olumsuz bir duygu yaşadığınız (yakın veya uzak bir zamanda yaşanmış ama iyi hatırladığınız) bir olayı benzer şekilde aşağıdaki boş forma kaydedin.

Kaydedeceğiniz bu bilgiler çok değerli çünkü daha sonra çözümün nasıl olabileceğinin ipuçları bunların içinde barınıyor. Yeter ki bunları önce bir görelim. Bunlara baktığımızda uygun şeyleri fark ederek uygun şekilde değerlendirelim ve sonunda da uygun şekilde davranabilelim.

Olumsuz Duygu Kaydı

Sizi rahatsız eden korku, üzüntü, kızgınlık gibi olumsuz bir duygu yaşadığınızda veya sizin için sorun olan bir davranışı yaptığınızda mümkün olduğunca kısa süre içinde bu durumu aşağıda gösterildiği şekilde kaydetmeye çalışın.

Tarih-Yer Sizi rahatsız eden olayı, durumu yaşadığınız tarih, yaklaşık saat ve yer.	**Olay-Durum** Sizi rahatsız eden olay ya da durum neydi? Olayı veya durumu mümkün olduğunca yorum katmadan yazmaya çalışın; o anda o ortamda eğer bir video kamera olsaydı neyi gösterirdi, bunu düşünerek yazın..	**Duygu-Bedensel Tepkiler** Bu olay ya da durumu yaşarken neler hissettiniz, duygunuz neydi? Korku, panik, Öfke, kızgınlık, üzüntü, keder, karamsarlık, utanç, suçluluk, şaşkınlık, kıskançlık-gibi? Bu duygunun yoğunluğu neydi? 0-100 arasında şiddetini puanlayın: ("0" hiç bir olumsuz duygu yok, "10-20" çok hafif önemsiz sıkıntı, "50" orta şiddette sıkıntı, "60-70" oldukça sıkıntılı, "80-90" çok fazla şiddetli sıkıntı, "100" hayatta o ana kadar yaşadığım ya da yaşayabileceğim en şiddetli sıkıntı.) Bu sırada hangi bedensel tepkileriniz oldu? (Çarpıntı, nefes darlığı, göğüste baskı, sıcaklık vb.)	**Düşünceler** Bu durumu ya da olayı yaşarken en yoğun biçimde sıkıntı duyduğunuz anda aklınızdan ne geçiyordu? Kendi kendinize neler söylüyordunuz? O anda zihninizde canlanan herhangi bir hayal var mıydı? Bunları bulmakta zorlanırsanız o olayı veya durumu zihninizde canlandırıp tekrar yaşamaya ve o an aklınızdan geçenleri yakalamaya çalışın.	**Davranışlar** Bu duyguyu yaşarken ya da sonrasında ne yaptınız? Eğer bir olaysa, bu olayın sonucunda ne yaptınız? Olay nasıl sona erdi?

Yedinci Bölüm

Düşünce Anahtarı

Düşünceyi Düşünce Olarak Görmek ve Her Düşündüğümüze İnanmamak

Aşağıdaki cümleyi okuyup üzerinde düşünün:

"Kimse beni istemiyor, yapayalnızım."

Bu cümleyi okumak sizde herhangi bir duygusal etki yarattı mı?

Eğer cevabınız "hayır"sa o zaman ikinci bir soru: Yukarıda yazan cümle, yaşadığınız herhangi bir olay veya durumu izleyerek, kâğıdın üstünde değil de zihninizde oluştuğunda acaba sizi etkiler mi? Örneğin birisi tarafından reddedildiğinizde? Veya bir yere davet edilmediğinizde? Bir toplantı size haber verilmediğinde? Böylesi bir olayın arkasından zihninizde bu sözcükler ortaya çıkarsa neden sizi çok etkileyebilir acaba?

"5. Bölüm"de "Yapayalnızım" öyküsünü okuduğunuz Ayşe Hanım'ı hatırlayalım: Ayşe Hanım, bir yıllık ilişkisi yeni bitmiş, meslek sahibi, çalışan bir kadındır. Cumartesi gecesi evinde tek başınayken "Kimse beni istemiyor, yapayalnızım," diye düşünmektedir. Ayşe Hanım bu düşüncelerle birlikte umutsuzluğa kapılmakta, yataktan çıkmamakta ve tek çıkış yolunun ortadan kaybolmak, yani ölüm olduğuna inanmaktadır. Bu düşünceler nasıl olup da onu yataktan çıkamaz hale getirip tek çözümün ölüm olduğuna inandırabilmektedir?

Ayşe Hanım'ın ortamı, düşünce, duygu ve davranışları

Olan biten: Evde yalnız başına bir akşam geçirme

Düşünce: "Kimse beni istemiyor, yapayalnızım."

Duygu: Üzüntü, umutsuzluk

Davranış: Uyumaya çalışma, uyku ilacı alma

Bu sorunun cevabını anlamamız, sorunlarımızın çözümü açısından çok önemli.

***

Çocukluğumun geçtiği 1970'lerde en önemli ve tek eğlencemiz sinemayken, yoğun acı ve dram içeren filmlerde ağladığımızda büyüklerimizin bizi teselli etmek için söylediği ilk şey şuydu: "Onlar gerçek değil, film. Rol yapıyorlar, aslında kimseye bir şey olmuyor."

Böyle bir söz o sırada ağlayanları tamamıyla sakinleştirmese de bir ölçüde rahatlatır. Ama beyazperdede yaşananların gerçek olmadığının bilincinde olmalarına rağmen bazı insanlar filmlerden çok etkilenir. Hatta filmlerdeki kötü adamların kimi izleyiciler tarafından gerçek yaşamda da kötü zannedildiği bilinir. Türk filmlerindeki kötü adamların bu yüzden gündelik yaşamlarında insanlar tarafından kötü muameleye maruz kaldığına ilişkin pek çok hikâye anlatılır.

"Düşünce" bölümünden hatırlayacağınız, tiyatroda sahneye müdahale eden ve oyuncularla diyaloğa giren seyircilerin unuttuğu şey, izlediğinin gerçek olmadığıdır. Sinema veya sahnedeki oyuna kendisini kaptıran kişi, oyunun kurmaca olduğunu unutur ve izlediklerine gerçek gibi yaklaşır. Sahneye müdahale etmeyen seyircilerin bildiği şey ise izlediklerinin gerçek olmadığı, oyun olduğu, yani ayrı bir alana ilişkin olduğudur.

İnsan zihninde olup bitenler, akıp giden düşünceler ve hayaller de bir nevi tiyatro veya sinemaya benzetilebilir. Nasıl ki oyun sahnede olup biten bir şeyse, düşünce de zihinde olup biten bir şeydir. Tıpkı tiyatrodaki oyunun bir yazarı olması gibi, zihnimizde oluşan düşüncelerin de bir yazarı vardır: zihnimiz.

Pekâlâ, oyun yazarları konularını nereden alırlar? Oyunlarını neye göre yazarlar?

Yaşadıklarından, gördüklerinden, duyduklarından, okuduklarından yola çıkar ve hayal güçlerini kullanarak yazarlar.

Zihnimiz de aynen böyle yapar.

Peki, oyun, konusunu gerçek kişilerden veya olaylardan alıyorsa, o zaman gerçek olur mu? Yani daha önce olmuş bir olayı veya gerçek kişileri konu alıyorsa, bu, oyunu gerçek yapar mı?

Tabii ki hayır. Filmin veya oyunun, konusunu gerçek kişi veya olaylardan alması, anlatımının gerçekçi olması, tamamıyla belgesel ya da olup bitenlerle ilgili olması vb. onun bir film veya oyun olduğu gerçeğini değiştirmez. Tiyatronun veya filmin senaryosunun gerçekten olmuş bir olayı konu alması onu sadece gerçekliği konu alan bir oyun yapar; gerçek yapmaz!

Bizim –konuşan– zihnimiz de buna benzer şekilde senaryolar yazar. Daha çok gerçekliği konu alır. Âdeta bir yarı belgesel senaryo ortaya çıkarır. Yani zihnimiz bizim hayatımızı, yaşadıklarımızı veya yaşayacaklarımızı konu olarak işler ancak bunlar gerçek değildir, yine düşüncedir. Düşünce ve gerçeklik ayrı şeylerdir ve hiçbir düşünce gerçek değildir veya gerçeğe dönüşmez. Düşünce zihinde olup biten soyut bir süre, bir iç konuşma veya bir imgeyken, gerçek dışarıda olup biten bir olgudur. Düşünce ve gerçek, farklı "varlık"lardır. Portakal ve elma gibi. Nasıl ki portakal elmaya dönüşmezse, düşünce de gerçeğe dönüşmez.

Portakalları kullanarak elma yazısını oluşturduğumuz varsayalım:

Yukarıda görülen şey nedir?

(...)

Elma mıdır?

(...)

Hayır, yine portakaldır. Orada yazan şey ne olursa olsun, onlar portakaldır.

İşte zihnimiz de sözcükleri ve görüntüleri kullanarak sonsuz sayıda senaryo oluşturabilir ama bütün bunlar yine de düşüncedir.

Şu anda bir çikolatalı pasta yemek ister misiniz?

Buyurun size çikolatalı pasta ikram edelim:

Çikolatalı Pasta

Yukarıdaki resim ve yazı ne kadar çikolatalı pasta ise bizim düşüncelerimiz de o kadar gerçektir.

Düşünceler gerçekliği konu alır ama gerçek değildir. Düşüncelerin gerçekliği konu alması demek, gerçekliği tanımlaması, betimlemesi, tarif etmesi (örneğin "Bu 13,5 X 21 santimetre boyutlarında bir kitap") anlamlandırması ("Bu, kişinin kendi kendine psikolojik yardım alması için yazılmış bir kitap") ve olacakları tahmin etmesi, öngörmesidir("Bu kitabı okursam bana yararı olacak").

Pekâlâ, o zaman düşüncenin görevi nedir? Gerçekliği tanımlama, anlamlandırma ve olacakları tahmin yoluyla kişinin yaşamdaki istek ve ideallerine dönük şekilde davranmasına yardımcı olmaktır. Yani düşüncemiz bizi yaşamdaki istek ve ideallerimize yaklaştıran davranışlara yol açıyorsa görevini yapıyordur, buna yol açmıyorsa görevini yapmıyordur.

Bir özel okul müdürü olduğunuzu ve okula yeni bir İngilizce öğretmeni aldığınızı düşünün. Bir süre sonra velilerden ve öğrencilerden bu öğretmenin derste İngilizce öğretmediğini, her dersin başında çocuklarla bir süre Türkçe sohbet edip daha sonra onları serbest bıraktığını öğrenmiş olun. Şikâyetler artınca sorumlu bir okul müdürü olarak ne olup bittiğini anlamak için öğretmeni çağırıyorsunuz. O da size şöyle bir cevap veriyor:

"Sayın müdürüm, ben gerçekçi bir insanım. Bu çocuklarda yabancı dil öğrenebilecek kapasite yok. Onlara İngilizce öğretmeye kalkışırsam öğrenemezler. Hem onlar zorlanırlar ve moralleri bozulur hem de ben vaktimi boşa harcamış olurum. İşte bu nedenle ben derslerde onlara İngilizce öğretmeye çalışmıyorum. Vakitlerini istedikleri gibi geçirmelerini sağlayarak onlara moral vermiş oluyorum. Derslerime bu şekilde devam edeceğim. Benim öğretmenlik anlayışım ve dürüstlük bunu gerektirir."

Böyle bir cevap alsanız ne yaparsınız?

Çoğu müdür böyle bir durumda o öğretmenin işine son verir. Bunun da en önemli nedeni İngilizce öğretme işini yapmamasıdır.

Öğretmenin görevi çocukların İngilizce öğrenmelerine çalışmaktır; öğrenip öğrenmemeleri meselesi ise bundan ayrı bir şeydir. Eğer uğraşılara rağmen öğrenemiyorlarsa, o zaman çocuklar için daha iyi öğretmenler bulmaya çalışmak uygun olur. Çocuklara gerçekten İngilizce öğretmeye çalışacak bir öğretmen…

Öyküdeki gibi görevini yapmayan öğretmenler olabileceği gibi, görevini iyi yapan öğretmenler de vardır. Görevini yapmayan bir öğretmeni görevde tutmanın bir anlamı olmadığı gibi, görevini yapmayan bir düşünceyi de görevde tutmanın yani onları dinlemenin, onlara uygun davranmanın bir anlamı yoktur.

Düşünceye Ne Yapmalı?

Duyguların farkına varmak, neyi istediğimizi anlamak, düşünceye ne yapacağımızı belirlemenin ilk adımıdır.

Az önce Ayşe Hanım'ın öyküsünde, onun akşam evde yalnız kaldığında *üzüntü* ve *umutsuzluk* hissettiğini okumuştuk.

Ayşe Hanım'ın bu duygularının işaret ettiği değer veya ideal nedir?

"Ben insanlarla birlikte ve yakın ilişkiler içinde olmak isteyen biriyim."

İkinci adım ise düşüncenin ("Kimse beni istemiyor, yapayalnızım") ne olduğunun farkına varmaktır.

Peki, bu neden önemlidir?

Tıpkı tiyatro veya film izlerken korkan, ağlayan bir çocuğa hatırlattığımız gibi, kendimize de bunların düşünce olduğunu hatırlatmamız o düşünceden ayrışabilmek açısından bir ilk adımdır. Sahnedeki oyunun oyun olduğunu bildiğimiz sürece oyunun bize doğrudan doğruya bir davranışı dikte ettirmek gibi bir gücü kalmaz.

İkinci adım düşüncenin ne olduğunu fark etmekse, üçüncü adım oyunun, yani düşüncenin görevini yapıp yapmadığını fark etmektir.

Hangi düşünceler görevini yapmaktadır yani yararlıdır? Bizi yaşamdaki istek ve ideallerimize yaklaştıran davranışlara ve sonuçlara yol açan, buna katkıda bulunan düşünceler.

Ayşe Hanım'ın düşüncesinin sonucu: Duygusal olarak *umutsuzluk, karamsarlık,* davranışsal olarak ise *uyumaya çalışma ve uyku ilacı almaktır.*

Görüldüğü gibi çok açık bir şekilde bu düşünce onu "insanlarla birlikte ve yakın ilişkiler içinde olmak isteyen biri olmaya götüren" sonuçlara yol açmamaktadır, dolayısıyla da görevini yapmamaktadır.

Tiyatronun Konusu: Düşüncenin İçeriği

Peki, bir düşüncenin olan biteni tanımlama ve anlamlandırma açısından gerçekçi ve uygun olup olmadığını nasıl anlarız?

İzlediğimiz bir tiyatro oyunu bize bir şey öğretebilir, bir şey çağrıştırabilir, yararlı da olabilir yararsız da. Aynı şekilde, izlediğimiz oyun konusu itibarıyla gerçekçi, mantıklı bir olay örgüsüne sahip, olayların ardında yatan anlamları açığa çıkaran, gelecekte olacaklara da ışık tutan bir oyun olabileceği gibi, hiç böyle olmayabilir de. Düşüncelerimiz de aynen böyledir. Düşüncelerimiz gerçekliğin tamamını hiçbir zaman yansıtamaz. Aynen sahnelenen oyun veya filmin, bir belgesel bile olsa, gerçekliği tam yansıtamaması gibi. Üstelik belgesel bir oyun veya filmde bile olaylar eninde sonunda yönetmenin yorumuna göre aktarılır. Tıpkı bunun gibi, zihnimiz de olan bitenleri tam olarak kavrayamaz, olan bitenin mutlak bir şekilde taşıdığı tüm anlamları çözemez ve geleceği de tam olarak öngöremez.

Fakat daha önce de belirttiğimiz gibi, düşüncenin fiziksel dünyadaki başarısı (yere bırakılan şeyler düşer, bu hemen her durumda böyledir) bizi her alandaki düşüncemizin gerçek olduğu yanılsamasına sürükler. Bu nedenle, zihnimizdeki sergilenen oyun, yani kendi düşüncelerimiz, bize oyun gibi (düşünce gibi) değil de, gerçek gibi görünür. Oysa dış dünyayla ilgili olarak kurguladığımız bu iç gerçeklik, yani oyun, her insan için farklıdır. Bu oyunu farklılaştıran şey senaryo yazarının birikimidir. Anlık düşüncelerimizin ne olduğunu belirleyen, geçmişteki deneyimlerle öğrendiklerimizdir. Bu öğrenmeler bir yandan daha çabuk karar verip daha hızlı hareket etmemizi sağlarken bazen de maalesef hayatımızı zorlaştırabilir. Nasıl mı? Aşağıdaki resimdeki nesneye bakın, bu nedir?

Resim 7. Bu nedir?

Çoğu kimse, belki de herkes, bu soruya "koltuk" cevabını vermiştir sanırım. Peki, bu nesnenin koltuk olduğunu nereden biliyorsunuz? "Koltuk" sözcüğünü ne zaman öğrendiniz? Böyle bir nesneye koltuk dendiğini ne zaman öğrendiniz? Muhtemelen çocukken öğrendiniz ve ne zaman, nerede öğrendiğinizi hatırlamıyorsunuz.

Bu nesneyi koltuk olarak adlandırmanız, tanımlamanız, görmeniz işe yarar sonuçlar verir. Yani bu nesneyi oturarak, hedefine uygun şekilde kullanabilirsiniz. Etrafımızda buna benzer pek çok nesne var; bu nesnelerin adlarını ve ne işe yaradıklarını da aynı şekilde geçmişte öğrendik. Nesneler dünyasına ilişkin bu bilgiler çoğu kere gerçekçi, uygun ve yararlı olduğu için hayatımızı kolaylaştırır.

Nesneler dünyasına ilişkin bilgilerin dışında kendimiz, diğerleri, dünya ve ilişkilerle ilgili de çeşitli şeyler öğreniriz çocukluğumuzda. Bu bilgiler de yine örnekteki koltuğa "koltuk" dememiz gibi gerçekçi ve uygunsa yararlı olur. Ama ya tersiyse? Yani öğrendiklerimiz gerçekdışı ve uygunsuzsa?

Sadece anne ve babanızla ilişki kurduğunuz çok küçük yaşlarda onlar size resimdeki nesnenin adının koltuk değil de diyelim ki dolap olduğunu öğretselerdi ve onu üstüne nesneler koymak için kullansalardı, sizce ne olurdu? O zaman siz gerçekçi olmayan, uygunsuz ve sonuçta yararsız bir bilgiye sahip olurdunuz. Bu bilginin gerçekçi, uygun ve yararlı olmadığını muhtemelen aile dışı bir çevreye ilk çıktığınız dönemde yavaş yavaş fark eder ve bu adlandırmayı terk ederdiniz. Koltuğu, üstüne bir şeyler koymak için değil, oturmak için kullanmaya başlardınız.

Nasıl ki, nesneler ve fizik dünyayla ilgili öğrendiklerimiz daha sonraki tanımlama anlamlandırma ve beklentilerimizi şekillendiriyorsa, kendimiz, insanlar ve ilişkilerle ilgili öğrenmelerle oluşan inançlarımız da psikolojik alandaki tanımlama, çıkarım ve beklentilerimizi şekillendirir. Eğer kendimiz, diğer insanlar ve ilişkilerle ilgili öğrendiklerimiz, gördüklerimiz ortalama yaşama benzer ise yaşama kolaylıkla uyum sağlar ve iyi bir hayat yaşarız. Bunlar ne kadar farklıysa o zaman da o kadar zorluklar yaşarız.

Şimdi Ayşe Hanım'ın öyküsüne tekrar dönersek, kendisi iş çıkışı evine gelmiş, yalnız başına oturup televizyon seyrederken, "Kimse beni istemiyor, yapayalnızım," düşünceleri aklına gelmiş, umutsuzluk, karamsarlık ve üzüntü hissetmiştir. Peki, bu anlık düşüncelerinin kaynağı nedir? Ayşe'nin geçmiş yaşamı ve kendisi, diğer insanlar ve ilişkilerle ilgili öğrenmelerinin etkisiyle oluşan inançlarıdır. Ayşe dört ay öncesine dek mutlu ve yaşamdan zevk alan biriyken, bir yıldır süren ve evliliğe doğru giden ilişkisinin bitmesinin ardından çok yoğun bir üzüntü yaşamış, sonra da yaşamdan zevk almamaya, arkadaşlarından uzaklaşmaya, zamanını bir şeyler yapmaya zorunlu olmadıkça daha çok evde yatarak geçirmeye başlamıştır.

Ayşe'nin yapması gereken nedir acaba? Buna, Ayşe'nin şu anda yaptıklarına bakarak karar vermeye çalışalım. Ayşe, üzüntü duygusundan kurtulmak için daha çok evde zaman geçirip uyumaya ve dışarıya az çıkıp arkadaşlarıyla görüşmemeye çalışmakta ama bunlar onun kendini daha da kötü hissetmesine yol açmaktadır. O zaman Ayşe bunları yapmaya devam ettikçe sorunu da aynı şekilde sürecektir.

O halde Ayşe farklı ne yapabilir?

Yapması gereken, öncelikli olarak ruhsal dünyamızın işaret sistemi olan duygusuna ve sonra da onun işaret ettiği şeylere bakmaktır. Duyguyu değerlendirmedeki ilk adım ise o duygunun ve ona eşlik eden şeylerin farkına varmaktır.

Aşağıda Ayşe'nin Olumsuz Duygu Kaydı yer alıyor.

Ayşe'nin Olumsuz Duygu Kaydı

Tarih-Yer Sizi rahatsız eden olayı, durumu yaşadığınız tarih, yaklaşık saat ve yer	**Olay-Durum** Sizi rahatsız eden olay ya da durum neydi? Olayı veya durumu mümkün olduğunca yorum katmadan yazmaya çalışın; o anda o ortamda eğer bir video kamera olsaydı neyi gösterirdi, bunu düşünerek yazın.	**Duygu-Bedensel Tepkiler** Bu olay ya da durumu yaşarken neler hissettiniz, duygunuz neydi? Korku, panik, Öfke, kızgınlık, üzüntü, keder, karamsarlık, utanç, suçluluk, şaşkınlık, kıskançlık-gibi? Bu duygunun yoğunluğu neydi? 0-100 arasında şiddetini puanlayın: ("0" hiç bir olumsuz duygu yok, "10-20" çok hafif önemsiz sıkıntı, "50" orta şiddette sıkıntı, "60-70" oldukça sıkıntılı, "80-90" çok fazla şiddetli sıkıntı, "100" hayatta o ana kadar yaşadığım ya da yaşayabileceğim en şiddetli sıkıntı.) Bu sırada hangi bedensel tepkileriniz oldu? (Çarpıntı, nefes darlığı, göğüste baskı, sıcaklık vb.)	**Düşünceler** Bu durumu ya da olayı yaşarken en yoğun biçimde sıkıntı duyduğunuz anda aklınızdan ne geçiyordu? Kendi kendinize neler söylüyordunuz? O anda zihninizde canlanan herhangi bir hayal var mıydı? Bunları bulmakta zorlanırsanız o olayı veya durumu zihninizde canlandırıp tekrar yaşamaya ve o an aklınızdan geçenleri yakalamaya çalışın.	**Davranışlar** Bu duyguyu yaşarken ya da sonrasında ne yaptınız? Eğer bir olaysa, bu olayın sonucunda ne yaptınız? Olay nasıl sona erdi?
12.07.2016 *Evde*	*Yalnız başına evde olmak.* *(Kimsenin aramaması.)*	*Üzüntü* *(90)*	*Kimse beni istemiyor, yapayalnızım.*	*Yatağa gitme, uyku ilacı alıp uyumaya çalışma.*

Tablo 1. Olumsuz Duygu Kaydı (Geliştiren Prof. Dr. M. Hakan Türkçapar, Ankara 2016, Her hakkı saklıdır. Kaynak belirterek kullanılabilir.)

Ayşe'nin tuttuğu kayıt bize onunla ve durumla ilgili çok değerli bilgiler veriyor. Bu tespitlerden sonra sıra geldi duruma müdahale etmeye... Müdahalemizin ilk adımı şu soruları sormak:

1. Duygu neyle ilgili? Yani ne kadar o anda yaşanan durumla, ne kadar düşünceyle ilişkili?

Olan biten nedir, kişinin duygusu, düşüncesi ve yaptıkları nedir? Bunu saptadıktan sonra bireyin yönelmesi gereken ilk şey, yaşadığı duygunun nelerle ilişkili olduğunu bulmaktır. Öncelikle sorulması gereken, bu duygunun içinde bulunulan durumla ya da yaşanan olayla mı, yoksa düşünceyle mi daha ilişkili olduğudur.

Mutlaka her duygumuzda az ya da çok hem olan bitenlerin hem de düşüncelerimizin yani içimizde olan bitenlerin bir katkısı vardır. Ama burada peşinde olduğumuz şey, yaşadığımız duyguyla hangisinin daha çok ilgili göründüğüdür. Yani o anda hissettiğimiz duyguyu, yaşanan olay veya içinde bulunulan durum mu, yoksa zihnimizden o anda geçen düşünceler mi daha iyi açıklamaktadır? Hangisine baktığımızda kişinin ne hissedebileceğini daha iyi tahmin edebiliriz? İçinde bulunulan duruma bakınca mı kişinin ne hissettiği daha kolay anlaşılır, yoksa o kişinin düşüncesine baktığımızda mı ne hissettiğini tahmin etmemiz daha kolaydır?

Yukarıdaki örnekte Ayşe Hanım'ın yaşadığı duygu olan bitenle mi daha çok ilişkilidir, yoksa düşüncesiyle mi? Baktığımızda, yaşanan durum, Ayşe Hanım'ın gece kendi evinde olmasıdır. Ayşe Hanım üzüntü hissetmiş, bu sırada, "Kimse beni istemiyor, yapayalnızım," diye düşünmüş ve ardından uyku ilacı alıp yatağa giderek uyumaya çalışmıştır.

Şimdi, Ayşe Hanım'ın üzüntü duygusunun hangisiyle daha ilgili olduğuna bakalım: "Evinde tek başına olmak" mı? Yoksa, "Kimse beni istemiyor, yapayalnızım" düşüncesi mi? Evet, her ikisiyle de ilişkili, ama asıl etkili olan veya son sözü söyleyen Ayşe Hanım'ın, "Kimse beni istemiyor, yapayalnızım," düşüncesidir.

Ağırlıklı olarak düşünceyle ilgili duygular olan bitenden daha çok, kişinin iç dünyasıyla, bu örnekte de olduğu gibi ideal ve değerleriyle, yani onun nasıl bir insan olmak ve nasıl bir hayat yaşamak istediğiyle ilgilidir.

2. Bu duygu dışarısı (olan bitenler) ve içerisiyle (değer ve ideallerimizle) ilgili neye işaret ediyor?

Duygunun neye işaret ettiğinin anlaşılması çok önemlidir, çünkü işaret ettiği iç duruma veya dış dünyaya ilişkin bir şeyler yapılmadığında büyük olasılıkla o duygu tekrar tekrar ortaya çıkmaya devam eder veya her ortaya çıkışında daha uzun sürer. Olumsuz duyguların uzun sürmesine veya sık sık ortaya çıkmasına yol açan en önemli etken, bu duygulara eşlik eden düşüncelere düşünce değil de gerçek gibi yaklaşarak davranmaktır. Bunun da duygunun işaret ettiği asıl değer veya ideale daha da uzaklaşmayı getirmesidir. Duygunun sürmesine yol açan bu uzaklaşmadır aslında.

Örneğin panik atakları sırasında korkuya kapılan birinin bu korkusunun işaret ettiği değer, o kişinin bedensel ve ruhsal açıdan sağlıklı yaşamak isteğidir. Bu ideal-istek fark edilip ona göre davranılırsa yapılması gereken şey, kaçınmaları bırakmak, sağlıklı beslenmek, spor yapmak, düzenli bir hayat yaşamak, yakınlarıyla iyi ilişkiler içinde olmak, çalışmak ve üretmektir. Kişi bunları yaparsa korku duyguları giderek azalır. Ancak kişi bu farkındalığı kazanmaz ve ideallerine dönük davranmazsa, panik atak anındaki "kalp krizi geçiriyorum" düşüncesine gerçek gibi yaklaşıp tekrar tekrar acil servise koşarsa, çarpıntı yaşamamak için spor yapmazsa, hayattaki kaçınmalarını sürdürürse o zaman bu idealinden uzaklaşmış olur ve olumsuz duyguları da sürüp gider.

Olumsuz Duygu-İstek Formu

Tarih-Yer Sizi rahatsız eden olayı, durumu yaşadığınız tarih, yaklaşık saat ve yer	**Olay-Durum** Sizi rahatsız eden olay ya da durum neydi? Olayı veya durumu mümkün olduğunca yorum katmadan yazmaya çalışın; o anda o ortamda eğer bir video kamera olsaydı neyi gösterirdi, bunu düşünerek yazın.	**Duygu-Bedensel Tepkiler** Bu olay ya da durumu yaşarken neler hissettiniz, duygunuz neydi? Korku, panik, Öfke, kızgınlık, üzüntü, keder, karamsarlık, utanç, suçluluk, şaşkınlık, kıskançlık-gibi? Bu duygunun yoğunluğu neydi? 0-100 arasında şiddetini puanlayın: ("0" hiç bir olumsuz duygu yok, "10-20" çok hafif önemsiz sıkıntı, "50" orta şiddette sıkıntı, "60-70" oldukça sıkıntılı, "80-90" çok fazla şiddetli sıkıntı, "100" hayatta o ana kadar yaşadığım ya da yaşayabileceğim en şiddetli sıkıntı.) Bu sırada hangi bedensel tepkileriniz oldu? (Çarpıntı, nefes darlığı, göğüste baskı, sıcaklık vb.)	**Düşünceler** Bu durumu ya da olayı yaşarken en yoğun biçimde sıkıntı duyduğunuz anda aklınızdan ne geçiyordu? Kendi kendinize neler söylüyordunuz? O anda zihninizde canlanan herhangi bir hayal var mıydı? Bunları bulmakta zorlanırsanız o olayı veya durumu zihninizde canlandırıp tekrar yaşamaya ve o an aklınızdan geçenleri yakalamaya çalışın.	**Davranışlar** Bu duyguyu yaşarken ya da sonrasında ne yaptınız? Eğer bir olaysa, bu olayın sonucunda ne yaptınız? Olay nasıl sona erdi?
12.07.2016 Evde	*Yalnız başına evde olmak.* *(Kimsenin aramaması.)*	*Üzüntü* *(90)*	*Kimse beni istemiyor, yapayalnızım.*	*Davranışım: Yatağa gitme ,uyku ilacı alıp uyumaya çalışma.* *İsteğim: Ben sevdiği, hoşlandığı insanlarla ilişki içinde olmak isteyen biriyim.*

Tablo 1. Olumsuz Duygu İstek Formu , Geliştiren Prof. Dr. M. Hakan Türkçapar, Ankara 2018, Her hakkı saklıdır. Kaynak belirterek kullanılabilir.

Ayşe Hanım'ın üzüntü duygusu onun hangi isteğine-değerine işaret ediyor diye düşündüğümüzde, bu duygunun "diğer insanlarla ilişki içinde olan bir insan olmak" isteğine işaret ettiğini kolayca anlayabiliriz. Bunu bize gösteren şey, Ayşe Hanım'ın o anki duygusu ve anlık düşünceleri, yani iç dünyasıdır.

Peki, Ayşe Hanım'ın o anki davranışları böyle bu ideale uygun mudur? Yani "yatağa gitmek ve uyku ilacı alıp uyumaya çalışmak", "diğer insanlarla ilişki içinde olmak isteyen bir insan"a uygun bir davranış mıdır? Bu soruya vereceğimiz cevap çok net bir "hayır"-dır, doğal olarak. Peki, Ayşe Hanım neden kendisinin isteklerine bırakın yaklaşmayı, tam da uzaklaşmasına yol açacak şekilde davranmaktadır? Yani şöyle düşünün: Hep İstanbul'da yaşama hayali kuran birisinin, bir yandan da Adana'ya doğru yolculuk yapması gibi çelişik bir durum. Bu çelişkiyi nasıl açıklayabiliriz acaba?

Sorunun cevabını böyle düşününce son derece anlamsız gibi gelen bu davranışlar, Ayşe Hanım'ın penceresinden olaya baktığımızda son derece mantıklı ve anlaşılır hale gelir. Ayşe Hanım, zihninde ortaya çıkan, "kimse beni istemiyor, yapayalnızım" şeklindeki düşünceyi düşünce olarak değil, gerçek olarak görmektedir. Ayşe Hanım'a göre kendisiyle ilgili gerçeklik "kimsenin onu istemediği ve yapayalnız" olduğudur. Ve eğer hiç kimse bizi istemiyorsa o zaman yapılabilecek en akıllıca şey bu durumla yüzleşip üzüntü yaşamamak için kaçınmaktır: Yani istenilmemeyi mümkün olduğunca daha az yaşamak için insanlardan uzak durmak ve yalnızlığın verdiği acıyı daha az yaşamak için de uyumak. Bahsi geçen davranışlar bu pencereden bakıldığında kendi içinde son derece tutarlıdır ama bir şartla; eğer bunlar gerçekse! Oysa bunlar gerçek değil, Ayşe Hanım'ın zihninde ortaya çıkan düşüncelerdir ve *düşünce ayrı bir şeydir, gerçek ayrı bir şey*. Düşünce bizim zihnimizde olup biten bir süreç, gerçekse dış dünyada olup biten bir süreçtir. Her ikisi de birbirinden etkilenen, birbirleriyle ilgili ama sonuçta birbirinden farklı süreçlerdir. Farklı iki tür, farklı iki varlıktır bunlar.

Bu noktada diğer adımlar devreye girmeli.

Düşünceyi İncelemek

Duygumuz üzerinde doğal olarak bu kadar etkisi olan düşüncenin üzerimizdeki otomatik olarak yönetici etkisini azaltmanın ve düşünceyi hayattaki amaçlarımıza dönük bir araç olarak değerlendirip kullanmanın ilk adımı, onu gerçek olarak kabul etmek yerine ne olduğunu fark etmek, hatırlamak ve daha sonra onu incelemektir.

Düşünce derken, konumuz gereği, kişinin ruhsal yaşamında etkili olan düşünceleri kastediyoruz. Bu düşünceleri incelerken, düşüncenin ne olduğunu bir kere daha hatırlamalıyız: Düşünceler, zihnimizde ortaya çıkan, olan bitenlerle ve/veya çevreyle ilgili tanımlamalar ve/veya çıkarımlar ve/veya olacaklarla ilgili tahminler içeren sözcükler ve/veya görüntülerdir. Psikolojik yaşamımızda etkili olan düşünceleri bu anlamda kabaca üç ana başlıkta toplayabiliriz: Tanımlamalar ("bu bir kitap"), çıkarımlar veya anlamlandırmalar ("bu kitap insanlara psikolojik yardım için yazılmış") ve tahminler ("bu kitap okuyanlara yardımcı olabilir").

Tanımlama biçimindeki düşüncelerimiz gerçekçi veya gerçekdışı olabilir. Örneğin havanın bulutlu olduğu bir günde, "Hava bulutlu," şeklinde bir düşünce gerçekçiyken, "Hava güneşli," biçiminde bir düşünce gerçekdışıdır. Ya da karşımızda oturan arkadaşımız biz konuşurken yanındaki kişiye gülümseyerek baktığında, "Ben konuşurken gülüyor," diye düşünmemiz bir tanımlamadır ve gerçekçidir.

Çıkarım / anlamlandırma biçimindeki düşüncelerimiz ise duruma göre uygun veya uygunsuz olabilir. Az önce verdiğimiz örnekteki bulutlar için, "Bunlar yağmur bulutu," dememiz bir çıkarımdır. Eğer bunlar gerçekten yağmur bulutuysa bu uygun bir çıkarım olur. Diğer yandan bu bulutlar yağmur bulutu olmasına rağmen, "Bunlar zehirli gaz bulutu," biçiminde çıkarımda bulunmak uygunsuz olur. Arkadaşımızın biz konuşurken gülmesi durumunda ise değişik kişiler değişik çıkarımlarda bulunabilir. Örneğin, "Benimle alay ediyor", "Bana gülüyor", "Bana saygısızlık yapıyor" vb. biçiminde. Bu çıkarımlar yerine göre uygun olabilir veya olmayabilir.

Tahmin türünde olan düşüncelerse gelecekte olup biteceklere ilişkindir. Yine yukarıdaki örneklerden gidersek, "Bugün yağmur yağacak", "Arkadaşım artık benimle görüşmeyecek" gibi...

Şimdi, tanımlama, çıkarım ve tahminlerimizle ilgili bir parça daha ileriye gidelim. Zihnimizde ortaya çıkan hemen hemen bütün tanımlamalarımız gerçekle gerçekdışı arasında bir noktada yer alır, yani hiçbir tanımlamanın mutlak bir şekilde gerçeğin tamamını içermesi mümkün değildir. Tanımlamalarımız "az gerçekçi" ile "çok gerçekçi" arasındadırlar. Aynı şekilde olaylar, durumlar ve kişilere ilişkin tüm çıkarımlarımız da "uygun" ve "uygunsuz" arasında, tahminlerimiz ise "tutan" ve "tutmayan" arasında gezinir. Tanımlama, çıkarım ve tahminlerimiz ne kadar gerçekçi, uygun ve tutma ihtimaline yakınsa o kadar geçerli olur.

Düşüncenin bir boyutu da yararlılığıdır. Bazı düşünceler eğer yaşama dönük olarak kullanılabilirse yararlıdır ve hayatımız geliştirir, bazılarıysa eğer onlara uygun hareket edersek hayatımızı daraltır ve bize zarar verir.

Düşüncenin geçerliliğiyle ilgili boyutlar

Tanımlamalar

Gerçekçi ______________________________ Gerçekdışı

Çıkarımlar

Uygun ______________________________ Uygunsuz

Tahminler

Tutan ______________________________ Tutmayan

Düşüncenin yararlılığı ilgili boyut

Yararlı ______________________________ Yararsız

Tanımlama, çıkarım ve öngörülerimizin kaynağı olan ve daha önceki tecrübelerimizle oluşan inanç yapıları-beklentiler (şemalar) eğer içinde yaşadığımız ortalama hayata ve ilişkilerin işleyişine uygunsa pek sorun yaşamayız. Ama erken yaşamımızda ortalama hayattan daha farklı bir deneyimimiz olduysa (aşırı yoksunluk, ilgisizlik, kötü muamele, şiddet veya tam tersi aşırı korunma kollanma, her şeyi yapmamıza müsaade edilme) o zaman inançlarımız ve beklentilerimiz olumsuz ağırlıklı olur ve bu da gerçekçi olmayan tanımlamalar, uygunsuz çıkarımlar ve tutmayacak tahminlere yol açabilir. Bu durumda özellikle fizik dünyaya ilişkin bu görevini iyi bir şekilde yapan zihnimiz toplumsal yaşama ve insan ilişkilerine geldiğinde, işimize yaramak yerine bizi ve yaşamımızı olumsuz etkileyecek sonuçlar üretebilir. Düşüncenin zaman zaman yol açtığı bu uyumsuz sonuçların nedenlerinden birisi hepimizi etkileyen insanlığın ortak geçmişiyle ilgiliyken, diğeriyse herkesin kendi kişisel geçmişinden gelen özelliklerden kaynaklanır.

Daha önce değinmiştik: İnsan beyni yaklaşık 5 milyon önce ortaya çıkmış ve en son büyük revizyonu 60 bin ila 90 bin yıl öncesinde yapılmış bir bilgisayara benzer. Bu bilgisayar, doğal olarak, geliştiği dönemin şartlarına daha uygundur. İnsanlığın ortak geçmişinin özelliklerine uygun olan beynimizin ilkel hayatta varlığımızı sürdürmeye hizmet eden iki temel işlevi vardır: Birincisi dış tehlikeyi algılamak ve korunmak; diğeri de enerjisini korumak ve boşa harcamamak. Bu temel işlevlerden, tehlikeden korunma programı kaygı bozukluklarına, enerjiyi koruma programı da depresyona yol açan düzeneklerin başında gelir.

Beynimizin ürünü olan zihinsel etkinliğimizin, yani düşüncenin sorun oluşturabilecek ikinci yanı ise her birimizin kişisel geçmişinden gelir. İnsanlığın kişisel geçmişinden gelen tehlikeden korunma ve enerjiyi koruma programlarının yanında, bir de kişisel geçmişimizde yaşadığımız travmatik olayların sonucunda kendimiz, diğerleri ve ilişkilerle ilgili olumsuz inançlara sahip olmamız ikinci bir zayıflıktır. Eğer, olumlu veya olumsuz anlamda ortalamaya uymayan bir geçmiş yaşadıysak, bunun sonucunda yine olumsuz anlamda ortalamadan farklı kişisel inançlara sahip oluruz. Örneğin hepimiz çocukken anne babamız tarafından bir düzeyde korunup kollanırız. Eğer bu koruma kollama hiç olmadıysa ya da çok aşırı olduysa, bu her iki aşırı uçtaki geçmiş de bireyde sağlıksız inançlar gelişmesine ve buna bağlı yaşanan sorunlara yol açar.

Düşüncemiz Ne Kadar Gerçekçi, Ne Kadar Uygun?

Düşünceyle ilgili bu genel bilgileri hatırladıktan sonra örneğimize dönelim.

Ayşe Hanım'ın, "Kimse beni istemiyor, yapayalnızım," düşüncelerine bu açıdan bir bakalım.

"Kimse beni istemiyor" düşüncesi diğer insanların ne düşünüp istediklerine ilişkin bir çıkarım, "yapayalnızım" düşüncesi ise kişinin kendi durumuna ilişkin bir tanımlamadır. Tanımlama biçiminde olan düşünceleri gerçeği ne kadar iyi tanımladığı bakımından, çıkarım veya anlamlandırma biçimdeki düşünceleri de ne kadar uygun oldukları açısından irdeleyebiliriz.

Tanımlama olan "yapayalnızım" düşüncesine, gerçekliği tanımlama açısından bakalım. Ayşe Hanım'ın yaşamına dikkatle baktığımızda onun o anda farkındalık alanında olmayan ama onunla ilgili gerçekliğin içinde var olan önemli detaylar buluruz: Ayşe'nin bir ağabeyi, aynı şehirde yaşayan bir anne babası vardır. Ayrıca hem okul hem de iş çevresinden arkadaşları vardır. Dolayısıyla "yapayalnızım" tanımlaması çok gerçekçi değildir.

Siz de sahip olduğunuz tanımlayıcı olumsuz düşünceleri gerçekliğe uygunluk açısından inceleyebilirsiniz. Bu konuda en çok işe yarayacak yöntem, en çok bilinen ve kullanılan "kanıt inceleme" yöntemidir. "Kanıt inceleme"de düşüncenin gerçekliği ne kadar iyi tanımlayıp tanımlamadığına veya bu düşünce bir çıkarım ("Beni sevmedi") ya da tahminse ("Sınavda kalacağım"), bu çıkarım ve tahmini destekleyen ve desteklemeyen neler olduğuna bakılır.

"Kanıt inceleme"nin esası basit bir ilkeye dayanır: Bir şeyin aklınızdan geçmesi, onu düşünmüş olmanız veya düşündüğünüzün doğru olduğuna inanmanız, gerçekliğin de mutlaka zihninizden geçen tanımlamaya uygun olmasını gerektirmez. Aynen herkesin her söylediğine veya her duyduğumuza inanmamızın iyi bir tutum olmayışı ve söyleneni, duyduğumuzu önce bir inceleyip, inanıp inanmamaya sonra karar vermemizin daha uygun olması gibi. Bu nedenle, bir düşünceyi incelerken öncelikle onun, gerçeklikle ilgili sizin zihninizin ürettiği bir varsayım veya hipotez olduğunu aklınıza getirmeniz gerekir. Olumsuz duygular ve düşünceler birbiriyle bağlantılı olduğu için özellikle düşüncelerin etkisiyle ortaya çıkan bir olumsuz bir duygu yaşadığınızda düşündüklerinizin gerçeklikle uygunluğuna bakmanızda yarar var.

"Kanıt inceleme"nin ilk kısmında, aklımıza kendiliğinden gelen ve duygusal tepkimize eşlik eden düşünceyi destekleyen neler olduğuna bakarız. Bu anlamda, olumsuz duygumuzla bağlantılı düşünceleri incelerken kendi kendimize ilk sormamız gereken soru, "Bunu nereden biliyorum?" sorusu olmalıdır. Bu soruyla, *o andaki düşüncenizin gerçekçiliğinin kanıtının ne olduğunu* bulmaya çalışırız. Örneğin, "Beni sevmedi" düşüncesi için "Beni sevmediğini nerden biliyorum?" ya da "Sınavda kalacağım" düşüncesi için "Sınavda kalacağımı nereden biliyorum?" gibi. Sonrasında, bu soruları sorduğumuzda bulabildiğimiz gerekçelere bakalım: "Beni sevmedi çünkü bana hiç gülümsemedi," ya da "Sınavda kalacağım çünkü bilgim yetersiz," gibi.

Devamında, "kanıt inceleme"nin ikinci kısmı gelir. Bu sefer hedef, bu düşüncenizin gerçekçi olmadığının ya da tamamıyla gerçekçi olmadığının kanıtının/kanıtlarının neler olabileceğini bulmaya çalışmaktır.

Çoğu kimse ilk aklına gelen düşünceye çok inandığı ve onu

gerçek gördüğü için ilk kısımda zorlanmayabilir. Çünkü bu düşüncenin onun yaşadıklarından, tarihinden, inançlarından gelen bir kökeni vardır. Ama "kanıt inceleme"nin bu ikinci kısmına, karşı kanıtlara geçildiğinde çoğu kişi zorlanır. Bu zorlanmayı aşmak adına size yardımcı olabilecek bir hayal kurmanızı isteyeceğim: Diyelim ki bir mahkemede avukatsınız. Zorunlu olarak aldığınız bir dava var. Bu oldukça ilginç bir dava. Konusu, sizin yaşamınız. Savcı yaşadıklarınızla ilgili aklınızdan geçen olumsuz düşüncelerin geçerli olduğunu savunuyor. Sizse bu mahkemede avukat olarak yaşadıklarınızla ilgili düşüncelerin veya sonuçların geçerli ve uygun olmadığını savunuyorsunuz. Eğer siz savcının savunduğu tezin (olumsuz düşüncenin) doğru olmadığını veya gerçeği yansıtmadığını kanıtlamaya çalışan bir avukat olsanız, ne tür veriler ve kanıtlar sunardınız? Bunu düşünerek tezlerinizi geliştirmeye çalışın. Örneğin "Beni sevmedi" düşüncesi için "Beni sevdiğini gösteren bir şeyler var mı?" ya da "Sınavda kalacağım" düşüncesi için "Sınavda kalmayacağımı düşündüren bir şeyler var mı?" gibi. Bu soruları sorduğumuzda bulabileceğiniz gerekçelere örnek: "Beni sevmiş olabilir çünkü bana yeniden görüşelim," dedi ya da "Sınavda geçebilirim çünkü bildiğim konular da var, sorular oralardan da gelebilir."

Ayşe Hanım'a dönersek, kendisinin "yapayalnızım" düşüncesini destekleyen neler var? Hikâyenin geçtiği gecede, yani o anda yalnız olması dışında bu düşüncesini destekleyen bir veri yok. Şimdi de, "kanıt inceleme"nin ikinci kısmı olan karşı kanıtlara bakalım: "Yapayalnızım" düşüncesinin tam tersine, Ayşe'nin yapayalnız olmadığını gösteren neler var? Ayşe'nin bir ağabeyi ve aynı şehirde yaşayan bir anne babası var. Hem okul hem de iş çevresinden arkadaşları ve epeyce tanıdığı var.

Bu incelemenin amacı şudur: Gerçekliğin sadece olumsuz anlık düşünceyi destekleyen olumsuz yanları yerine, olumlu yanlarını da dikkate alarak durumu daha iyi tanımlayan, daha gerçekçi bir alternatif oluşturmak. Düşünceyi gerçeklik ışığında incelerken şuna bakmak bize önemli ölçüde yardımcı olur: "Yaşadığım durumla ilgili bu düşünce diğer insanlar tarafından da doğru olarak kabul ediliyor mu?" Yani Ayşe'yi tanıyan insanlara onun durumunu sorduğumuzda, herkes onun yapayalnız bir insan olduğunu söylerse, Ayşe'nin düşüncesi için, durumu oldukça iyi tanımlayan bir düşüncedir diyebiliriz. Ama çoğunluk Ayşe'nin ailesi, arkadaşları, dostları, akrabaları olduğunu, dolayısıyla yalnız olmadığını söylüyorsa, Ayşe ile ilgili gerçeklik "yapayalnızım" tanımlamasına pek uygun değildir. Düşüncemizi destekleyen ve desteklemeyen veriler gerçeğin belli yanlarını içerirler. Gerçek ise bu ikisinin sentezinden oluşur. O halde, Ayşe'nin durumunu tanımlayan daha dengeli ve gerçekçi ifade ne olabilir?

Belki şöyle bir şey:

"Her insan zaman zaman yalnız kalabilir. Bazıları istemedikleri halde sık sık yalnız kalabilir. Ayşe de bu gece yalnız. Bunun arkadaşlarının kendi programlarıyla veya kendisinin bazı tutumlarıyla ilgisi olabilir. Mesela tanıdıklarına dışarıya çıkma konusunda verdiği negatif mesajlarla. Ama bu gece yalnız olması, sürekli böyle yalnız olacağını göstermez. İlerde ne olacağı, ilerde nasıl davranıp nasıl tepki vereceğiyle ve çevresindeki insanların sosyal ilişkilere karşı tutumları sonucunda belirlenecektir."

Alternatif Açıklama

Şimdi de Ayşe'nin duygusuyla bağlantılı ikinci düşünceye, "Kimse beni istemiyor," çıkarımına bakalım. Buna yol açan durum Ayşe'nin o gece evinde yalnız olmasıdır. Bu tür çıkarımlarda bakmamamız gereken şey, bu çıkarımın ne kadar uygun olduğu ve bu yaşanan olay veya durumun başka ne şekilde açıklanabileceğidir. "Yaşanan bu durumun veya olayın başka açıklaması olabilir mi?

Bu olay daha farklı nasıl görülebilir, yorumlanabilir?" sorusu bize bu konuda yardımcı olur.

Bir durumu açıklamanın birden fazla yolu vardır. Bu soruyu yukarıdaki olaya uyarladığımızda, "Bu akşam insanlarla birlikte bir programım yok", "Bu akşam beraber olabileceğim arkadaşlarım meşgul", "Arkadaşlarımın hiçbirinin aklına benim dışarıda veya onlarla olmayı istediğim gelmediği için evde yalnızım", "Ben hiç kimseyi arayıp buluşmayı teklif etmediğim için bu gece yalnızım" gibi farklı açıklamalar bulabiliriz.

Bir diğer soru, "Eğer sevdiğim bir arkadaşım benim durumumda olsa ve 'yapayalnızım' diye düşünse ben ona ne derdim?" sorusudur. Belki bu durumda yanıtımız, "Ben ona yapayalnız olmadığını ama sadece o an için insanlarla birlikte olmadığını, bunun da farklı nedenleri olabileceğini söylerdim," olabilirdi.

Alternatif açıklamaları bulmamıza yardımcı olabilecek diğer bir soru, "Aynı olayı yaşayan ve üzüntü duymayan birisi acaba bu olayı nasıl görür, nasıl değerlendirirdi?" sorusudur. Durumundan üzüntü duymayan birisi o geceyi yalnız geçirmesini, diğer insanların kendisine yönelik olumsuz bir tutumuyla değil, o insanların bizzat kendilerine ilişkin nedenlerle açıklardı muhtemelen. Örneğin onların hasta veya yorgun olabilecekleri, önemli bir işlerinin olabileceği, kafalarını meşgul eden başka konular nedeniyle kendisinin akıllarına gelmemiş olması gibi. Yalnız geçireceği zamanı tek başına yapmak istediği bazı şeyler için fırsat gibi görmesi, ayrıca bu bir gecelik yalnızlığa kalıcı ve sürekli değil, anlık ve değişebilecek bir şey olarak bakması da kişinin duygusunun daha farklı olmasına yol açacaktır.

Yapılabilecek açıklamalar içinde duruma en uygun olan açıklamayı bulmaya çalışmak, bazı durumlarda bizim için yol gösterici olur. Ayşe için bu alternatif açıklama, "Bu gece yalnız kalmamın hem benden hem de çevreden kaynaklanan nedenleri olabilir.

Ama ne olursa olsun, bu her zaman böyle olacağı anlamına gelmez," biçiminde olabilir.

Tahminler

Geleceğe ilişkin tahmin veya öngörüler biçiminde olan anlık düşünceler için "Gerçekleşeceği %100 kesin mi?" diye kendimize sormamız yerinde olur. Örneğin Ayşe Hanım'ın "Yalnızım ve hep yalnız kalacağım" şeklinde bir düşüncesi varsa, o zaman bu soruyu sorabilir.

Bir diğer önemli nokta, tahminlerimizin hiçbir zaman gelecekte olacak her şeyi kapsayamayacağını unutmamaktır. Tahminlerimizin daha tutabilecek tahminlere dönüşmesi için kendimize sorabileceğimiz sorular:

"Bu konuda olabilecek en kötü şey nedir?" / Örnek cevap: "Hiç kimsenin benimle en ufak şekilde sosyal ilişkiye girmediği ve sürekli yalnız olduğum bir hayat."

"Olabilecek en iyi şey nedir?" / Örnek cevap: "Çok sosyal olduğum, yoğun arkadaşlık ilişkileri yaşadığım, duygusal olarak benim aradığım biriyle çok uyumlu bir ilişki."

"Olabilecek en gerçekçi sonuç nedir?" / Örnek cevap: "İnsanlarla az çok ilişkilerimin olduğu ve belki kendime uygun insanlarla da tanışıp yakınlaştığım bir hayat."

Bu tahminlerin gerçeğe dönüşüp dönüşmemesi ise bir ölçüde bizim davranışlarımız yapıp ettiklerimizle ilişkilidir.

Şekil 14. Geleceği bilmek mümkün mü?

Düşünceleri incelerken son ve en önemli boyut, düşüncenin etkilerine veya sonuçlarına ve bunların bizim açımızdan yarar ve zararlarına bakmaktır.

Gerçeklikle pek uyuşmayan ya da gerçeklikle uyuşup uyuşmayacağı o anda bilinemeyecek (öngörü, tahmin gibi) pek çok düşüncenin hem olumsuz sonuçları ve zararları hem de birtakım olumlu yanları ve kazandırdıkları vardır. Genellikle bu tür düşünceleri sürdüren en önemli etkenlerden biri, kişi açısından uzak dönemde zararlı olsalar da, özellikle kısa dönem için "olumlu sonuçlar doğuran" yanlarıdır. "Nasıl olur da gerçekçi olmayan bir düşünce yararlı olabilir?" diyebilirsiniz: Bu düşünceler, zor bulduğunuz durumlardan kaçınmanız için size mazeret verebilir. Örneğin, "Kimse beni istemiyor" diye düşündüğünüzde ve buna uygun hareket edip kimseyi arayıp sormadığınızda, bu sizi birilerini arama ve belki de onlar tarafından reddedilme sıkıntısından koruyacaktır. Aynı şekilde, yalnızlık durumunun değişmeyeceğine inanmak da bu uğurda çaba harcayarak kendinizi boş yere tüketmeye engel olmuş gibi görünür.

Fakat çoğu zaman, bu tür düşüncelerin olumsuz yanları, olumlu yanlarından daha fazla olabilir. O yüzden, bu düşüncelere uygun davranmanın bütün sonuçlarını bir arada düşünmek yerinde olur.

Ayşe Hanım'ın anlık düşünceleri, "Kimse beni istemiyor, yapayalnızım" şeklindeydi. Bu düşüncelere inanmasının ve bunlara uygun davranmasının etkisi muhtemelen ne olacaktır? İnsanlarla teması azaltarak kesmek, onlardan herhangi bir şey beklememek, istenilmediği için onlarla birlikte bir şey yapmayı ummamak ve bu konuda girişimde bulunarak boşu boşuna zaman ve enerjisini tüketmemek.

"Kimse beni istemiyor," anlık düşüncesine uygun davranarak insanlardan uzak durduğumuzda, bunun sonucu, insanlara dönük bir girişimde bulunmamak, sosyalleşmek için bir şey yapmamak ve tek başımıza zaman geçirmektir. Üstelik bu düşünce doğruysa, iyi kötü bize yaklaşan birileri olursa onlardan da uzak durmamız gerekir, çünkü "hiç kimse bizi istemediği" için o da aslında istemiyordur. Sonuç, kişinin yalnızlığının ve bunun getirdiği moral bozukluğunun sürmesi olur.

Bu düşünceye uymanın yararı ise insanlara yaklaşıp reddedilmemekten, yaşayacağımız üzüntü ve hayal kırıklığından korunmaktır. Zor gelecek, kaygılandıracak şeyleri yapmaktan bizi alıkoymasıdır. Bu düşünceye uygun davranmak kendimizi sadece kısa süreliğine iyi hissettirebilir. En iyi ihtimalle, kendimizi bir an için kötü hissetmemize engel olur.

Pekâlâ, aslında istediğimiz bir şeylere ulaşmaya çalışırken kendimizi kötü hissetmek, bu kadar kötü bir şey midir?

Üstelik bu düşüncenin bir de olası zararları söz konusudur: Çevremizin daralması, arkadaşlarımızın azalması, insanların giderek bizi daha az araması sorması (ki bu oldukça yüksek bir olasılıktır) ve yalnızlık. Bu durumda kendimizi çok daha kötü hisseder, kendimizle ilgili daha da kötü düşünürüz. Yani bu kaçınma, aslında hiç de istemediğimiz yalnızlığı ve daha sürekli, yoğun bir mutsuzluğu getirir.

Bu türden anlık bir düşüncenin altında yatan inanç, "Herkes tarafından her zaman beğenilmeliyim" olabilir mesela. Ancak bu inanç, normal hayatla bağdaşması ve yerine getirilmesi çok zor, çok yüksek bir beklenti içermektedir. Bunun yerine şu inanç daha gerçekçidir: "Herkesin benden her zaman hoşlanması olanaksızdır. Eğer hoşlanırlarsa, güzel bir şey. Fakat eğer böyle olmazsa, bu, dünyanın sonu değildir." O zaman kişinin, "İyi bir izlenim bırakmalıyım," düşüncesini fark ettiği anda yapması gereken şey, bunun bir zorunluluk ya da gerçek değil, istek olduğunu kendine hatırlatmasıdır.

Bazen anlık düşüncelerimiz hiçbir zaman yanıtlanamayacak veya tam yanıtı bulunamayacak sorular biçiminde olabilir. Yanlış sorununsa doğru cevabı olmaz! "Geçmişi neden unutamıyorum?", "Niye böyleyim?", "Yaşamın anlamı nedir?", "Niye hep bunlar benim başıma geliyor?", "Yaşam niye böyle kötü?" vb. böyle sorulardır. Bu yanıtlanamaz soruları düşünmek kendinizi kötü hissetmemizin en garantili yollarından biridir. Belki kendimize sorduğumuz anda bize çok anlamlı ve önemli gelebilir ama bunlar aslında boş sorulardır. Düşünce için sorduğumuz soruyu hatırlayın: *Bu düşüncenin bana ne yararı var?* Aynısını, bu sorular için de düşünün.

Eğer bunları cevaplanabilir sorulara dönüştürebilirseniz o zaman daha anlamlı ve yararlı hale getirmiş olursunuz:

"Geçmişi neden unutamıyorum?" yerine, "*Geçmişi unutabilsem bugün nasıl bir hayat yaşamak isterdim?*"

"Niye böyleyim?" yerine, "*Böyle olmadığımda hayatımda neler değişmiş olacak?*"

"Yaşamın anlamı nedir?" yerine, "*Nasıl yaşar ve ne yaparsam hayat benim için daha anlamlı hale gelir?*"

"Niye hep bunlar benim başıma geliyor?" yerine, "*Bunların başıma gelmemesi adında benim yapabileceğim neler var?*"

"Yaşam niye böyle kötü?" yerine "*Kendi yaşamımı ve sevdiklerimin yaşamını daha iyi hale getirmek için ben ne yapabilirim?*"

"Tekrar ne zaman iyi olacağım?" yerine "*Bunu cevaplayamam. Tekrar tekrar bunun üzerine gitmek sadece beni üzer ve kendimi kötü hissettirir. Zamanımı ruhsal anlamda kendimi daha iyi hissetmek adına neler yapabileceğimi düşünüp bunları yapmaya çalışarak harcarsam daha iyi olur.*"

Eğer yapamıyorsanız, bunlar üzerinde de zaman harcamayın. Bunlar üzerinde düşünmenin bir yarar getirmediği netse, düşüncenizi bir kenara bırakıp, yani onun bir düşünce olduğunu hatırlayıp o gün, o anda, sizin açınızdan uygun olan veya yapmanızın normal karşılanacağı ne varsa onu yapmaya başlayın.

Duygu, Düşünce İncelemesinin Sonuçları: Değer ve İsteklerimizi Bütünleştirmek

Duygunun dış dünya ve/veya iç dünyayla ilgili bilgi veren bir işaret sistemi olduğunu belirtmiştik. Duygunun iç dünyamızla ilgili işaret ettiği şey değerlerimiz, ideallerimiz ve isteklerimiz, yani nasıl bir insan olmak ve nasıl bir hayat yaşamak istediğimizdi. Değer ve idealler, insanlar arasında benzerlikler ve ortaklıklar göstermekle birlikte (var olmaya devam etmek, sağlığını korumak, bedensel ve duygusal açıdan iyilik hali içinde olmak) kişiye özgü farklılıklar da gösterir (bir baba için iyi baba olmak, bir öğretmen için iyi bir öğretmen olmak vb.).

Düşüncenin görevi ise hayattaki isteklerimize, yani değer ve ideallerimize uygun biçimde ve onlara dönük yaşarken bize yardımcı olmaktır. Düşünce bu görevini olan bitenleri tanımlayarak, anlamlandırarak ve olacakları tahmin ederek yapar. Bu işlevini iyi yaptığında değerlere dönük bu yolculuğumuzda bize yardımcı olur, hayatımızı geliştirip kolaylaştırır. Düşünce eğer bu amaca hizmet ediyorsa işlevseldir, yani görevini yerine getiriyordur.

Şimdi Ayşe Hanım için yaptığımız düşünce incelemesinin sonuçlarına bir bakalım.

Ayşe Hanım'ın duygusunun işaret ettiği değer, ideal veya istek, "diğer insanlarla ilişki içinde olan, yalnız kalmayan biri olmak"tı.

Ayşe Hanım'ın önce o anda kendiliğinden aklına gelen özgün düşüncesine, daha sonra da düşünce incelemesi sonucu ortaya çıkan düşüncelere bu açıdan bir bakalım:

İlk düşünce, yani Ayşe Hanım'ın o andaki özgün düşüncesi:

"Kimse beni istemiyor, yapayalnızım."

Düşünceyi gerçekçilik, uygunluk açısından inceledikten sonra durumla ilgili elde ettiğimiz daha gerçekçi ve uygun düşünceler ise:

"Her insan zaman zaman yalnız kalabilir. Bazıları istemedikleri halde sık sık yalnız kalabilir. Ayşe de bu gece yalnız. Bunun arkadaşlarının kendi programlarıyla veya kendisinin bazı tutumlarıyla ilgisi olabilir. Mesela tanıdıklarına dışarıya çıkma konusunda verdiği negatif mesajlarla. Ama bu gece yalnız olması, sürekli böyle yalnız olacağını göstermez. İlerde ne olacağı, ilerde nasıl davranıp nasıl tepki vereceğiyle ve çevresindeki insanların sosyal ilişkilere karşı tutumları sonucunda belirlenecektir."

"Bu gece yalnız olmamın hem benden hem de çevreden kaynaklanan nedenleri olabilir. Ama ne olursa olsun, bu her zaman böyle olacağı anlamına gelmez."

Düşüncenin görevi, olan bitenleri veya olacakları tanımlama, anlamlandırma ve öngörme yoluyla yaşamdaki hedef ideallerimize dönük davranışlarımıza yardımcı olmaktı. Şimdi bu işlev açısından baktığımızda özgün düşünce, yani, "Kimse beni istemiyor, yapayalnızım," düşüncesi mi görevini yerine getirmektedir, yoksa gerçekliği dikkate alarak oluşturduğumuz üstteki iki düşünce mi?

Aslında bu sorunun cevabı zaten verilmiş durumda. Nasıl mı? "Kimse beni istemiyor, yapayalnızım" düşüncesinin hâlihazırda yol açtığı şey belli: Ayşe'nin hemen yatağa gitmesi, uyku ilacı alıp uyumaya çalışması. Bu davranışının ise onun "diğer insanlarla ilişki içinde olan, yalnız kalmayan biri olmak" isteğine hiçbir bir şekilde hizmet etmediği, sadece ve sadece, yaşadığı üzüntü duygusunu daha az yaşamaya dönük olduğu açık.

"Kimse beni istemiyor, yapayalnızım" düşüncesi, Ayşe Hanım'ı daha sosyal, daha çok ilişki kuran ve daha mutlu bir insan olma amacından ve isteğinden uzaklaştırıyor. Kendini hem kötü hissettirip hem de hayatının olumlu yönde değişmesine engel oluyor. Bu düşüncesi ona değil yardımcı olmak, hayatta olmak istediği noktadan daha da uzaklaşmasına yol açacak bir düşünce.

Oysa, "Her insan zaman zaman yalnız kalabilir. Bazıları istemedikleri halde sık sık yalnız kalabilir. Ayşe de bu gece yalnız. Bunun arkadaşlarının kendi programlarıyla veya kendisinin bazı tutumlarıyla ilgisi olabilir. Mesela tanıdıklarına dışarıya çıkma konusunda verdiği negatif mesajlarla. Ama bu gece yalnız olması, sürekli böyle yalnız olacağını göstermez. İlerde ne olacağı, ilerde nasıl davranıp nasıl tepki vereceğiyle ve çevresindeki insanların sosyal ilişkilere karşı tutumları sonucunda belirlenecektir"ve "Bu gece yalnız olmamın hem benden hem de çevreden kaynaklanan nedenleri olabilir. Ama ne olursa olsun, bu her zaman böyle olacağı anlamına gelmez," şeklinde oluşturduğumuz daha gerçekçi ve uygun düşüncelerin önerdiklerine uymak, onu değer ve ideallerinden uzaklaştırmak bir yana, belki de yakınlaştırmaya yardımcı olacaktır.

Öyleyse şimdi sıra bir sonraki adıma geldi.

Son Adım: Değerlere Dönük Davranış Ne Olabilir?

"Kimse beni istemiyor, yapayalnızım" düşüncesine verebileceğimiz cevap:

"Benim istediğim şey yalnız olmamak. Bu şekilde düşünmem bunun değişmesinde bana yardım etmeyecek. Sadece kendimi kötü hissettirecek. Yalnız olduğumu ve bunun değişmeyeceğini sürekli kendi kendime söylemenin yararı yok. Şu anda ihtiyacım olan şey insanlarla daha çok birlikte olmaya çalışmak ve bunun denemelerini yapmak. Eğer, 'Kimse beni istemiyor, yapayalnızım,' düşüncesine inanmayı ve buna uygun davranmayı sürdürürsem, denemek yerine vazgeçerim. O halde insanlarla bir arada olma fırsatlarını kaçırmamalı ve onlarla birlikte olmaya çalışmalıyım. Onlarla birlikteyken bu birliktelikten memnun olduğumu yansıtmalı ve insan ilişkilerinde daha istenilen şeyleri yapmaya çalışmalıyım."

Özetle, sahip olduğumuz gelişmiş düşünebilme yeteneğimizi yaşamdaki hedef ve ideallerimize dönük olarak kullanmamız yerinde olacaktır.

Bölümün sonunda, bu çalışmaları daha kolayca yapabilmeniz için geliştirdiğim bir formla karşılaşacaksınız. Aslına bakarsanız bu form, yukarıda anlattığım basamakların tablo biçimine getirilmiş halinden oluşuyor. Geliştirdiğim bu forma ben "Düşünce İnceleme Formu" adını verdim.

Bu formu doldurarak zihninizden geçen anlık düşüncelerle ilgili çalışma yaparken sizin için sinyal noktası olumsuz duygunuz ve/ veya davranışınız olacaktır. Bu tür duygu ve davranışlar değişmesini istediğiniz duygular (üzüntü, suçluluk, kaygı vb.) veya davranışlardır (kaçınma, yatma vb.). Bu düşünceler bir olaya karşı "otomatik" tepkiniz olabilir. Bir arkadaşınızın söylediği bir söz, ödenmesi gereken bir taksit, bir mide ağrısı, olumsuz bir anıyı hatırlama gibi. Bilişsel yaklaşım pek çok durumda, olay yaşanırken hissedilen duygunun ve yapılan davranışın o an zihinde olup bitenlerle daha iyi açıklanabileceğini savunur. Zaten aslına bakılırsa duygusal ve düşünsel tepkimiz olaya uygunsa çoğu zaman davranışımız da uygun olacağından, bu durumda zaten değişmesi gereken bir şey de yoktur. Örneğin bir korna sesiyle üzerimize gelen arabayı görüp korkarak kendimizi hızla ileriye atmamız gibi. Ancak kendimizi kurtardıktan sonra aşırı kızgınlık duyup araç sahibiyle kavga etmişseniz, o zaman buna eşlik eden, "Nasıl olur da durmak yerine kornaya basar! Gününü göstereceğim!" düşüncesini irdelemenizde yarar var. Duygusal sıkıntı anlarındaki olumsuz, uygunsuz ve yararsız düşünceyi halletmenin ilk adımı düşüncelerinizin ve bunların size etkilerinin farkına varmaya başlamaktır.

Bu formu daha verimli kullanmanın en iyi yolu, sizi rahatsız eden korku, üzüntü, kızgınlık gibi olumsuz bir duygu yaşadığınızda ya da değişmesini istediğiniz bir davranışta bulunduğunuzda, mümkün olduğunca kısa süre içinde bu durumu forma kaydetmeye çalışmaktır.

Formdaki ilk sütuna olumsuz duyguyu yaşadığınız tarih ve saati yazıyorsunuz. Tarih ve saati yazmaktaki amaç, o durumu daha iyi hatırlamanıza yardımcı olması.

Ardından, sizin için sorun olan olay ya da durumu yaşarken neler hissettiğinizi, duygunuzu ve şiddetini yazın.

Bunun hemen yanındaki sütun ise o anda aklınızdan geçen anlık (otomatik) düşünceleri kaydetmeniz için. Bu sütuna, kendinizi kötü hissetmeye başladığınızda zihninizden hangi düşüncelerin geçtiğini yazın. Bunları mümkün olduğunca tam olarak, sözcük sözcük kaydetmeye çalışın. Bu durumu ya da olayı yaşarken en yoğun biçimde sıkıntı duyduğunuz anda aklınızdan ne geçiyordu? Kendi kendinize neler söylüyordunuz? O anda zihninizde canlanan herhangi bir hayal var mıydı? Çünkü bazı düşünceler, zihin gözünüzde kelime yerine imge biçimini alabilir. Örneğin kendinizi gelecekte baş edemediğiniz bir durumun içinde hayal edebilirsiniz. İnsanların önünde "küçük düştüğünüzün" hayalinin canlanabilir zihninizde. İmgenin, canlanan hayalin ne olduğunu tam olarak gördüğünüz şekilde yazın.

Bazen duygularımızda olumsuz değişik fark ettiğimiz anda zihnimizde olumsuz bir düşünce bulamayabiliriz. Bu durumda, olumsuz düşüncemiz ve duygumuz daha önce başlayıp giderek yoğunlaşmış olabilir. Belki son bir saat içinde veya birkaç dakika önce olan bir olaya tepki olarak bir şeyler düşünmüş olabilirsiniz. Veya geçmişteki olumsuz olayların anıları canlanmış olabilir.

Bütün bunlara rağmen herhangi bir düşünce veya imge saptayamadığınız durumlar da olacaktır. Eğer böyle olursa, kendinize ortamın anlamını sorun: Bu olay ya da durum sizinle, durumunuzla ve geleceğinizle ilgili ne söylüyor? Bu soru, durumun sizin için niye çöküntü yaratıcı olduğu hakkında veya sizi kaygılı, kızgın vb. yapanın ne olduğuyla ilgili ipucu verecektir. Örneğin bir tartışma, sizin için bir ilişkinin sonlanması veya herhangi biriyle düzgün bir ilişki kuramayacağınız anlamına gelebilir.

Anlık düşüncelerinizi ve hayallerinizi sıraladıktan sonra, sizin için o anda en önemli olan ve duygunuzla en bağlantılı gördüğünüz düşüncenizi işaretleyin. Bütün düşüncelerimizin az ya da çok duygumuzla ilişkisi olabilir ama en ilgili düşünceyi almak her zaman için daha verimli bir sonuç doğurur.

Bunun hemen yanında durum tespitine ilişkin en son kısım, yani o durumdayken ne yapıp ettiğiniz veya nasıl konuştuğunuz yer alıyor. Bu duyguyu yaşarken ya da sonrasında ne yaptınız? Eğer yaşadığınız bir olaysa bu olayın sonucunda ne yaptınız veya olay nasıl sona erdi?

Buraya kadar olan kısım daha çok olan biteni, sizin bununla ilgili duygu ve düşüncelerinizi ve davranışlarınızı tespite dönük. Düşünce İnceleme Formu'nun bundan sonraki kısmı ise bir anlamda asıl sizin istediğiniz yönde değişikliğin ortaya çıkmasına yardımcı olacak kısım. Bütün bilişsel davranışçı terapiler özünde, bilişsel alanda daha gerçekçi, daha uygun ve yararlı düşünmeyi, davranış alanında ise nasıl bir insan olmak ve nasıl bir hayat yaşamak istiyorsanız ona uygun davranıp yaşamayı geliştirmeyi amaçlar. İşte bu bölüm buna dönük çalışmanın yapılacağı kısım.

Bu bölümde ilk dikkat edeceğiniz şey, düşünce kaydımızda yer alan düşünceyi mümkün olduğunca yabancı bir gözle inceliyormuş gibi değerlendirmeye çalışmak. Bu bölümdeki ilk sütuna en önemli gördüğünüz ve üzerinde çalışacağınız düşüncenizdeki olası düşünce özelliklerini yazın. Düşünce işleme özelliklerinin ne olduğunu daha önce verdiğimiz düşünce özellikleri listesinden hatırlayacaksınız.

Bölümün sonunda kendi Düşünce İnceleme Formu'nuza geçmeden önce, örnek olması açısından Ayşe Hanım'ınkine bakalım...

Düşünce İnceleme Formu

Tarih-Yer, Olay-Durum	**Duygu**	**Anlık Düşünceler**	**Düşünce İşleme Özellikleri**	**Davranışlar**
Sizi rahatsız eden olayı yazın. Ne oldu, ne zaman, nerede, kimle?	Bu olay ya da durumu yaşarken neler hissettiniz. Duygunuz ve şiddeti neydi?	Bu durumu ya da olayı yaşarken, en yoğun biçimde sıkıntı duyduğunuz anda aklınızdan ne geçiyordu? Kendi kendinize neler söylüyordunuz? O anda zihninizde canlanan herhangi bir hayal var mıydı? Anlık düşüncelerinizi sıraladıktan sonra sizin için o anda en önemli olan ve duygunuzla en bağlantılı gördüğünüz düşüncenizi **işaretleyin**.	En önemli gördüğünüz ve üzerinde çalışacağınız düşüncenizdeki olası düşünce özelliklerini yazın.	Bu duyguyu yaşarken ya da sonrasında ne yaptınız? Eğer bir olaysa bu olayın sonucunda ne yaptınız? Olay nasıl sona erdi?
12.07.2016 *Evde yalnız olma*	*Üzüntü* *(90)*	*Kimse beni istemiyor. Yapayalnızım.*	*Zihin okuma* *Felaketleştirme* *Aşırı genelleme*	*Yatağa gitme, uyku ilacı alıp uyumaya çalışma.*

Sizi rahatsız eden korku, üzüntü, kızgınlık gibi olumsuz bir duygu yaşadığınızda ya da değişmesini istediğiniz bir davranışta bulunduğunuzda mümkün olduğunca kısa bir süre içinde bu durumu aşağıda gösterildiği şekilde kaydetmeye çalışın.

Düşünceyle İlgili İncelemeler	Gerçekçi/İlgili Düşünceler ve Davranışlar
Anlık düşüncenizi gerçeklikle örtüşme, olan biteni açıklama, anlamlandırma, öngörme ve sonuçları açısından sırasıyla aşağıdaki öneriler ve sorulardan uygun olanları kullanarak inceleyin: **1. Düşüncenizin durumla örtüşmeyen yanlarına ilişkin kanıtlar bulma:** Amacınız bu düşüncenizin gerçeklikle örtüşmeyen yanlarını göstermek olsaydı ne tür kanıtlar gösterirdiniz? Doğru olduğuna inanıp inanmadığınıza bakmaksızın eğer göreviniz sadece ve sadece bu düşüncenin gerçekçi olmadığını bir grup makul insana kanıtlamak olsaydı ne tür kanıtlar gösterirdiniz? Eğer yakın bir arkadaşınız aynı durumda olsaydı ve böyle düşünseydi, ona bu düşüncesinin uygun olmadığını göstermek için ne söylerdiniz? Ya da yakın ve sizi seven bir arkadaşınız yanınızda olsa bu düşüncenizin doğru olmadığını göstermek için size ne derdi? **2. Yaşadığınız bu durumun sizin düşündüğünüzün dışında başka bir açıklaması, anlamı veya sonucu olamaz mı?** Eğer bu şekilde hissetmeseydiniz durumla ilgili daha değişik düşünür müydünüz? Nasıl düşünürdünüz? (Örneğin aynı olayı yaşayan ama üzülmeyen/ korkmayan/ kızmayan birisi acaba nasıl düşünürdü?) Bundan 5 yıl sonra bu olayı hatırlasanız daha farklı bir değerlendirme yapar mısınız? **3. Bu düşünceye inanmanızın etkisi, sonucu ne?** Bu düşünceye inanmanızın duygusal ve davranışsal sonuçları nedir? Bu düşünceye inanmazsanız, ona göre davranmazsanız hayatınız nasıl değişebilir?	**1. Gerçekçi düşünce**, anlık düşüncenizi destekleyen ve desteklemeyen tüm verileri özetleyen bir cümledir. **2. İlgili düşünce** ise durumu daha iyi açıklayan alternatif, yeni bir düşüncedir. Burada olan biteni (ya da bu durumu) daha geçerli ve uygun şekilde açıklayan bir ifade ne olabilir? **3.** Eğer anlık düşüncem bir öngörü ise olabilecek en kötü sonuç ne olur? En iyi şey ne olur? En gerçekçi sonuç ne olur? Bu sonuçla baş edebilir miyim? Bu durumda ne yapabilirim? **4.** Bu duygu ve düşünceler benim hangi değer veya ideallerime işaret ediyor? Ben nasıl biri olmak ve nasıl bir hayat yaşamak istiyorum? **5.** Bu değer veya ideallere uygun davranışlar ne olabilir?
1. Akrabalarım (anne babam, kardeşim) ve arkadaşlarım var. Pek çok kereler yanımda olan insanlar oldu. Her insan bazı anlarda yalnız olabilir ama bu onun istenilmediği anlamına gelmez. *Eğer yakın bir arkadaşım aynı durumda olsaydı ona yalnız olmadığını, bunun anlık bir durum olduğunu, ihtiyacı olduğunu bilseler arkadaşlarının onu yalnız bırakmayacağını söylerdim.* *2. Şu anda yalnız olmam onların beni istememesinden değil, başka programları olmasından veya onlarla birlikte olma isteğimi bilmemelerinden de kaynaklanabilir.* *Bundan 5 yıl sonra bu durumu hatırlasam, büyük olasılıkla, bir gece yalnız kalmanın çok da önemli bir şey olmadığını, bundan kendime zarar verebilecek sonuçlar çıkarmamın asıl sorunu oluşturduğunu söylerdim.* *3. İnsanlardan uzak durma ve bunun da daha fazla yalnızlık getirmesi.* *Bu düşünceye inanmazsam daha çok insanlarla birlikte olur ve bunun sonucunda daha çok yakınlık yaşayan ve mutlu biri haline gelebilirim.*	*1. Sosyal açıdan aşırı aktif olmayan ama bir ölçüde istenilen bir kişiyim.* *2. Bu gece yalnız olmam insanların başka işlerinin olması ve beni davet etmemelerinin yanı sıra benim de kimseyi davet etmememin bir sonucu olabilir.* *3. En kötü sonuç, iş dışında hep yalnız olmak. En iyi sonuç, sürekli insanlarla birlikte olmak. En olası sonuç benim bazen yalnız bazen de birileriyle birlikte olmam.* *4. Ben insanlarla ilişki içinde olmak isteyen biriyim.* *5. İnsanlarla birlikte olmaya çalışmak, böyle fırsatları kaçırmamak ve buna yönelik fırsatlar oluşturmaya çalışmak.*

Ayşe Hanım'ın durumunda bulunan üç düşünce işleme özelliği *zihin okuma, felaketleştirme ve aşırı genellemedir.* "Davranışlar" sütununu da doldurduktan sonra sıra "Düşünceyle İlgili İncelemeler"e geliyor. Bu sütunda ilk olarak şu soruya cevap vermeye çalışın: "Yaşadığınız bu duyguyu olan bitenler, yaşananlar mı, yoksa düşünceleriniz mi daha iyi açıklar?" Aslına bakarsanız, ruhsal sıkıntılara eşlik eden duygular büyük ölçüde düşüncelerle ilişkilidir. Bunu daha net anlamak için kendi kendinize şunu düşünün: "Yaşadığım duyguyu dış bir gözlemci, olan bitene bakarak mı, yoksa düşünceme bakarak mı daha iyi tahmin eder veya anlar?" Eğer düşüncenize baktığında duygunuzu daha net tahmin edebilecekse, duygunuz büyük ölçüde düşünceyle ilişkilidir. Örneğin Ayşe Hanım'ın duygusunu dış bir gözlemci evde yalnız olmasından çok, düşüncelerine, yani yalnızlığa verdiği olumsuz anlama (*Kimse beni istemiyor, yapayalnızım*) baktığında daha net bir şekilde anlayabilir.

Bu saptamanın ardından hangi düşüncenizin duygunuzla daha ilişkili ve önemli olduğuna bakın. Örneğimizdeki Ayşe Hanım, "Kimse beni istemiyor", "Yapayalnızım" şeklindeki iki düşünceden, "Kimse beni istemiyor" düşüncesini daha önemli bularak onu işaretlemiştir. Dolayısıyla "Düşünceyle İlgili İncelemeler" kısmında ele alacağımız düşünce budur. Önemli bulduğunuz anlık düşüncenizi ("Kimse beni istemiyor" örneğindeki gibi) olan bitenleri tanımlama (gerçeklikle örtüşme), açıklama (anlamlandırma), olacakları öngörme ve sonuçları açısından formdaki öneriler ve sorulardan uygun olanları kullanarak inceleyeceğiniz yer burası. Hedeflenen, daha gerçekçi, uygun ve yararlı düşünceler oluşturmanız. Formda yer alan bütün sorular her düşünceye uygun olmayabilir. Soruları sırasıyla deneyerek uygun olanları kullanmanız beklenmektedir.

Son sütun "Gerçekçi / İlgili Düşünceler ve Davranışlar" başlığını taşıyor. Burada eldeki verileri kullanarak o durumu daha iyi, geçerli veya uygun şekilde açıklayabilecek çıkarımlar yazmanız amaçlanmaktadır.

Önceki Tecrübeler ve Yaşamın Gerçekliği

Sıkıntınızla bağlantılı anlık düşüncelerinizde bulduğunuz "düşünce özellikleri"nden hareketle alternatif sonuçlara ulaşmanıza yardımcı olmak amacıyla daha önce işe yaradığı tespit edilmiş bazı sorular var. Kendi "Düşünce İnceleme Formu"nuzu doldururken bu soruları olumsuz düşüncelerinize daha gerçekçi alternatifler bulmak için kullanabilirsiniz. Bu hazır örnekler de sizin bütün düşüncelerinizi kapsamayacaktır ama buradaki ana mantığı kullanarak cevaplar üretebilirsiniz.

Seçici soyutlama: Olayın küçük bir detayıyla her şeyi tanımlamak.

Anlık düşünce: "Bu hata, yaptığım her şeyi batırdı."

Olası gerçekçi ve uygun cevaplar: "Durumun bütünü nedir? Bu duruma dışarıdan bakan birisi neler görürdü? Benim önem verdiğim şeyi mi görürdü? Yoksa başka bir şeyi mi? Şu anda hissettiklerim olaylara veya duruma mı, yoksa benim bu durumla ilgili belli bir konuya ilişkin yaptığım yorum veya verdiğim öneme mi bağlı? Gerçekten benim hatam olmayan bir şeyden dolayı mı kendimi suçluyorum? Yoğun bir duygu içinde bulunan kişilerin düşünceleri de bundan etkilenir. Eğer yoğun bir üzüntüm varsa, aynen yoğun üzüntü içinde olan diğer kişiler gibi bu durumda olmaktan dolayı sıklıkla kendimi mi suçluyorum?"

Bu durumda olanlar iradesizlik, güçsüzlük veya yetersizlikle kendilerini aşağılayabilir, kendilerine çekidüzen verip duygusal olmayı kesmeleri gerektiğini düşünürler. Bunu yapamadıklarında, son derece sert ve acımasız biçimde kendilerini eleştirirler. Gerçekte yoğun olumsuz duyguları her insan zaman zaman yaşayabilir. Bu duygular gerek dış olaylarla (bir kayıp, hastalık, ayrılık, başarısızlık, tehdit ve tehlike durumunda) gerekse de olumsuz düşüncelerle herhangi bir anda herkeste görülebilir. Bu duygusal sorunlar bazen psikolojik bir bozukluk tanısı alacak şiddet veya düzeye de ulaşabilir. Bilim adamları ruhsal sorunların nedenleri ve çözümleri konusunda yıllardır çalışmakla beraber, nedeni tam olarak anlaşılmış ve ortaya koyulmuş herhangi bir ruhsal rahatsızlık tanısı yoktur. Ruhsal rahatsızlıkların doğası ve nedenleri bilim için de gerçekte çözülmesi gereken bir sorundur ve gerek olumsuz duygular gerekse de yaşadığınız rahatsızlıklar için kendinizi suçlamanız sizi daha da kötü hale getirmekten başka bir işe yaramaz.

Etiketleme: Bir anlık durum veya davranıştan, kişiyi tanımlayan genel bir kural veya adlandırma çıkarmak.

Anlık düşünce: "Hâlâ böyle saçma şeyleri düşündüğüm ve üzüldüğüm için anormal biriyim."

Olası gerçekçi ve uygun cevaplar: "Tek bir olaydan yola çıkarak kendimi her şeyimle mi suçluyorum? Kendimi mutsuz hissetmemle ilgili anormallik olası açıklamalardan birisi. Fakat kendime bütünüyle baktığımda anormal olduğuma dair büyük bir kanıt yok. Bu dönemde kendimi kötü hissettiğim için bu düşüncelerim var. Bu benim hatam değil ve bunları ben de istemiyorum. Aksine bunları ve etkilerini azaltmaya uğraşıyorum. Kendimi daha iyi hisseder hale geldiğimde sanırım oldukça farklı düşüneceğim."

Mutsuz insanlar, karşılaştıkları güçlükleri, sıklıkla kendilerinin değersiz olduklarına yorar. İnsan olarak binlerce duygu, düşünce ve eylemden oluşuyoruz. Bunlardan bir tanesiyle kendimizi yargılamamız uygun değil. Bu özellikle mutsuz olduğumuzda gerçektir çünkü mutsuzken, sahip olduğumuz güç ve yetenekten çok, zayıflıklarımızı ve hatalarımızı görme eğiliminde oluruz.

Zihin okuma: Karşımızdaki kişi öyle bir şey söylemediği halde, onun neyi neden yaptığına ilişkin kesin inanca sahip olmak.

Anlık düşünce: "Bana gülüyor."

Olası gerçekçi ve uygun cevaplar: "Bir başka kişinin tam olarak ne düşündüğünü hiçbir zaman eksiksiz bilemem. Evet, şu anda gülüyor ama neye, neden güldüğünü ancak ve ancak onun zihnine girerek bulabilirim ki bu da imkânsız. Kendisiyle ilgili, aklına gelen veya benim söylediğim, yaptığım bir şeye gülüyor olabilir. Bazen kişinin kendisi bile niye güldüğünün farkında olmaksızın otomatik olarak gülebilir."

Karamsar insanlar sıklıkla başkalarının kendileri hakkında eleştirel düşündüklerine inanır. Fakat hiçbirimiz zihin okuyamayız. Bir başka kişinin tam olarak ne düşündüğünü nasıl bilebiliriz? Ancak tahmin edebiliriz ama tahminlerimiz kendi tecrübelerimiz ve duygumuzdan etkilenirler. Belki tahminlerle bazen gerçekliğe yaklaşabiliriz ama tam olarak bir başka kişinin ne düşündüğünü bilmemiz olanaksızdır.

"Hep ya da hiç" şeklinde düşünme: Her şeyi iki uçta, siyah veya beyaz olarak görmek.

Anlık düşünce: "Hiç iyi olmadı."

Olası gerçekçi ve uygun cevaplar: "Evet, gerçek şu ki, bu işi istediğim gibi yapamadım. Ama bu hiç iyi olmadığı anlamına gelmez. Her şeyi %100 yerine getirmem beklenemez. Eğer böyle olursa, hiçbir zaman tatmin olamam."

Hemen her şey görecelidir. Hiçbir sıfat "var" veya "yok" şeklinde değildir; "az" ya da "çok" şeklindedir. İnsanlar hep kötü veya hep iyi değil, bu ikisinin karışımıdır. Bu şekilde bir "siyah-beyaz" düşüncesini kendinize ve hayatınıza uyguluyor musunuz? Siyah-beyaz bir dünyayı düşünün, sizce nasıl olurdu? Dünya çeşitli renkler ve onların tonlarından oluşur. Yaşam, olaylar ve sosyal ilişkiler de... Değişik renklere ve onların değişen tonlarına bakın, bunları arayın. Çoğunlukla "hep ya da hiç"ten değil, "bazı zamanlar", "bazı insanlar" ve "bazı şeyler"den oluşurlar.

Aşırı genelleme: Olayları çok kesin ve genel yargılarla değerlendirmek.

Anlık düşünce: "Her şey boşuna, hiçbir şey değişmeyecek. Benim işim hep kötü gider."

Olası gerçekçi ve uygun cevaplar: "Düşüncemde aşırı beklenti yükleyen sözcükler kullanıyorum. *Hep, asla, herkes, hiç kimse, her şey, hiçbir şey, her zaman, sürekli* gibi sözcükler benim dikkatli olmam gereken sözcükler. Bu zorunluluklar nerede yazıyor? Yaşam aslında nasıl? Bunlar yaşamın gerçekliğine uygun mu? Ne demek *her şey*?"

Bu bir abartmadır. Bunlar aslında yaşamda bire bir karşılığı olmayan şeylerdir. Yaşamı ve kişileri bunlardan çok, *birçok zaman, bazı zamanlar, çoğu kişi, çoğu şey, bazı şeyler, çoğu zaman, sıklıkla, sık sık, çoğunlukla, nadiren* sözcükleri daha iyi tanımlar. Herkesin başına gelebileceği sizin için de bazı şeyler kötü gidebilir. Fakat bazı şeyler de iyi gidecektir.

Olumluyu yok sayma, olumsuza odaklanma: Sadece olumsuzu görmek ve onu bizimle ilişkili kabul etmek. Olumluları yok saymak, küçümsemek ve bizimle ilişkisiz görmek.

Anlık düşünce: "Yaşamımı tamamıyla berbat ettim. Kendimden nefret ediyorum. Niye hâlâ çabalıyorum ki?"

Olası gerçekçi ve uygun cevaplar: "Zayıflıklarıma yoğunlaşıp güçlerimi unutuyor muyum? Yaşamımı tamamıyla berbat etmek aşırı bir ifade. Az ya da çok benim de iyi yaptığım bazı şeyler bulunabilir. Şu anda duygusal durumum nedeniyle bunları açık bir şekilde göremiyorum. Çevremde hiç mi insan yok? Yaşamamın bir anlamı olmalı ve hem kendim hem de çevremdeki insanlar için gayret etmeye çalışmalıyım."

İnsanlar süreğen bir mutsuzluğa girdiğinde geçmişte başarıyla hallettiği sorunları gözden kaçırır ve o anki güçlüklerini yenmelerini sağlayacak kaynaklarını, yeteneklerini unuturlar. Bunun yerine başarısızlıklarına ve zayıflıklarına odaklanırlar. Sahip oldukları tek bir olumlu özelliği veya yeteneği bile düşünmeleri zorlaşır. Kendinizle ilgili dengeli bir bakış açısını sürdürmek önemlidir. Elbette çok başarılı olmadığınız, yapmaktan çekindiğiniz, kendinizle ilgili değişmesini istediğiniz şeyler olabilir. Fakat ya eşitliğin öbür tarafında neler var? İyi olduğunuz, mutsuz olmadığınız zamanlarda kendinizle ilgili hoşlandığınız şeyler neler? Ya da insanların sizde değer verdiği şeyler? Geçmişte başınıza gelen zorluklarla nasıl baş ettiniz? Becerileriniz ve kaynaklarınız nelerdi?

Olumsuz Düşüncelerle Çalışırken Yaşanabilecek Olası Sorunlar

Duygusal olarak sıkıntı yaşadığınız anlarda kendi düşüncelerinizin olan bitenin tek, en gerçekçi ve en uygun açıklaması olduğunu varsaymak ve buna göre davranmak olumsuz sonuçlara yol açabilir. Eğer düşünce çalışması sonucunda bulduğumuz cevaplarımız etkinse, o düşünceye olan inancımız belli bir dereceye kadar azalır. Eğer bu olmamışsa, belki de bulduğunuz cevabı bir şekilde inanılmaz kılan bir şey olabilir ya da cevabınız çok gerçekçi olmayabilir. Bu şekilde bulduğunuz eksikleri içeren veya bulduğunuz yeni ifadeye karşı çıkan ve "Evet ama..." şeklinde başlayan bu yeni olumsuz düşünceleri de olumsuz anlık düşünceler sütununun altına yazıp aynen özgün düşünceleri cevapladığınız gibi cevaplayabilirsiniz.

Örneğin Ayşe Hanım düşünce kaydını okurken, "Ya hep yalnız kalmaya devam edersem" düşüncesi aklına gelip onu kaygılandırmış olsun. Bu düşünceyi de anlık düşüncelerin altına yazıp onu ele alabilir. Yaptığı inceleme sonucunda oluşturacağı alternatif açıklama ise şu olabilir: "Ben yalnız kalmak istemiyorum ve buna dönük olarak kendi payıma düşenleri en iyi şekilde yapmaya çalışacağım. Buna rağmen eğer yine de yalnız kalırsam, bu beni zorlasa da, bana sıkıntı verse de buna dayanabilirim."

Eğer bu çalışmadan sonra da olumsuz düşünce ve duygunuz devam ederse cesaretiniz kırılmasın. Çünkü normal ve doğal olan budur; yılların alışkanlığının bir defada değişmesi değil. Siz bir şeylerin değişmesinden çok değişime dönük davranmaya odaklanmaya çalışın. Bu değişiklik zamanla ve uygulamayla olacaktır. Şunu unutmayın: Bazı inançlarınızı, düşünme şeklinizi ve düşünceyle ortaya çıkan duygularınızı değiştirmek daha fazla zaman alacaktır. Ruhsal olarak sıkıntıdayken veya yoğun duygular yaşarken bu alıştırmaları yapmanız zor olabilir. Düşüncelerinize olan inancınızın bir anda tamamıyla yok olmasını beklemeyin. Üzerinde çalışsak bile bunlar muhtemelen bir süre daha devam eder. Çünkü bulduğumuz cevaplar büyük ihtimalle bizim için oldukça yeni olacaklardır. Oysaki eski inancımız oldukça alışıldıktır. Yeni bulduğunuz düşüncelere olan inancınızın artması zaman ve uygulama gerektirir. Bunların geçerliliğini yaşam içinde davranış ve eylemlerle sınamaya gereksinim duyarsınız. Geriye dönüp düşüncelerimizi bulmak, bunlara tekrar bakmak, bunları sorgulamak, incelemek ve yerlerine alternatif geliştirmek normalde yaptığımız şeyler değildir.

Başlangıçta, duygularınızı büyük ölçüde etkileyen yeni bir bakış açısı bulmak ve bu düşüncelere karşı tarafsız olmak size güç gelebilir. Bunu zamanla gelişecek bir beceri olarak düşünün. Bu nedenle ilk başlarda duygusal durumunuzu değiştirecek güçte etkili alternatif düşünceler bulamadığınızda cesaretinizi kaybetmeyin. İki kere direksiyon dersi aldıktan sonra araba kullanmayı bekler misiniz? Ya da üç defa İngilizce dersi alıp İngilizce konuşmayı? Bu yeni düşünme biçimi, yıllardır alıştığınız dilin yerine yeni bir dil öğrenmeye ve sonra da o dili konuşmaya benzer. Yeni dilin sizin malınız haline gelmesi ve rahat konuşmanız, zamana ve uygulamaya gereksinim duyar. Unutmayın ki yaptığınız bu çalışmayı en etkili hale getirecek şey, bu düşünceleri davranışa yansıtmaktır.

Özellikle çok yoğun duygular hissettiğinizde olumsuz düşüncelerinize alternatif bulmakta veya daha gerçekçi düşünmekte çok zorlanabilirsiniz: Bu durumda kendinize zaman tanıyıp biraz sakinleşene kadar bekleyerek aynı konu üzerinde daha sonra tekrar çalışabilirsiniz. Kendinizi daha iyi hissettiğinizde, yani olumsuz duygunun baskısı azaldığında, bunu daha iyi yapabilirsiniz. Başarısız olduğunuzu söyleyerek veya kendi ruhsal yaşamınız üzerinde yapabileceğiniz pek bir şey olmadığını düşünerek bu yöntemi denemeyi bırakmayın. Yoğun duygunun etkisiyle geçici bir tıkanma yaşıyor olabilirsiniz. Bunun kalıcı olduğunu düşünerek durumu daha da kötüleştirmekten kaçının.

Bu çalışmayla ilgili olarak kendinizden mükemmel ve çok etkili bir performans beklemeyin. Hele de mutsuz ve sıkıntılıyken işler normalde olduğundan daha zor gelir ve daha uzun zaman alır. Düşünce inceleme çalışmamız çok harika olmak zorunda değil. Daha gerçekçi veya uygun alternatif düşünceler bulmaya çalışırken şunu unutmayın: Ne tek bir doğru vardır ne de o tek doğruyu bulma zorunluluğunuz. Bu çalışmanın iyi ve verimli hali şudur: Olumsuz duygunuzu değiştirip olumsuz düşünceye olan inancınızı azaltması ve eylem için size yeni yollar açan bir etki oluşturması.

Düşünce inceleme çalışması sırasında, olumsuz duygular yaşarken sık görülen kendini eleştirme eğilimine karşı dikkatli olun. Örneğin, "Böyle düşündüğüm için ben gerçekten aptal olmalıyım," gibi.

Hatırlayın; olumsuz duygu bir işarettir, düşmanınız değil. Siz onun neye işaret ettiğini anlamaya çalışın. Ancak bütün işaret sistemleri gibi, duygular da bazen o işareti gerektiren bir durum olmadan ortaya çıkabilir veya gereğinden fazla yoğun ve uzun sürebilir. Duygularımızı dış dünyadaki ve kendi içimizdeki olaylarla bu olayları algılayıp değerlendiren düşünce sistemimiz harekete geçirir. Bazen dış dünyadaki veya içimizde olup biten olayları ve durumları algılayan bu değerlendirme sistemi gereğinden fazla duyarlı hale geldiğinde sorunlar yaşarız. Aynen ayarı hassas bir alarm sisteminin zararsız bir durumda bile alarm vermesi gibi, ortada bir kayıp yokken ya da alt edebileceğimiz boyutta bir kayıp söz konusuyken, sanki çok ağır ve geriye dönüşü olmayan bir kayıp varmışçasına yoğun bir üzüntü duyabiliriz. Bu nedenle, öncelikle moralinizde kötüleşme olduğu zamanlara dikkat edin ve o anda zihninizden ne geçtiğine bakın. Orada yakaladığınız olumsuz anlık düşünceler doğrudan duygularınızla bağlantılıdır.

Aynı anlık düşüncelerin tekrar tekrar çıktığını görürseniz, cesaretiniz azalmasın. Eğer belli bir süredir sürekli mutsuz veya kaygılı iseniz, olumsuz düşünmek ve hiç sorgulamaksızın o düşünceye otomatikman inanıp kendini kaptırmak, alışkanlık halini almış olabilir. Bunu kırmak zaman alacaktır. Şöyle bakın: Belli bir düşünce sık sık ortaya çıkıyorsa, bunu cevaplamak ve değiştirmek için daha fazla şansınız olacak demektir.

Olumsuz düşünce incelemesi yaparken her gün mümkün olduğunca çok miktarda düşünceyi kaydetmeniz son derece önemlidir. Bunları yazmanız, sizin bu düşüncelerden kendinizi uzaklaştırmanıza da yardımcı olacaktır. Sonunda, muhtemelen, bunları aklınıza gelir gelmez cevaplamaya başlar hale geleceksiniz. Fakat bunu en baştan yapmayı beklerseniz, anlık düşünceleriniz bulacağınız alternatiflerden sıklıkla daha güçlü olacağı için kendinizi başarısız hissedebilirsiniz. Başlangıçta amacınız sadece ve sadece bu çalışmayı "yapmaya çalışmak" olsun. Sonuca ulaşmak, başarılı olmak veya çok etkili cevaplar bulmak değil.

Bu çalışmayı zihinden yapabilmek için öncelikle çok sayıda düşünceyi kâğıt üstünde cevaplamanız gerekir. Bu sayı kişiden kişiye değişebilir ama ortalama yüz civarında çalışma bu yöntemi içselleştirmeye başlamanıza yardımcı olur. Aynı şekilde, daha fazla pratik yaptıkça etkin cevaplar bulmanız da giderek daha kolay hale gelecektir.

Bu çalışmanın ideal yöntemi, düşünce ve duygularınızı ortaya çıkar çıkmaz yazmaktır. Fakat tabii ki bu her zaman olanaklı olmayabilir. Örneğin bir toplantının tam ortasında kayıt kâğıdınızı çıkarmanız garip kaçabilir. Böyle durumlarda, sizi neyin sıkıntıya soktuğuna dair zihinsel notlar alın veya bir parça kâğıda size hatırlatma yapacak kısa bir not alın. Ardından, öğleden sonra veya iş çıkışı, diyelim ki 20 dakikalık bir zamanı düzgün bir kayıt yapmak için ayırın. Ne olduğunu, ne hissettiğinizi ve düşüncelerinizi mümkün olduğunca detaylarıyla hatırlayabilmek için olayı yeniden canlandırmaya çalışın.

Eğer bu kayıtları tutmaktan ve düşünceniz üzerinde çalışmaktan kaçınırsanız bunun sık görülen bir durum olduğunu unutmayın. İnsanlarda olumsuz olayları, duyguları ve düşünceleri zihinden atıp unutmaya çalışmak, baskılamak gibi doğal bir eğilim vardır. Ama bilin ki unutmaya çalışmak, bu düşünceleri çözmez. Sizi düşüncelerinize ve duygularınıza odaklanmaktan alıkoyan özürlerin farkında olun. Örneğin "Daha sonra yaparım" veya "Her şeyi unutmak en iyisi" gibi anlık düşüncelerin etkisiyle düşüncelerinize bakmaktan kaçınabilirsiniz. Bunları yazarak kendinize hatırlatmanın sizi daha da kötü hissettireceğinden korkuyor veya bu düşüncelerden utanıyor olabilirsiniz. Hoşa gitmeyen yaşantıları düşünmekten kaçınmayı istemek oldukça doğaldır, ama bunları incelemek bir duygu olan mutsuzluğu değerlendirip kullanmanın en iyi yoludur. Eğer bunu yapmamak için kendinize mazeretler buluyorsanız, bilin ki belki de sizi sıkan önemli bir konu üzerindesinizdir. Bu nedenle, bu tür durumlarda kendinizi yazmaya yönlendirin. Eğer sıkıntınız çoksa bir yürüyüş veya dikkat dağıtıcı başka bir şeyler yapıp çalışmaya öyle dönün. Ama geri dönüp hiç bakmamak ya da bu düşünceleri ihmal etmek, onları yok etmeyecektir.

Şunu unutmayın: Nasıl ki, bedensel organlarımız yerinde ve uygun kullanıldığında bize hizmet edip hayatımızı kolaylaştırıyorsa, ruhsal organlarımız olan algı, düşünce ve duygular da yerinde ve uygun kullanıldığında bize hizmet eder ve yaşam alanımızı geliştirip genişletir. Bu çalışmayı en iyi yapacak kişi bir başkası değil, kendimizdir.

Düşünce İnceleme Formu

Tarih-Yer, Olay-Durum	Duygu	Anlık Düşünceler	Düşünce işleme Özellikleri	Davranışlar
Sizi rahatsız eden olayı yazın. Ne oldu, ne zaman, nerede, kimle?	Bu olay ya da durumu yaşarken neler hissettiniz? Duygunuz ve şiddeti neydi?	Bu durumu ya da olayı yaşarken, en yoğun biçimde sıkıntı duyduğunuz anda aklınızdan ne geçiyordu? Kendi kendinize neler söylüyordunuz?O anda zihninizde canlanan herhangi bir hayal var mıydı? Anlık düşüncelerinizi sıraladıktan sonra sizin için o anda en önemli olan ve duygunuzla en bağlantılı gördüğünüz düşüncenizi işaretleyin.	En önemli gördüğünüz ve üzerinde çalışacağınız düşüncenizdeki olası düşünce özelliklerini yazın.	Bu duyguyu yaşarken ya da sonrasında ne yaptınız? Eğer bir olaysa bu olayın sonucunda ne yaptınız? Olay nasıl sona erdi?

Sizi rahatsız eden korku, üzüntü, kızgınlık gibi olumsuz bir duygu yaşadığınızda ya da değişmesini istediğiniz bir davranışta bulunduğunuzda mümkün olduğunca kısa bir süre sonra bu durumu aşağıda gösterildiği şekilde kaydetmeye çalışın.

Düşünceyle İlgili İncelemeler	Gerçekçi/ İlgili Düşünceler ve Davranışlar
Bu yaşadığınız duyguyu olan biten mi, yoksa düşünceleriniz mi daha iyi açıklar? Olan bitene bakarak mı, yoksa düşüncenize bakarak mı ne hissettiğinizi daha iyi anlarsınız? **Anlık düşüncenizi gerçeklikle örtüşme, olan biteni açıklama, anlamlandırma, öngörme ve sonuçları açısından sırasıyla aşağıdaki öneriler ve sorulardan uygun olanları kullanarak inceleyin:** **1. Düşüncenizin durumla örtüşmeyen yanlarına ilişkin kanıtlar bulma:** Amacınız bu düşüncenizin gerçeklikle örtüşmeyen yanlarını göstermek olsaydı ne tür kanıtlar gösterirdiniz? Doğru olduğuna inanıp inanmadığınıza bakmaksızın eğer göreviniz sadece ve sadece bu düşüncenin gerçekçi olmadığını bir grup makul insana kanıtlamak olsaydı ne tür kanıtlar gösterirdiniz? Eğer yakın bir arkadaşınız aynı durumda olsaydı ve böyle düşünseydi, ona bu düşüncesinin uygun olmadığını göstermek için ne söylerdiniz? Ya da yakın ve sizi seven bir arkadaşınız yanınızda olsa bu düşüncenizin doğru olmadığını göstermek için size ne derdi? **2. Yaşadığınız bu durumun sizin düşündüğünüzün dışında başka bir açıklaması, anlamı veya sonucu olamaz mı?** Eğer bu şekilde hissetmeseydiniz durumla ilgili daha değişik düşünür müydünüz? Nasıl düşünürdünüz? (Örneğin aynı olayı yaşayan ama üzülmeyen/ korkmayan/ kızmayan birisi acaba nasıl düşünürdü?)Bundan 5 yıl sonra bu olayı hatırlasanız daha farklı bir değerlendirme yapar mısınız? **3. Bu düşünceye inanmanızın etkisi, sonucu ne?** Bu düşünceye inanmanızın duygusal ve davranışsal sonuçları nedir? Bu düşünceye inanmazsanız, ona göre davranmazsanız hayatınız nasıl değişebilir?	**1. Gerçekçi düşünce**, anlık düşüncenizi destekleyen ve desteklemeyen tüm verileri özetleyen bir cümledir. **2. İlgili düşünce** ise durumu daha iyi açıklayan alternatif yeni bir düşüncedir. Burada olan biteni (ya da bu durumu) daha geçerli ve uygun şekilde açıklayan bir ifade ne olabilir? **3.** Eğer anlık düşüncem bir öngörü ise olabilecek en kötü sonuç ne olur? En iyi şey ne olur? En gerçekçi sonuç ne olur? Bu sonuçla baş edebilir miyim? Bu durumda ne yapabilirim? **4.** Bu duygu ve düşünceler benim hangi değer veya ideallerime işaret ediyor? Ben nasıl biri olmak ve nasıl bir hayat yaşamak istiyorum? **5.** Bu değer veya ideallere uygun davranışlar ne olabilir?

Sekizinci Bölüm

İyi Yaşamak

Değer ve İlkelere Uygun Davranışlar

Hatırlarsanız, "Beşinci Bölüm"de yaşamın sizin için ne anlama geldiğini konuşmuştuk. Eğer anlamlı ve iyi bir yaşam sürmek istiyorsak bu yönde bir etki oluşturabilmek adına elimizdeki tek araç yapacağımız şeylerdir, yani davranışlarımız ve konuşmalarımızdır. Nasıl bir insan olmak istiyorsak buna uygun davranmak ve konuşmak, nasıl bir hayat yaşamak istiyorsak buna yaklaşmak adına kendi payımıza düşenleri yapmak bu alandaki ideal durum olabilir.

Önceki bölümlerde tanıştığımız beş kişiye geri dönelim:

Mehmet Bey'in en önemli önceliği, yaşamının temel belirleyicisi durumuna gelen panik atak yaşamamaktı. Eşi, arkadaşları ve akrabalarıyla ilişkisi, iş hayatı hep bunun etkisi altında belirlenmekte ve bu durumun izin verdiği ölçüde gerçekleşmekteydi. Sosyal kaygıları ve topluma karşı konuşma korkusu olan Dr. Cem Bey ise kendi alanında çok bilgili olduğu halde toplantılara, kongrelere katılamamakta, bütün teklifleri geri çevir-

mekte, sunum yapmamakta, hasta yakınlarıyla konuşmaktan kaçınmakta ve bu kaçınmalar akademik anlamda yükselmesini engellemekteydi. Ayşe Hanım'ın davranışlarını belirleyen temel şey ise kendisini kötü (depresif, çökkün) hissetmemeye çalışmaktı. Neden günün çoğu zamanını yatakta geçirdiği sorulduğunda ise eğer yataktan çıkarsa etrafı ve insanları gördükçe kendisini daha da kötü hissedeceğini, tek başa çıkma yolunun yatakta yatmak ve eğer şansı yaver giderse uyumak olduğunu söylüyordu. Ahmet Bey'in yaşamındaki en önemli konu ise hemen çıkamayacağı veya yardım alamayacağı yerlerde bulunmamaktı. Onun da eşi, arkadaşları ve akrabalarıyla ilişkisi ve iş hayatı öncelikle hep bu korku ve buna bağlı kaçınmaları tarafından belirlenmekte ve yaşamdaki etkinlikleri bu korkunun izin verdiği ölçüde gerçekleşmekteydi. Ali Bey'in yaşamının temel belirleyicisi ise kirlilik ve bulaşma idi. Hayatını, enerjisini, zamanını ve dikkatini en çok alan şey kirlilikten kaçınmak ve kirlendiğinde de yıkanmak ve temizlenmekti.

Bu beş insanı birbirine benzeştiren şey, beşinin de yaşamının temel belirleyicisinin sıkıntı yaşamamak olmasıydı. Bu türlü bir yaşam ise, hayatı oluşturan ana alanlardaki değer ve ideallere öncelik verip bunlara uygun, anlamlı, iyi bir yaşam sürmek yerine, ağırlıklı olarak, sıkıntı oluşturacak durumlardan kaçınma veya sıkıntıları uyuyarak, alkol, ilaç kullanarak azaltmaya çalışmaktan ibaretti. Bütün bunlar da mutsuz ve sıkıntılı bir yaşamı getiriyordu beraberinde.

Yaşama anlam katan, onu oluşturan temel alanlarda kişinin değer ve ideallerinin farkında olarak bunlara uygun davranışlar içinde bulunması veya yaşamasıdır. Neydi bu alanlar? Duygusal alan (kişinin eşiyle olan ilişkileri gibi), mesleki alan, arkadaşlık ilişkileri, akrabalık ilişkileri, toplumsal alan, bedensel alan, hobiler ve felsefi-manevi alan. Oysa bu beş kişi de temelde sıkıntıdan kaçınmaya dayalı bir hayat sürdüklerinden, gerçek ideal ve değerlerinden uzak yaşamaktaydı. Örneğin Mehmet Bey'in eşiyle özel hayatında önemli sorunlar vardı. Eşi son yıllarda artan alkol kullanımından ve artık cinsel hayatlarının bitmesinden şikâyetçiydi. Eşiyle arasında sorun olan bu konular da aslında Mehmet Bey'in kaygı sorunuyla ilintiliydi: İçki içmesinin nedeni alkolün onu rahatlatması, o anlık kaygılarını azaltması, cinsellikten kaçınma nedeni ise ilişki sırasında yaşayacağı heyecanla panik atak geçirme korkusuydu. Oysa bu iki kaçınma da aslında onun ilgili, şefkatli, paylaşımcı, eşine destek olan, ilişki içerisinde mutlu ve doyumlu bir birey olma idealine terstir. Diğer yandan Mehmet Bey'in işyerine çoğu kere geç gitmesi, hatta bazen hiç gitmemesi, işiyle az ilgilenmesi, yalnız başına bir yere gidememesi, iş görüşmeleri yapmaktan kaçınması ise işle ilgili ideallerine aykırıdır. Cem Bey'in kongre ve toplantılara gitmemesi, hasta yakınlarıyla konuşmaktan kaçınması veya az konuşması da onun mesleki ideallerinden uzaklaşmasına yol açmaktadır. Aynı şekilde, Ayşe Hanım'ın iş dışında herhangi bir etkinlikte bulunmaması, arkadaşları ve ailesiyle az görüşmesi, mesleki etkinliklerde yer alma girişimlerinde bulunmaması ise başarılı, bilgili, sosyal açıdan etkin ve istenilen bir kişi olma ideallerine zıttır. Ali Bey'in sürekli kirlilikten ve bulaşmadan kaçınarak yaşamını kısıtlaması ve zamanının çoğunun tekrarlayan yıkanmalarla geçmesi onu temiz ve huzurlu bir insan olmaya yaklaştırmamakta, hatta bundan giderek daha da uzaklaştırmaktadır.

Sıkıntıdan kaçmak veya var olan sıkıntıyı azaltmak uğruna ödedikleri büyük bedellere rağmen beşinin de yaşamı sıkıntılıdır. Bu, kişinin özgün sıkıntıya (çökkünlük, mutsuzluk, sosyal kaygı, panik atak) verdiği kaçınma ve kaçma tepkisinin getirdiği, yaşamdaki fakirleşmenin bir sonucudur. Böylesi bir yaşam ise kişinin gerçekten önem verdiği ideallerinden uzaklaşmasına yol açar. Kişiyi daha mutsuz hale getirir.

Şimdi bireyin yaşamını oluşturan bileşenlere tekrar bakalım.

I. Bölge	II. Bölge
Aklımıza kendiliğinden gelen düşünceler, istekler ve duygularımız	İnançlarımız (Aklımıza gelen düşüncelere inanıp inanmamak)
Duygularımız	Konuşmalarımız
Diğer insanların bizimle ilgili düşünce, davranış ve duyguları	Davranışlarımız
Bedensel tepkilerimiz	Kararlarımız ve seçimlerimiz
Geçmişimiz	Geleceğimiz
Ruhsal Sıkıntı ve Rahatsızlığın Bölgesi	**Bizim Bölgemiz**

Hatırlarsınız, I. Bölge'yi doğrudan doğruya kontrolümüzde olmayanlar, II. Bölge'yi ise doğrudan kontrolümüzde olanlar oluşturuyor. I. Bölge'ye ruhsal rahatsızlıkların hâkim olduğu, yönettiği, sahibi olduğu, borusunun öttüğü bölge, II. Bölge'ye ise sahip olduğumuz, yönettiğimiz, hâkim olduğumuz ve bir anlamda bizim borumuzun öttüğü bölge olarak bakabileceğimizi söylemiştik.

Ruhsal sıkıntı veya rahatsızlıklarımızı I. Bölge'yi değiştirerek yok etmeye veya azaltmaya çalışmak, hiçbir zaman alt edemeyeceğimiz, inanılmaz derecede usta bir oyuncuyla karşılaşmaya çıkmaya benzer. Örneğin dünya ağır siklet boks şampiyonu yarışmak için bizi ringe davet etse, ringe çıkar mıyız? İşte sorunlarımızı çözmek için aklımıza kendiliğinden gelen düşünceleri, istek ve duygularımızı, diğer insanların bizimle ilgili düşünce, davranış ve duygularını, bedensel tepkilerimizi ve geçmişimizi kontrol etmeye, değiştirmeye çalışmak buna benzer. Bunun yerine yaşamımızı geliştirmek ve daha iyi olmasını sağlamak için inançlarımızı (aklımıza gelen düşüncelere inanıp inanmamayı), konuşmalarımızı, davranışlarımızı, kararlarımızı-seçimlerimizi ve geleceğimizi değiştirmeye ve kontrol etmeye çalışmak, bizi ringe davet eden dünya ağır siklet boks şampiyonuyla onun seçtiği alanda yani boksta yarışmak yerine, onu bizim güçlü olduğumuz bir konuda ve alanda yarışmaya davet etmeye benzer.

Pekâlâ, bizim güçlü olduğumuz bu alanda neye inanıp inanmayacağımızı, neye göre davranıp neye göre konuşacağımızı, nasıl kararlar alıp nasıl seçimler yapacağımızı ve tabii en sonunda nasıl bir geleceğimiz olacağını belirleyecek olan nedir?

Evet, doğru: İdeal ve değerlerimiz bunu gösterecektir. Peki, ideal ve değerlerimizi bize gösterecek olan en güvenilir kaynak nedir? O hiç hoşlanmadığımız, kurtulmak istediğimiz, bize "acı" veren olumsuz duygularımız.

Mehmet Bey'in yaşamındaki en önemli öncelik, yaşamının temel belirleyicisi haline gelen panik atak yaşamamaktı. Dr. Cem Bey'in temel hedefi insanlar tarafından kaygılı biri olarak görülmemeye çalışmaktı, neyi yapıp neyi yapmayacağının temel belirleyicisi buydu. Ayşe Hanım'ın davranışlarını belirleyen temel şey ise kaçınarak kendisini kötü (depresif, çökkün) hissetmemeye çalışmaktı.

"Bu üç kişinin olumsuz duygularının işaret ettiği değer ve idealler nedir?" diye sorduğumuzda, üçünün de aslında "ruhsal ve bedensel olarak sağlıklı, mutlu olmak isteyen insanlar" olduklarını söyleyebiliriz.

Pekâlâ, bu üç kişinin davranışları ideallerine uygun mudur? Bu sorunun cevabı kocaman bir "hayır"dır. Üçünün yaşamı da, onlara kazandıracak şeyler üzerine değil, "sıkıntı yaşamamak ve bir şeyleri kaybetmemek" üzerine kurulu. Ancak, kaçınma ve önlem almayla dolu bu yaşam, onlara istedikleri şeyi, yani sıkıntı yaşamamayı sağlamadığı gibi, genel yaşam kalitelerinin düşmesi gibi ağır bir bedel de ödetiyor. Korkulan şeylerden kaçınıp bu yönde önlem aldıkça, o şeyle ilgili korkuları daha da büyüyor.

Şimdi ruhsal sıkıntı yaşayan insanların sorunlarını dinlerken çıkan başlıca temaları içeren bir liste sunacağım. Listenin soldaki sütunu, yani I. Bölge ruhsal acılar çeken ve sıkıntı yaşayan insanların öncelikli olarak dile getirdikleri şeylerdir. Dikkat ederseniz bu liste, istenilmeyenlerden oluşmaktadır. II. Bölge ise onların dile getirmediği ama benim onların duygularına bakarak çıkarsadığım, olması istenen şeylerin listesidir.

I. Bölge sorun yaşayan insanların çok hâkim olduğu, iyi bildiği, ustalaştığı alanken II. Bölge ise pek üzerinde düşünülmeyen, akla getirilmeyen ancak üzerinde özellikle durulursa akla bir şeylerin geldiği bir alandır. I. Bölge hep uğraşılan ama bir türlü istenilenin elde edilemediği umutsuz bir alan, II. Bölge ise görülmeyen, görülse de ona göre davranılmayan ve davranışlara etkisi olmayan alandır.

I. Bölge	II. Bölge
Sıkıntı yaşamak istemiyorum	Huzurlu olmak istiyorum
Başıma kötü şeyler gelmesini istemiyorum	Başıma iyi şeyler gelmesini istiyorum
Hastalanmak istemiyorum	Sağlıklı olmak istiyorum
Başarısız olmak istemiyorum	Başarılı olmak istiyorum
Kirli olmak istemiyorum	Temiz olmak istiyorum
Yanlış yapmak istemiyorum	Doğru şeyler yapmak istiyorum
Zarar vermek istemiyorum	Yararlı olmak istiyorum
Uykusuz kalmak istemiyorum	Uyumak istiyorum
Mutsuz olmak istemiyorum	Mutlu olmak istiyorum
Korkmak istemiyorum	Cesur olmak istiyorum
Yorgun olmak istemiyorum	Dinç olmak istiyorum
Tehlike yaşamak istemiyorum	Güvende olmak istiyorum
Dışlanmak istemiyorum	Benimsenmek istiyorum
Önemsenmemek istemiyorum	Önemsenmek istiyorum
Reddedilmek istemiyorum	Kabul edilmek istiyorum
Saygısızlık görmek istemiyorum	Saygı görmek istiyorum
Anlaşılmamak istemiyorum	Anlaşılmak istiyorum
... istemiyorum	... istiyorum

"Ne istemiyorum?" / "Ne istiyorum?"

I. Bölge'ye yani istemediklerimizi yok etmeye odaklı bir yaşam niçin çıkmaz sokaktır, buna biraz bakalım: Sizden birinci ("Sıkıntı yaşamak istemiyorum"la başlayan) sütunda yazanları art arda okumanızı rica edeceğim. Bunları okurken sizde oluşturduğu, çağrıştırdığı duygulara dikkat edin. Daha sonra ikinci ("Huzurlu olmak istiyorum"la başlayan) sütunda yazanları art arda okumanızı rica edeceğim. Bir de bunları okurken sizde oluşturduğu, çağrıştırdığı duygulara dikkat edin.

Birinci sütun duygusal olarak kendinizi nasıl hissettirdi? Bunları okuyanların hemen hemen tamamından duyduğum cevap, "gerginlik", "daralma", "huzursuzluk", "kötü" vb. oldu.

Peki, ikinci sütunda yazanları okuduktan sonra ne hissettiniz? Bunları okuyanların hemen hemen tamamından duyduğum cevap, "iyilik", "huzur", "mutluluk", "ferahlama", "umut" vb. oldu.

Şimdi bir diğer boyuta geçelim: I. Bölge'ye odaklanmanın davranışsal sonuçları ne olur, II. Bölge'ye odaklanmanın davranışsal sonuçları ne olur?

I. Bölge'ye odaklanmanın davranışsal sonucu aşırı uğraş, yorgunluk, tedirginlik, kaygı, mükemmeliyetçilik ve bunların kişiyi tükettiği noktada da KAÇINMA. II. Bölge'ye yani ne istediğimize odaklanmanın davranışsal sonucu ise İSTEK VE İDEALLERİMİZE DÖNÜK KARARLI, MOTİVE DAVRANIŞLAR.

İstemediklerimize odaklanıp onları yok ederek iyi bir hayat yaşamaya çalışmak, asla sonuç alınamayacak bir uğraşıdır. İstemediklerimizi yok etmeye odaklanıp şimdiye dek bunu başaramadıysak bu bizdeki bir eksiklikten veya bir şeyleri eksik yapmamamızdan değil, seçtiğimiz alanın imkânsız bir alan, başarmaya çalıştığımız şeyin ise asla gerçekleştirilemeyecek olmasındandır.

İsteklerimize ve onlara yaklaşmaya dönük bir yaşam ise ilerlemeye açıktır. Sağlıklı olmaya, önemsenmeye, benimsenmeye, anlaşılmaya, sevilmeye, başarılı olmaya, saygı görmeye, mutlu olmaya vb. dönük davranıp yaşayabiliriz. Bu mümkündür ve iyidir. Ama hastalığı, sevgisizliği, ilgisizliği, dışlanmayı, başarısızlığı, saygısızlığı, mutsuzluğu vb. tamamıyla yok etmek mümkün değildir.

Burada bazılarımız, "Ben aslında istediklerime dönük yaşıyorum ama yine de olmuyor," diyebilir. Böyle diyenlerin şunu kontrol etmesinde yarar var: Acaba isteklerine dönük mü yaşıyor, yoksa isteklerini mutlak bir biçimde zorunluluk, gereklilik gibi görerek mi yaşıyor? Yani zihnindeki şey, "Sağlıklı olmak, önemsenmek, benimsenmek, anlaşılmak, sevilmek, başarılı olmak, saygı görmek, mutlu olmak *istiyorum*" mu, yoksa "Sağlıklı ol*malıyım*, önemsen*meliyim*, benimsen*meliyim*, anlaşıl*malıyım*, sevil*meliyim*, başarılı ol*malıyım*, saygı gör*meliyim*, mutlu ol*malıyım*" biçiminde kendisine koyduğu dayatmacı gereklilikler mi? Çünkü eğer bunları gereklilik gibi, zorunlu şeyler olarak görüyorsa, aslında o kişinin odağı da yine I. Bölge'dir, yani istemedikleridir.

"Başarılı olmalıyım," demek, "Benim yaşamımda asla başarısızlık olmamalı," demektir; "Sevilmeliyim," demek, "Asla sevgisizlik görmemeliyim," demektir; "Benimsenmeliyim," demek, "Asla kimse tarafından dışlanmamalıyım," demektir vb... Yani isteklerimizi zorunluluk haline getirmek yine istemediklerimize odaklı ve mutsuz, tatminsiz bir yaşam getirir. Eğer odak bu istemediklerimizi yok etmek olursa, asla bunları bitirip isteklerimize dönemeyiz. Üstelik istemediklerimize fazla odaklanmak bizi isteklerimizden giderek uzaklaştırır. Yanlış yapmamaya aşırı odaklanan kişi aşırı detaylara girdiği, uğraştığı ve yorulduğu için daha fazla hata yapabilir ya da yanlış yapmamak için kaçınmaya ve hiçbir şey yapmamaya yönelebilir. Ama yanlış yapmamak için kaçınıp bir şey yapmadıkça, bu sefer doğru şeyleri de yapmayan biri haline gelir.

Pekâlâ, neden insanlar istemediklerine daha çok odaklanır?

İki sebeple: Birincisi, duygusal sıkıntı durumlarında kişi duygunun işaret ettiği isteği fark etmediği için. İkincisi ise düşünceyi gerçek zannettiği için.

Sınavda kalınca "Artık ben başarılı olamam" diye düşünüp

çalışmayı bıraktığımda, başarılı olamamak düşünce değil, gerçek gibi gelir bana. Ve o noktada, ben o duygunun işaret ettiği isteğin ("Ben başarılı olmak isteyen bir insanım") değil, istemediğim şeyin daha çok farkındayımdır ("Ben başarısız olmak istemiyorum"). Ama bana göre gerçek (aslında gerçek değil de, benim düşüncem olan) "Başarısızım ve başarılı olamam" ise yapılacak en akıllıca şey boşu boşuna enerjimi, zamanımı tüketmeyip geri çekilmek ve çalışmamaktır. Bu mantığa göre, geri çekildikçe ve sınava bir daha girmedikçe de en azından tekrar tekrar başarısız olmamış ve başarısızlığımı göstermemiş olurum. Kendi içinde tutarlı bir mantık ama bir şartla: Eğer bunlar ("Başarısız olacağım") GERÇEKSE. Ama bunlar ("Başarısız olacağım") gerçek değil, DÜŞÜNCEDİR.

Yalnız bu konuda, yani istemediklerimize odaklanma eğilimimiz konusunda, hepimizin doğuştan gelen bir handikabı var, o da sahip olduğumuz beynimiz. Tekrarlarsak, beynimizin birinci önceliği hayatta kalmamızı sağlamaktır. Bugünkü beynimizin yapılandığı tarihte daha çok dış tehlikeler ve açlık ölüm sebebi olduğu için beynimiz öncelikle dış tehdidi ve gereksiz enerji tüketimini azaltmaya öncelik verir. Yani istemediklerimizi azaltmak beynimizin de birinci önceliğidir: "Önce, zarar görme ve kaybetme." Beynimiz yaşanan dış tehditler ve kayıplarda kolaylıkla zarar görmeme ve kaybetmeme moduna geçip o modda takılı kalabilir.

Pekâlâ, bunun yerine başka ne yapabiliriz? Birincisi, isteklerimiz fark ederek, yani duygularımızı ne istediğimizi gösteren işaretler gibi görüp kullanabiliriz. İkincisi, düşüncemizi hem duygunun işaret ettiği isteği anlamakta hem de yerine getirmekte yardımcı bir araç olarak kullanıp bu istek ve amaca dönük yöntemleri davranışlarla gerçekleştirebiliriz.

Örneğin, kişi "ruhsal ve bedensel olarak sağlıklı, mutlu biri olmak" isteğine uygun nasıl davranabilir? Varsayalım ki, dişinizde ağrı ve hassasiyet var. Bu durumda ne yaparsınız? Doğal olarak, çoğu kişinin yaptığı gibi, ağrı kesici alır, birkaç gün idare etmeye çalışır ağrıyan dişin olduğu tarafı mümkün olduğunca kullanmamaya gayret ederek bekler, sonrasında ağrı yok olursa hayatınıza devam edersiniz. Eğer ağrı bunlara rağmen sürerse yine çoğu kişi gibi mecburen diş hekiminin kapısını çalarsınız.

Diyelim ki diş hekimine gittik ve muayene sonucunda dişimize dolgu yapılması gerektiği söylendi. Önümüzde iki yol vardır bu durumda: Ya diş hekiminin koltuğuna oturarak acılı ve ağrılı dolgu sürecini yaşamak ya da dolgu yaptırmayarak, ağrıyan dişi mümkün olduğunca az kullanmak, yine de ağrırsa ağrı kesici kullanarak durumu idare etmeye çalışmak.

Bu her iki sürecin veya seçimin de kendisine göre artıları ve eksileri vardır.

Birinci sürecin yani dolgu yaptırma sürecinin yaşatacağı ağrı ve ödeyeceğimiz bedel ile bundan kaçınma sürecinde yaşayacağımız ağrı ve ödeyeceğimiz bedeli inceleyelim isterseniz: Dolgu sürecinde, özellikle diş hekiminin koltuğunda otururken, şu ya da bu şekilde yoğun acı yaşayacağımız bir gerçektir. Ancak bu süreç belki 4-5 defa diş hekiminin koltuğuna oturmamızın ardından bitecek ve sonuçta sağlıklı bir duruma kavuşacağız. Öte yandan, kaçındığımızda, belki başlarda daha az canımız acıyacak ama bu acı giderek sıklaşmaya ve artmaya başlayacak, belki de birkaç ay sonra o dişin çekilmesiyle sonuçlanacak daha acılı bir süreç gelecektir. Yani acının türü, şiddeti ve süresi farklı olmakla birlikte, bizi bekleyen iki acılı süreçten birini seçmek durumundayız: Ya kaçınarak sorunun devam etmesiyle acı çekeceğiz veya kaçınmayarak tedavi sürecinin acısını çekip yaşadığımız sorunu bir ölçüde geride bırakacağız. Birinci acı sonuçsuz veya zehirleyici bir acı, ikinci acı ise bir hedefe dönük ve tedavi edici bir acı.

Buna benzer bir senaryo, çok görülen ruhsal sorunlardan olan fobilerde de geçerlidir. Fobilerin bugün için etkili olduğu neredeyse kesin olan (hatta bütün tıbbi tedaviler içerisinde en etkilisi olduğu bilinen) bir tedavisi vardır: Maruz kalma (veya yüzleşme,

İngilizce adıyla "exposure") tedavisi. Bu tedavide kişi kendisini korkutan, fobik olduğu durum (örneğin yükseklik) veya canlıyla (örneğin köpek) kademeli bir şekilde karşı karşıya gelir. Bu yüzleşmeler eğer sık ve uzun süreli yapılırsa artık o durumdan veya canlıdan-nesneden korkmamaya başlar. Aynen başta bize soğuk gelen ve üşüdüğümüz bir denize veya havuza bir süre sonra alışıp artık rahatsız olmamamız gibi. Ancak bu denli etkili olan bu tedavi, içerdiği şeyler duyulduğunda pek çok kişi tarafından reddedilir.

Pekâlâ, bu senaryo çoğu kez insanlar tarafından bilinmesine rağmen neden bazıları "kaçınma" senaryosunu tercih eder?

Çünkü daha önce de değindiğimiz gibi, insanın psikolojik yapısının çok önemli bir özelliği buna engel olur: Organizmanın davranışını, o davranışın uzak sonuçlarından çok, yakın sonuçları etkiler ve belirler. Bu bulgu Harvard Üniversitesi'nden Mowrer ve Ullman'ın 1945 yılında yaptıkları çalışmayla[1] ortaya konmuştur. Mowrer ve Ullman 21 adet deney faresini aç bıraktıktan sonra, bu fareleri 7'şerli 3 gruba ayırıp bunlara 3 farklı ödül ve ceza programı uygulamışlardır. 3 grup aç fareye de ödül olarak yiyecek, ceza olarak da farklı aralıklarla elektrik şoku uygulanmıştır. Birinci grup fareye yiyecek (hayvanın istediği bir şey, ödül) yer yemez, ikinci gruba yiyecek yedikten 3 saniye sonra, son gruba ise yiyecek yedikten 6 saniye sonra elektrik şoku (hayvanın canını acıtan rahatsız edici bir uyaran) verip yeme davranışlarının zaman içinde nasıl şekillendiği gözlemlenmiştir. Deney sonucunda hemen cezalandırılan, yani yiyeceği yer yenmez elektrik şoku verilen hayvanların yemeyi bıraktıkları, 3 saniye sonra cezalandırılanların bazen yiyip bazen yemediği, buna karşılık yiyecek yedikten 6 saniye sonra elektrik şoku verilen grubun ise bu duruma aldırış etmeksizin yemeyi sürdürdüğü tespit edilmiştir. Buradan çıkan sonuç şu: Beynimizin farelerle ortak özelliklere sahip ilkel bölümü, bir şeyin ödülü hemen ve cezası daha sonra ise onu sürdürme ve yapma eğilimindedir. Öte yandan, bir şeyin cezası hemen ve ödülü sonra ise o davranışı sürdürmeme eğilimindedir. Daha önce verdiğimiz örnekten hatırlayacaksınız: Sigara içmek zararlı olduğu çok net bilinmesine rağmen pek çok insan tarafından sürdürülen bir davranıştır. Çünkü sigara içmenin ödülü hemen gelirken, cezası daha sonradır. Diğer yandan, sigara tiryakilerinin tercih etmediği davranış tipi olan sigarayı bırakmayı düşünürsek; sigara içmeme davranışının cezası hemendir ve bu, sigara içememekten dolayı sıkıntı yaşamaktır. Ödülü olan sigara bağımlılığından kurtulmak, solunum sistemi hastalıklarının geçmesi vb. ise çok daha sonradır. Aşırı yemek yemek, yine bu tür davranışların bir diğer örneğidir. Yemenin ödülü olan haz hemen, cezası olan kilo ve buna bağlı sorunlar ise daha sonradır. Diğer yandan, kilo sorunu olanların gerçekleştiremediği diyet davranışına bakarsak, az yemenin ve diyete uymanın cezası hemen (açlık, yemek özlemi, yeme isteğinin karşılanamamasının getirdiği engellenme duyguları), ödülü, yani kilo vermek ve sağlığına kavuşmak ise çok daha sonradır. Bir de az yapılan bir davranışı düşünelim: Örneğin, ders çalışmak. Ders çalışmanın cezası (istediklerini yapamamak, sıkıcı konuları okumak) hemen, ödülü ise (yüksek not, sınıfı geçmek, okulu bitirmek) çok daha sonradır. Bu ders çalışmayı çok cazip olmayan bir davranış haline getirirken, örneğin bilgisayarda oyun oynamayı ilginç, çok istenilen ve yapılan bir davranış haline getirmektedir.

Olumsuz duygulardan hoşlanmamak ve kaçınmak doğal bir tepkidir. Ancak bu kaçınma otomatikleşir, aşırı ve yaygın bir hal alırsa yaşamımız giderek fakirleşir. Örneğin Mehmet Bey *ne pahasına olursa olsun o sıkıntıyı yaşamamaya çalışarak*, kaygı yaşantısının kendisi için kabul edilemez bir şey olduğunu gösteriyordu. Fakat sürekli kaçınmasına rağmen rahata da kavuşmuş değildi. Kaygı ve sıkıntıları da bir düzeyde devam ediyordu.

Peki, başka bir yol olamaz mı? Olmaz olur mu; var. Üstelik bu konuda bugüne dek uygulayıp bildiklerinizden farklı bir yol. Yaşamınızı kısıtlayan korkularınızı yenmenin en iyi yolu onlarla yüzleşmektir. Bunu daha kolay, başarılı bir şekilde yapabilmeniz ve hedeflerinize dönük olarak kendinizi geliştirmeniz için kendinizi hazırlamanız ve kademeli olarak korkularınızla yüzleşmeniz gerekir.

Bu konudaki önerilerim:

Temel hedefiniz, sıkıntı yaşayarak sıkıntı yaşama kapasitenizi geliştirmek ve yavaş yavaş ilerlemek olsun. Bu amaçla önce kolay işlerle başlayın ve giderek daha güç olanları yapın. Daha zor bir işe, o anda üzerinde çalıştığınız konuyu rahat bir şekilde yapabildikten sonra geçin. Düzenli bir şekilde alıştırmalarınızı tekrarlayın. Günde üç kere, haftada üç kereden daha iyidir. Bu süreçte zaman zaman zorlanmalar ve aksilikler olabilir ancak önemli olan, bunlara teslim olmamanız ve yolunuzda devam etmenizdir.

Daima, kaygınız azalana dek o ortamda kalın. Kaygınız fazlayken veya panikteyken o ortamı terk ederseniz, ortamdan uzaklaştığınızda bir rahatlama hissedersiniz. Bu ise bir dahaki sefer aynı ortama girdiğinizde yaşayacağınız kaygının daha da kötü olmasına yol açar.

Kaçındığınız ama yaşamdaki ideallerinize ulaşma açısından yapmanızın daha iyi olacağı bir etkinlik için nasıl planlama yapabilirsiniz, buna yakından bakalım: Örneğin sosyal kaygısı olan Cem Bey'in hayatına en çok zarar veren kaçınmaları toplantılara, kongrelere katılamaması, bu tür teklifleri zorunlu olmadıkça geri çevirmesi, sunum yapmamasıdır. İkinci önemli kısıtlaması ise hasta yakınlarıyla konuşurken zorlanması ve bu yüzden konuşmalarını kısa tutmasıdır.

Cem Bey'e bu kaçınma ve kısıtlamalarıyla ilgili plan çıkarmadan önce, onun düşüncelerini inceleyelim:

Toplantıda konuşma yapmak ile ilgili düşüncesi:

"Konuşma yaparken sesim ve ellerim titreyecek, insanlar fark edecek ve benim heyecanlı olduğumu anlayacaklar, o zaman da insanların önünde küçük düşeceğim."

Cem Bey bu düşüncesine uygun davranırsa, sosyal kaygısının ve kaçınmalarının azalması hedefine onu yaklaştıracak bir şey yapmak yerine, onu bu hedeften daha da uzaklaştıran bir şey yapmış olacaktır. Hatırlarsanız, düşüncenin görevi, yaşamdaki değer ve ideallerimize dönük davranışlara yardımcı olmaktı. Bu anlamda, bu düşünce görevini yapmayan bir düşüncedir. O halde görevini yapmayan bir düşüncenin davranışlarımıza yön vermesi yerine kendi düşüncemizi -sahip olduğumuz bu önemli aracı- bize yardımcı bir düşünce geliştirmek için kullanabiliriz:

Gerçekçi, uygun ve yararlı düşünce:

"Ben insanlar tarafından bilgili ve yeterli bir doktor olarak bilinmek istiyorum. Kaçınmalarım ise buna yardımcı olmadığı gibi, bana çok zarar veriyor. Toplantıdaki konuşmayı hazırlayabilirim. O ana dek bu konuda endişe duymak bana yardımcı olmaz. Konuşmayı yaparken bir düzeyde heyecanlanabilirim ama bu heyecanın dışarıya hangi düzeyde yansıyacağını bilmem ne mümkün ne de gerekli. İnsanların bunu fark edip etmeyeceğini ve ayrıca fak edenlerin nasıl değerlendireceğini de bilemem. Ben eğer bu sıkıntıyı yaşamamak için kaçınırsam sorunum daha da büyür. Benim amacım aslında bu sıkıntıya alışmak yani sıkıntılıyken de konuşma yapmak, onun için bu tür deneyimleri sık sık yaşamak bana yardımcı olacaktır."

Cem Bey için eylem planı:

- İnsanların arasındayken konuşmak ve yardım istemek
- Bir mağazaya gidip almayı istediği bir şeyi sormak
- Giyim mağazasına gidip değişik tipte giysileri denemek ve almadan çıkmak
- Katıldığı her toplantıda soru sormak
- Hastanedeki toplantı saatleri için konu almak
- Kongrelere katılmak
- Yurt içi toplantılarda görev almaya çalışmak
- Hastaların yakınlarıyla uzun konuşmak

- Hastaların yakınlarına "Başka sorunuz var mı?" diyerek konuşmayı uzatmak

Cem Bey istekte bulunduğu şeyleri ve dükkânları değiştirerek bunları tekrar tekrar yapabilir. Bu aktiviteleri kendi kendine veya tanıdık biriyle birlikte tekrarlayabilir.

İnsanlarla sosyal etkileşimdeyken yaşadığı korkusunu çalışmak isteyen Cem Bey'in ikinci eylem planı da bununla ilgili olabilir. Toplum içinde yemek yemeyi, bir şeyler içmeyi ve insanlarla sosyal etkileşime girmeyi hedefleyebilir.

- Bir arkadaşıyla birlikte kafeteryaya gitmek, çay-kahve çeşitlerini ve özelliklerini sorup ve içecek ısmarlamak
- Bir arkadaşıyla birlikte sabah çay içmek
- Bir arkadaşıyla öğle yemeği yemek
- Bir arkadaşıyla lokantada akşam yemeği yemek

Bu tür alıştırmaları yaparken,

- Günün değişik zamanlarını deneyebilir
- Kalabalık/sakin dükkânlara/kafelere gidebilir
- Resmi/gayriresmi yerlere gidebilir
- Aktiviteleri kendi başınıza tekrarlayabilir
- Aktiviteleri tanıdıklarıyla tekrarlayabilir

"5. Bölüm"de tanıştığımız bir diğer kişi olan Mehmet Bey'in ana sorunu, durup dururken geçirdiği panik ataklar ve kendisine sıkıntı geldiğinde hemen çıkamayacağı, yardım alamayacağı yerlerde bulunmaktan korkmak ve kaçınmaktı. Tek başına seyahate çıkmakta, uçağa binmekte de zorlanmakta, otelde kalamamakta, bütün seyahatlerine mümkün olduğunca arabayla ve yanında eşiyle gitmekteydi.

Mehmet Bey'in bu tür durumlarda aklına gelen şey:

"Bana sıkıntı gelecek, dışarı çıkamayacağım ve sıkıntım daha da artacak. Bu sıkıntı kalbime aşırı yük bindirecek ve kalbim duracak."

Mehmet Bey'in alternatif düşüncesi:

"Tek başıma veya hemen çıkılamayacak yerlerde olduğumda bana sıkıntı geliyor. Fakat beni rahatsız eden şey kalbimin durması değil, kalbimin durması düşüncesi. Bütün bunlar düşünce. Düşünce ayrı bir şey, olan bitenler veya gerçeklik ayrı bir şey. Üstelik bu düşünce bir tahmin olarak da çok geçerli değil. Sağlam bir kalbe anlık bir sıkıntı veya panik atak zarar veremez. Eğer böyle olsaydı insanların birinci ölüm nedeni sıkıntı olurdu ama böyle değil. Ben bu düşünceleri düşünce değil de gerçek olarak gördükçe bunlar benim gerçeğim haline geliyor ve bunların etkisiyle yaşanan hayat da benim başıma gelen gerçek kötülük. Bunlardan kurtulmamın en iyi yolu bunlara davranışlarımla karşı çıkmaktır."

Mehmet Bey'in eylem planı ise (alkol kullanımına başvurmamak kaydıyla)* şöyle:

- Akşamüzeri bir saat kendi evinde tek başına kalmak
- Tek başına bir saat uzaklıkta bir yere gidip gelmek
- Arabayla tek başına markete gidip gelmek
- Tek başına bir saat yürüyüş yapmak
- Eşiyle birlikte ve çıkış kapısı koltuğuna oturarak bir saatlik uçak yolculuğu yapmak
- İş gezisine yine eşiyle birlikte çıkmak ama aynı otelde ayrı odalarda (yan odada mesela) kalmak
- Eşiyle beraber seyahate çıkmak ama eşinden ayrı, başka bir otelde kalmak
- Eşi olmaksızın günübirlik bir yere tek başına seyahat etmek

Ayşe Hanım ise, son iki aydır iş dışındaki zamanın çoğunu evde ve yatakta geçirmekte, arkadaşlarıyla ve akrabalarıyla zorunlu olmadıkça görüşmemekteydi. Durgunlaşmış, az konuşmaya ve az

---

* Alkol kullanımı korkulan şeylere alışmak için yapılan alıştırmaların etkisini azalttığı için alıştırma yaparken kullanılmaması önerilir.

hareket etmeye, hobileriyle ilgilenememeye ve yürüyüş yapmamaya başlamıştı.

Ayşe Hanım'ın yaşamını kısıtlayan ana düşünce:

"Eğer bir şeyler yaparsam kendimi daha da kötü hissederim."

Yine bu da görevini yapmayan bir diğer düşüncedir.

Ayşe Hanım'ın alternatif düşüncesi:

"Eğer bir şeyler yaparsam kendimi kötü hissetmek alternatiflerden birisi. İyi hissetmek ve aynı hissetmek de diğer olasılıklar. Eğer yapar ve kendimi iyi hissedersem zaten sorun yok. Eğer aynı ya da kötü hissedersem de pek bir şey kaybetmemiş olurum çünkü bir şey yapmadığımda da zaten öyle hissediyorum. Ama bir şeyler yaparsam, kendimi kötü hissetsem de en azından bir şeyler yapmış olurum. Öncelikle ben iyi davranıp iyi yaşamaya çalışayım, belki bundan sonra kendimi iyi hissedip iyi düşünmeye başlayabilirim. Ben ne hissettiğimden değil, ne yaptığımdan sorumluyum."

Ayşe Hanım'ın eylem planı:

- Yapılması gereken ama şu anda yapmadığı işlerin listesini çıkarmak

(Örneğin yemek yapmak, sofra kurup toplamak, bulaşıkları yıkamak, evi temizlemek, alışveriş yapmak, akademik çalışmalar yapmak, kitap okumak, yürüyüş yapmak.)

- Zorunlu olmadığı ama eskiden yaptığı, şu anda yapmadığı işlerin listesini çıkarmak

(Örneğin arkadaşlarıyla bir araya gelmek, kardeşini ziyaret etmek, anne ve babasını ziyaret etmek, sinemaya gitmek, kitap okumak, mağazaları gezmek)

- Yapılması gereken işleri önceliğine göre sıralamak
- Yapılması zorunlu işlerden öncelik ve kolaylık açısından en uygun geleni seçmek

- Yapılması gereken işi oluşturan basamakları belirlemek (Örneğin yemek yapmak, yapılacak yemeği belirlemek, gerekli malzemeleri kontrol etmek, olmayan malzemeleri temin etmek, yemeği ne zaman yapmaya başlayacağını planlamak, malzemeleri masanın üstüne koymak, yemek yapma gereçlerini çıkarmak, yemeği yapmaya başlamak, yapılacak yemeğe göre adımları tekrar eklemek.)

Kendi eylem planınızı yaparken:

- Amacınızın rahat olmak değil, rahatsızlıkla birlikte bunları yapmak olduğunu;
- İhtiyacınız olan şeyin korkmamak, rahat olmak, emin olmak değil, cesaret yani korku ve sıkıntıyla birlikte yapılması gerekeni yapmak olduğunu;
- Belli bir sonucu hedeflemeksizin sadece ve sadece bunları yapmış olmak adına yaptığınızı;
- Yaptığınız şeylerin başlarda daha zor gelip daha uzun zaman alacağını, en zor adımların ilk adımlar olacağını ve muhtemelen tekrar tekrar yaptıkça veya ilerledikçe daha kolaylaşacağını;
- Belli bir sonuç için değil ama ama sadece ve sadece yaptıklarınız için, kendinizi takdir etmeyi;
- Eğer insanlar size yardımcı olmuyorlarsa bunun öncelikle sizden veya yaptıklarınızdan değil, onların anlık durumlarından kaynaklanabileceğini;
- İnsanların sizi gözlemlemekten çok, zihinlerinin kendileriyle ilgili ve meşgul olduğunu;
- Çok yakınınızda bulunsalar bile insanların sizin her hareketinize dikkat etmeyebileceğini veya fark etseler de bunun üzerinde düşünmeyebileceklerini unutmayın.

Zor Sorunları Çözmek

Bu kitapta dile getirilen yöntemin sırtını dayadığı bilişsel davranışçı terapilerin getirdiği en büyük yenilik, dünyanın kendisinden çok, ona dair zihnimizde oluşan görüntü veya temsilin bizim duygu ve davranış tepkimizi büyük oranda belirlediğidir.

Evet, hepimiz dünyayı ve olayları kendi iç sistemimize göre algılıyoruz. Bunu da belirleyen, dünyaya arkasından baktığımız bir mercek olan algı ve düşünce sistemimiz. Bu mercek hepimizde belli bir kırılma yaratır. Yani hiçbirimiz dünyayı olduğu gibi algılamıyoruz. Bu kitabı okuyan herkesin kitaba ilişkin tecrübeleri birbirine benzemekle birlikte birbirinden farklı olacaktır. Düşüncelerle ilgili yaptığımız çalışmalar, daha çok, bu kırılmanın düzeyine ilişkin. Önemli olan, merceğin yol açtığı bu kırılmanın ne kadar abartılı olduğu ve olmadığı. Pek çok konuda pek çok tepkimiz, özellikle de fiziksel dünyayla ilgili olanlar birbirine çok benzerken, Mehmet Bey'in yalnız kalmakla, Cem Bey'in insanlarla etkileşime girmekle, Ayşe Hanım'ın herhangi bir etkinlik yapmakla ilgili tepkileri ortalamadan oldukça farklılaşıyor. O noktalardaki kırılma daha büyük. O kırılma ne kadar fazla ise düşünceye o kadar bakmamızda yarar var.

Bilişsel kuram, bireyin bütün sorunlarının ve bu sorunların şiddetinin sadece bilişsel etkenler tarafından belirlendiğini öne sürmez. Yaşanan olayların, içinde bulunan ortamın ve kişinin çevresinin de sorunların oluşumunda bir rolü vardır. Yani insanları sadece algıları değil, aşağı yukarı herkesin tepki verebileceği şeyler de ciddi sıkıntıya sokabilir: Maddi sıkıntılar, kötü bir evlilik, ayrımcılık, şiddete maruz kalma, doğal afetler, kötü bir iş yeri, kayıplar, kronik bedensel hastalıklar, yeti yıkımları vs.

Bu durumda sorunu ortaya çıkaran ve sürükleyen asıl şey yaşanan ortam, başa gelen ve gelmeye devam eden olaylar olduğu için, yaşanan sıkıntının azaltılmasında bunların da değişmesinin ciddi bir önemi vardır. İşte, kişinin duygusal tepkisi ve davranışı kendisi için sorun oluşturmakla birlikte duruma uygun tepkiler olup, büyük ölçüde yaşanan olaydan veya içinde bulunulan ortamdan kaynaklanıyorsa, o zaman yönelmemiz gereken ilk yer soruna yol açan dış etkenlerdir. Yani yapmamız gereken, sorunu çözmeye yönelmektir. Bu tür durumlarda, yaşanan ortamı istediğimiz yönde etkilemek ve başa gelmeye devam eden olayların yarattığı sıkıntıyı azaltmak adına bir şeyler yapmak kabaca çözümü oluşturur.

İnsanlar yaşamda bir sorunla karşılaştıklarında doğal olarak neler yapıyorlarsa, sorun çözme teknikleri dediğimiz şey de bunlardan oluşur. Bireylerin takınacakları bu olası tutumlar, sorunun özelliğine göre o sorunu çözebileceği gibi bazen de sorunun devam etmesinde bir etken olabilir.

Pekâlâ, sorun karşısında yapılacak ilk şey nedir?

Sorun olduğunu fark etmek ve sorunu kabullenmek. Burada "kabullenmek"le kastettiğimiz şey onaylamak, bir şey yapmamak değil, kişinin bir sorun yaşadığının bilincinde olması ve gerçekliği görmesidir. Sorunu kabullenmemenin tercümesi, "Niye benim başıma bu geldi?", "Neden ben?", "Bu olmamalıydı!", "Diğer insanlar böyle sorun yaşamıyorlar!", "Ben buna dayanamam, bu durumu kaldıramam!" gibi düşüncelerdir. Kişinin soruna yol açtığını düşündüğü kişilere öfke ve kızgınlık duyması, kendini suçlaması, pişmanlık, kaygı vb. hissetmesidir. Davranışsal olarak ise sorundan kaçınma gibi tavırlar sergilemesidir. Bu tür tutumların arkasında şunlar yatar: Kişinin, sorunların kendisi kadar, sorunu çözerken yaşayacağı olumsuz duygulardan da kaçınması ve korkması. Bu nedenle de sorunları doğal, olması ihtimal dahilinde, aşılabilecek bir durum gibi değil de, bir tehdit olarak görmesi. Sorunla ilgili olarak kendisinin baş etme gücü ve sorun çözme yetisiyle ilgili kuşku duyması. Ve sorunu çözmeye dönük çabaların sonucuyla ilgili kötümserlik. Bunun duygusal sonuçları engellenme, sinirlilik, kaygı, çökkünlük; zihinsel sonuçları sorunla ilgili endişe duymak, yeni sorunlar öngörmek ve yeni endişeler edinmek; davranışsal sonuçları ise kaçınmak, ertelemek, bazen de sonucunu hiç düşünüp hesaplamadan aniden konuya ilişkin bir şeyler yapmaktır.

İşe sorun yaşamayı kabullenmekle başlayalım: Her insan sorun yaşar. Normal olan sorun yaşamaktır. Asıl önemli olan sorun yaşamak değil, o sorunun niteliğidir. Yani sorun ezici ve yıkıcı bir sorun mudur, yoksa idare edilebilir, bir şey yapılabilir bir sorun mudur? Önemli olan budur.

Garip Bir Piyango: Felaketler Piyangosu

Bir gün garip bir piyangoya katılmaya zorlandığınızı varsayın. Ödüllerin kötü şeylerden oluştuğu bir piyango. "En kötüler", "daha kötüler" ve "daha az kötüler"den...

8 tane çok kötü ikramiye var bu çekilişte: 1) Sizin ölmeniz, 2) Birinci dereceden bir yakınınızın (anne, baba, eş, çocuk, kardeş) ölmesi, 3) Birinci dereceden bir yakınınızın kronik ve ölümcül bir hastalığa yakalanması, 4) Sizin kronik ve ölümcül bir hastalığa yakalanmanız, 5) Kalıcı sakatlık bırakan bir kaza geçirmeniz, 6) Birinci dereceden bir yakınınızın sakatlık bırakan bir kaza geçirmesi, 7) Birinci dereceden bir yakınınızın ciddi bir kaza geçirmesi, 8) Ömür boyu hapse atılmak.

Bunların yanı sıra çekilişte yer alan ve daha az kötü 8 ikramiye: 1) Eşinizin veya sevgilinizin sizi terk etmesi, 2) Çalıştığınız işten atılmak/işinizi kaybetmek, 3) Evinizin yanması, 4) Evinize hırsız girmesi ve değerli olan şeyleri çalması, 5) Ayağınızın kırılması, 6) Kardeşinizin / çocuğunuzun sınıfta kalması, 7) Ciddi bir araba kazası geçirmek, 8) En yakın arkadaşınızın size küsmesi.

Evet, piyangomuzda bu 16 kötü şeyin yanı sıra 16 tane de boş var. Yani toplam 32 bilet ve 16 kötü ikramiye.

Fakat işin bir kötü yanı daha var: O da bu çekilişe katılmanızın zorunlu olması. Bu 32 biletten birini almak zorundasınız. "Kazanma şansınız" %50.

Aldığınız bilet boş da çıkabilir, biletinize bu 16 kötü ikramiyeden biri de vurabilir. Yani, bu kötü şeylerden kurtulma şansınız da %50.

Bu arada, her şey bu kadar da zorunlu değil. Size tanınmış ekstra bir seçenek daha var. O da şu: Eğer isterseniz bu 16 kötü şeyden istediğiniz herhangi birini gönüllü olarak seçip çekilişe girmekten çekilebilirsiniz.

Bir yanda çekilişe girip %50 olasılıkla başımıza hiçbir şey gelmeme şansı, bir yanda ölümcül düzeyde kötü olan şeylerin de başımıza gelme ihtimalini göze almak, diğer yanda da istediğimiz herhangi bir kötü ikramiyeyi seçip kurtulmak...

Bu senaryoyu anlattığım hemen herkes daha hafif olan kötü seçeneklerden birini seçip çekilişe girmekten kaçınacağını söyledi. "Niye? Çekilişe girseniz başınıza hiçbir şey gelmeme olasılığı da var?" dediğimde bana verdikleri cevap şuydu: "Olsun, benim için çok önemli olan kişileri hiçbir zaman riske edemem."

Pekâlâ, normalde günlük yaşamda ortaya çıkan daha hafif durumlarda (örneğin evimizi su basması, elektriğimizin kesilmesi, maaşımıza zam yapılmaması, bakıcı kadının işi bırakması, çocuğumuzun ateşlenmesi, sınavdan kalmak, arkadaşımızın küsmesi, grip geçirmek, elimizi kesmek, elbisemize bir şey dökülmesi, önemli bir eşyamızı kaybetmek), çok etkilenip altüst olurken, nasıl olup da bunlardan daha ağır bir sorunu (eşimizin veya sevgilimizin bizi terk etmesi, çalıştığımız işten atılmak, işimizi kaybetmek, evimizin yanması, evimize hırsız girmesi ve değerli olan şeyleri çalması, ayağımızın kırılması, kardeşinizin/çocuğunuzun sınıfta kalması, ciddi bir araba kazası geçirme, en yakın arkadaşımızın bize küsmesi) kendi rızamızla ister ve tercih eder hale geliyoruz?

Yanıt: Daha kötü seçeneklerin de başımıza gelme olasılığı bulunduğunda...

Pekâlâ, sizce hayatın kendisinin yukarıda anlattığımız kurgusal piyangodan bir farkı var mı?..

Hayata gelir gelmez hepimiz bir olasılıklar dünyasının içine gireriz. Evet, bazı şeyler bizim seçimlerimizle olur, bazıları da bizim dışımızdaki etkenlerle... Genetik özelliklerimiz ve kalıtsal hastalıklarımız, ölümcül kazalar, hastalıklar, nasıl bir ebeveynimiz olduğu, nasıl bir çevreye doğduğumuz, içinde yaşadığımız ortam vs... Hayatın bu yanı kötü olasılıkları da içeren bir piyangoya benzer. Bu piyangoda baş edebileceğimiz bir şey çektiğimiz her gün aslında bizim şanslı günümüzdür. Baş edebileceğimiz şeylerin başımıza gelmesinin bir yararı da o durumla ilgili bilgi ve becerimizin artmasını sağlamaları, yani bizim yeni bir şeyler öğrenmemize aracılık etmeleridir.

Elektrik enerjisini ışığa dönüştürerek ampulü keşfeden Thomas Edison'un öyküsü, tam da insanın sorun yaşayarak öğrenmesinin ve kendisini geliştirmesinin bir örneğidir. Edison yıllarca süren çalışmalar ve denemeler sonunda elektrik enerjisini ışığa dönüştüren ampulü keşfetmiştir. Bu konuda kendisiyle yapılan bir röportajda gazetecinin, "Bay Edison, ampulü keşfetmeye çalışırken yüzlerce kere başarısız oldunuz. Bu sizi yılgınlığa düşürmedi mi hiç?" sorusuna Edison'un verdiği cevap çok ilginçtir:

"Öncelikle sorunuzda bir düzeltme yaparak başlamak istiyorum: Ben ampulü keşfetmeye çalışırken yüzlerce kere başarısız olmadım; ben elektrikten nasıl ışık elde edilemeyeceğinin yüzlerce yolunu öğrendim, daha sonra da bu bilgi sayesinde ışığı elde ederek ampulü keşfettim."

Bir yapboz yaptığınızı düşünün. Kendinizden hiç şaşırmaksızın parçaları doğru sırayla yerlerine yerleştirmeyi bekler misiniz? Elinize aldığınız parçanın o boşluğa uymadığını gördüğünüzde acaba başarısız mı oldunuz? Yoksa o parçanın o boşluğa uymadığını mı öğrenmiş oldunuz? O parçanın uymadığını görmek size oraya uyan parçanın o olmadığını öğretir ve bu da sizi oraya uyabilecek başka bir parça bulma arayışına iter. Yapbozlar da böyle çözülür zaten. Sorunları bir tehditten çok, kişinin kendisini geliştireceği bir fırsat olarak görmek en gerçekçi tutumdur, çünkü insan sorun yaşayarak en iyi ve en kalıcı şekilde öğrenir. Ancak sorunların bu öğretici yanını kullanabilmemiz için sadece sorun yaşamakla kalmayıp o sorundan bir şeyler öğrenmemiz ve öğrendiklerimizi birikimimize katarak devam etmemiz önemlidir. Eğer sorundan sonuç çıkarıp öğrendiklerimizle yola devam etmezsek zengin bir bilgiyi boşa harcamış oluruz.

Sorunları Nasıl Çözelim?

Sorunları çözmenin ilk adımı, çok geç olmadan onların farkına varmaktır. Bu aşamada önümüzde iki engel çıkar. Birisi sorunu küçümsemek, diğeri de gereğinden fazla ciddiye almak. Her iki tutum da sorun çözme çabalarına engel olur. İdeal olan, sorun neyse onu gerçekçi bir şekilde saptamak ve daha sonra da öncelikle sorun çözme becerilerini uygulamaktır.

Sorunlar karşısında insanların takındığı ilk tutum, o soruna yol açan etkenler üzerinde değişiklikler gerçekleştirerek sorunu çözmeye çalışmak olabilir. Bu yöntem bizimle ya da çevreyle ilgili değişkenleri, etkenleri değiştirerek sorunu ortadan kaldırmaya veya azaltmaya çalışmak anlamına gelir. Örneğin odamız aşırı sıcak olduğunda bu bizim için bir sorundur. Böyle bir durumda odamızın penceresini veya varsa klimasını açmamız sorunu çözmeye dönük tutuma bir örnektir. Birbirini seven, birbirine saygı duyan ancak bazı konularda anlaşmazlık yaşayan ve bu konuları konuştuğunda verimsiz tartışmalara giren bir çiftin eş terapisine başvurarak iletişim yöntemlerini öğrenmeye karar vermesi bir başka örnektir. Sık ve sorun olacak düzeyde alkol kullanan, bu yüzden iş ve aile hayatında sorunlar yaşayan, beden sağlığı olumsuz etkilenip karaciğerinde yağlanma tespit edilen bir kişinin tedavi için bir bağımlılık kliniğine başvurması da yine buna örnektir. Bu örneklerde olduğu gibi, sorun bizimle veya çevreyle ilgili değiştirilebilir bir etkene bağlıysa, çözmeye çalışmak uygun bir tutumdur. Bu, sorunu ortadan kaldırmaya veya azaltmaya yarayan bir tutum olur.

Sorun çözümünde ilk önce kişinin üzerinde çalışacağı sorunu / sorunları tanımlaması gerekir. Ardından da şu sıralamaya uyabilir: Bu sorunlarını güvendiği bir insanla (örneğin arkadaşıyla, eşiyle) paylaşıp tartışmak. Hangi yollarla ve yöntemlerle bu sorunun değişebileceğini bir kısıtlama olmaksızın düşünmek ve bulduğu seçeneklerin tamamını bir yere yazmak. Bu seçeneklerin her birinin yarar ve zararlarını ya da artılarını ve eksilerini incelemek. Bunlardan en uygun olanını seçerek aşamalı etkinlik planlamasında olduğu gibi bu çözümün gerçekleştirilebilmesi için atılması gereken adımları saptamak. Her bir adımı atarken, sorunu çözmeye çalışırken, karşılaşabilecek en önemli güçlüklerin neler olabileceğini ve bu güçlüklerin nasıl aşılabileceği düşünmek. Ve son olarak da, sorunu çözmek üzere atılacak her adım için bir zaman süreci belirlemek. Adımlar atıldıkça ortaya çıkabilecek sorunları ve sonuçları ise yeniden incelemek.

Sorun çözme sürecinin nasıl ilerlediğini yukarıdaki örnekler üzerinden aktaralım: Birbirini seven ve birbirine saygı duyan ancak bazı konularda anlaşmazlık yaşayan ve bu konuları konuştuğunda verimsiz tartışmalara giren bir çift öncelikle sorunun ne olduğunu saptamakla işe başlamalıdır.

Sorun, farklı istek veya tercihleri olduğunda, bu uyuşmazlığın çözümü sürecinde bir sonuca ulaşamayarak kırıcı tartışmalar yaşamalarıdır.

Her ikisi de bu sorun üzerinde anlaştıktan sonra ikinci aşama gelir. İkinci aşama, bu sorunla ilgili olarak yapılabilecek her şeyin düşünülüp ortaya konulmasıdır. Bu aşamada olası çözüm önerilerinin olabildiğince geniş bir listesini çıkarmaya çalışmalılar. Zorlanmaları halinde, o sorunu yaşayan kendileri değil de bir arkadaşları olsaydı, "Ona neler önerebilirdik?" diye düşünüp soruna dışarıdan bakmalarında yarar var. Bu aşamada akla gelebilecek her tür çözüm önerisi kabul edilebilir; öneriler hiçbir şekilde kısıtlamamalıdır. Ortaya atılan çözüm önerisinin uygulanabilir ya da uygulanamaz veya iyi ya da kötü olduğu hakkında bir yargıda bulunulmamalıdır. Bu çözüm listesi artık başka çözüm bulunamaz hale gelinceye kadar genişletilmeye çalışılmalıdır.

Örneğimizdeki çiftin listesi şu çözüm önerilerinden oluşsun: Yakın bir arkadaşlarına bu tür durumlarda ne yaptıklarını sormak, eşler arası sorunlarla ilgili kendi kendine yardım kitabı okumak, iletişimle ilgili kitap okumak, evlilik danışmanlığı almak, farklı düşündükleri konuda kura çekmek ve kim kazanırsa onun dediğini yapmak, kararlarını dönüşümlü olarak uygulamak...

Liste oluştuktan sonra bu olası çözümlerin her biri "Gerçekçi mi, yoksa saçma ve uygulanamaz mı?" / "Sorunun çözümüne yardımcı olur mu?" / "Bu çözümün avantajları nedir?" / "Bu çözümün dezavantajları nedir?" biçiminde incelenmelidir.

Örneğimizdeki çiftin üzerinde anlaştığı çözüm, en çok faydası ve en az zararı olan çözüm olsun. Farklı görüşlerin nasıl halledileceğine ilişkin bilgi içeren bir kitap okumaya karar versinler.

Ardından gelecek adım, bu çözümün nasıl uygulanacağıdır. Çözümle ilgili anlaşma "Kim neyi, ne zaman, nerede ve nasıl yapacak?" konularını da içermelidir. Buna göre, önce her ikisi de bu konuda kitap araştıracak, daha sonra ikisinin de uygun bulduğu kitabı ikisi de okuyacak, ne anladıklarını her gün beşer dakika birbirlerine anlatacak, kitap bitince de ikisinin anlaştığı bir sorun üzerinden orada öğrendikleri ilkeleri uygulayacaklar. Anlaşmazlık konularını konuşurken önce küçük sorunlarla başlayacak (*Çocuk kaçta yatacak?*) ardından daha genel, duygusal konulara (*Çocuk nasıl disipline edilecek?*) yönelecekler. Eğer bu aşamada uyguladıkları ilke sorunu çözmekte yeterli olmazsa, o zaman sorunu tekrar ele almaya ve diğer seçenekleri gözden geçireceklerdir.

Şimdi diğer örneğimize geçelim. Aşırı miktarda alkol kullanan ve bu yüzden karaciğerinde yağlanma biçiminde sağlık sorunları yaşayan kişinin ilk kabul etmesi gereken şey, bir sorunu olduğunu, yani sık ve aşırı alkol kullanımının bir sorun olduğunu görmesidir. Ardından bu sorunla ilgili yapabileceklerini sıralarsak: Alkol kullanmaya devam etmek, alkol alımını azaltmak, alkol alımını kesmek. Bu üç seçeneğin her birini, ne kadar gerçekçi oldukları, sorunun çözümüne yardımcı olup olmayacakları açısından avantajları ve dezavantajlarıyla inceleyerek bu yollardan birini seçmeye çalışmak. Ve kendi seçtiği çözüme doğru onu yaklaştıracak adımları tespit edip uygulamaya başlamak. Örneğin alkolü tamamıyla bırakmaya karar verirse, bu konuda atılacak adımlardan biri olarak profesyonel yardım almak.

Evet, kabaca sorun çözme dediğimiz yöntem böyle işliyor. Ve sorun, çevremizle veya bizimle ilgili değiştirilebilir bir etkene bağlıysa oldukça işe yarar, iyi sonuçlar doğurabiliyor.

Peki ya sorun çevreyle ilgili ve bizim değiştiremeyeceğimiz bir şeyle ilişkiliyse?

Soruna yol açan etkenler değiştirilebilir nitelikte değilse, işte o zaman, değiştirilemez bir şeyi değiştirmeye çalışmak sorunu azaltmadığı gibi belki daha da şiddetlenmesine, sürmesine ve boşa zaman kaybına yol açar.

Kendisinde bir sorun görmeyen, hiçbir değişim motivasyonu olmayan eşi tarafından sürekli şiddete maruz bırakılan, eziyet edilen, gelirleri elinden alınan ve hemen her açıdan istismara uğrayan bir kadının bir gün eşini değiştirebileceği umuduyla ilişkisini devam ettirmesi / panik bozukluğu olan bir hastanın hayatından kaygıyı, korkuyu ve paniği tamamıyla çıkarmaya çalışması / takıntılı bir kişinin zihin işleyişini tamamıyla kontrol ederek kendisine ters gelen hiçbir düşünce, istek veya hayali aklına getirmemeye çalışması veya takıntılı kuşkuyu gidermek için zihinsel çözümlemeler yapması / temizlik takıntısı olan birinin yıkanarak, silerek kirliliği yok etmeye çalışması çözülemeyecek sorunları çözmeye çalışarak vakit kaybetmenin örnekleri olarak verilebilir.

Bu tür durumlarda sorunu çözerek azaltmaya çalışmak, sorunun daha da artmasına yol açar. Çözülemeyecek sorunları çözmeye çalışmak, bir noktadan sonra aslında o sorunu besleyen ve onun devam etmesini sağlayan şey haline gelir. Bu durumların ortak özelliği, sorunun çevrenin değişmeyecek-değişemeyecek özelliklerinden (alkol sorunu olan ve bunu kabul etmeyen, değişim istemeyen bir eş, aklımıza kendiliğinden gelen düşünceler, kirlilik vb.) kaynaklanmasıdır. Kişi, bu değişemeyecek şeyi değiştirmeye uğraşmaktadır.

Kişi böyle bir durumda neden vazgeçmeyip tükenme pahasına devam etmektedir acaba?

Bu sorunun cevabını bize yine bilim veriyor: İnsan davranışını açıklamaya yarayan önemli psikolojik kuramların başında öğrenme kuramları gelir. Bu kuramlardan birisi, insanın bazı iradi davranışlarını açıklayan, daha önce de andığımız BF Skinner'ın geliştirdiği "edimsel koşullanma" kuramıdır. Tipik edimsel koşullanma paradigmasını şu örnekle açıklayabiliriz: Yiyecekten bir süre yoksun bırakılmış bir deney faresini, içinde yiyecek gelmesini sağlayan bir pedalın bulunduğu bir deney kafesine bıraktığımızda fare önce etrafta dolaşır, kafesi koklar ve her şeye dokunur. Bu araştırıcı faaliyet sırasında eninde sonunda, rastlantıyla pedala dokunduğunda kafesin içine yiyecek düşer ve fare yiyeceği yer. Bu fare daha sonra gözlenmeye davam ettiğinde pedala basma davranışının sıklığının giderek artmaya başladığı görülür. Pedala bastığında yiyecek geldiğini öğrenen fare tekrar aynı kafese konulduğunda daha kısa zamanda pedala basar. Başlangıçta gelişigüzel davranışlarla vakit kaybeden fare, bir sonraki deneyde pedala daha çabuk yaklaşmaya başlar ve en sonunda da doğrudan doğruya pedala basıp yiyeceği elde eder. Böylece öğrenilmiş bir "edim" yani yeni bir davranış oluşur.

Görüldüğü gibi, edimsel koşullanma durumunda organizma içinde bulunduğu çevrede birtakım davranışlar gerçekleştirir. Örneğin deneydeki fare kafesin içinde dolaşır, etrafı koklar, nesnelere bakar, onları iter vb. Edimsel koşullanmada, istenen davranışın ortaya çıkma sayısını artıran her uyarıcıya "pekiştireç" (örnekte yiyecek bir pekiştireçtir) adı verilir. Pekiştireçler verildiğinde o davranışın daha sonra ortaya çıkma olasılığı fazlalaşır. Bu deneyde fareye pedala bastığında yiyecek değil de elektrik şoku verildiğini varsayalım. Sizce bu durumda ne olurdu? Yani pedala her bastığında elektrik şokuyla canı yanan fare acaba daha sonra ne yapardı? Evet, sizin de tahmin ettiğiniz gibi pedala basmamaya başlardı. Elektrik şoku farenin pedala basma sıklığını azaltan bir sonuçtur. Bu tür sonuçlara, yani kendisinden önce gelen davranışın sıklığını azaltan uyaranlara ise ceza (örneğin elektrik şoku, ağrılı uyaran, rahatsız edici bir ses) diyoruz.

Bazı durumlar vardır ki neyin ödül neyin ceza olduğu kolaylıkla birbirine karıştırılabilir: 5 yaşındaki Ali'nin, 6 aylık küçük bir kardeşi vardır. Kardeşinin doğumundan sonra davranışları yavaş yavaş farklılaşmaya başlamıştır. Giderek annesine ve babasına karşı hırçınlaşan Ali, kardeşiyle oynarken hoyratça davranıp onu itip kakar olmuştur. Böyle davrandıkça annesi de ona bağırıp çağırmaya, bağırıp çağırmayla lafını dinletemedikçe daha da öfkelenerek bazen kızgınlıkla ona vurmaya başlamıştır. Ama buna rağmen Ali'nin bu davranışları azalmak şöyle dursun, özellikle annesi kardeşiyle ilgilenirken daha bariz şekilde artarak devam etmiştir.

Anlayabilmek için bu durumu davranış biliminin verileri ışığında inceleyelim: Annesi Ali'nin hırçınlık davranışını azaltmak için ona bağırıp kızmaktadır. Bunu yaparken, davranış bilimleri terimleriyle konuşursak, kendi perspektifinden ona ceza vermektedir. Ama bağırıp kızma davranışının sonucuna baktığımızda Ali'nin hırçın tutumları sürmekte, hatta daha da artmaktadır. Bu da annenin bağırıp kızma davranışının Ali tarafından bir ceza olarak algılanmadığını, hatta tam tersine pekiştireç görevi gördüğünü düşündürmektedir. Acaba neden?

Eğer Ali'nin perspektifinden tekrar olaya bakarsak: Ya Ali'nin aradığı şey, yani ödül annenin ilgisi ve dikkati ise? Ali kardeşine hırçın davranarak bu ilgi ve dikkati bağırma çağırma şeklinde bile olsa kendi üstüne çekmektedir. Annesi Ali'ye sadece olumsuz, hırçın davranışları olduğunda ilgi göstermekte, bir sorun çıkarmadığında onunla ilgilenmemektedir. Bu perspektiften bakınca Ali'nin davranışlarının sürmesi son derece doğaldır.

O zaman annenin yapması gereken ne olabilir? Ali istemediği davranışlarda bulunduğunda kardeşini ondan uzaklaştırmak ve bunun üzerinde durmamak, yok gibi davranmak ama ne zaman Ali kardeşiyle iyi bir etkileşimde bulunursa o zaman bunu fark etmek, görmek ve onunla ilgilenmek.

Edimsel koşullanmada önce tepki veya davranış (güvercinin belli bir yeri gagalaması), ardından da dış dünyada bir sonuç (örneğin yiyecek gelmesi) ortaya çıkmaktadır. Bir davranışı ilk defa öğretip yerleştirmek istiyorsak, başlangıçta en iyi yöntem o davranış her ortaya çıktığında pekiştirmektir. Bu süreçte yapılan iş ne kadar çabuk ödüllendirilirse o kadar sağlam olarak benimsenir. Yani ders çalışma alışkanlığını yerleştirmeye çalıştığımız çocuğumuz masaya ilk oturduğunda onu ne kadar çabuk takdir eder ve hoşnutluk belirtirsek, bu alışkanlığı o kadar kolay kazanabilir. Ne kadar geç takdir ediyorsak pekiştirme gücü de o kadar zayıflar. Benimsenmiş, öğrenilmiş bir davranışın sürmesi için ise o davranışın pekiştirilmeye devam edilmesi iyi bir yöntemdir. Pekiştirilmeyen davranışların sıklığı azalıp bir süre sonra pekiştireç (ödül) hiç gelmezse bu davranış ortadan kalkabilir / sönebilir.

Davranışın sürdürülmesi için kullanılan pekiştirme yöntemlerinde, pekiştirecin nasıl verildiğine göre değişen farklı sonuçlar elde edilir. Bu amaçla kullanılan iki tür pekiştirme yöntemi arasında, sonuçları açısından ilginç farklılıklar vardır. Önce bu iki pekiştirme yönteminin ne olduğunu açıklayalım:

Bu yöntemlerin ilki *sabit oranlı pekiştirme*dir. Sabit oranlı pekiştirmede pekiştirecin (ödülün) verilmesi için hedef davranışın belli sayıda gerçekleştirilmesi gerekir. Örneğin farenin pedala her 5 defa basmasından sonra bir kere peynir verilmesi gibi.

İkinci tür ödül sistemi olan *değişken oranlı pekiştirme*de ise pekiştireç her seferinde değişik sayıda davranıştan sonra ortaya çıkar. Örneğin pedala bazen 2, bazen 5, bazen de 8 kere basınca ödülün (pekiştirecin) gelmesidir. Bu tür pekiştirme ile yerleşik hale gelen davranış sorunlarının en tipik örneği kumar oynamaktır. Pekiştirme sistemleri içinde en zor sönen veya ortadan kaybolanı ise değişken oranlı pekiştirmedir. Bu tür bir durumda denek sonucun ne zaman ortaya çıkacağından emin olmadığı için hedef davranışı çok sayıda tekrarlama eğiliminde olur. Daha önce hiçbir sorun yaşamadığınız evinizin kapı kilidinin bir gün çevirmenize rağmen kilitlenmediğini, kilidin ilk bir iki denemede boşa döndüğünü ama daha sonra üçüncü denemenizde normal çalıştığını ve kapıyı kilitleyebildiğinizi düşünün. Sonraki günlerde de bazen üç, bazen beş, bazen de on kerede ama bu tekrarlayan denemelerle eninde sonunda kilitlenebildiğini varsayın. Bu durumda kilidiniz için çilingir mi çağırırsınız, yoksa onu kullanmaya devam mı edersiniz? Peki ya tam tersi olsa? Yani ilk gün ne kadar çok sayıda deneseniz de kilitlenmese? Bu durumda ne yaparsınız? Hemen o gün denemeyi bırakıp bir anahtarcı çağırırsınız.

Bu davranış biçimimizi en iyi edimsel koşullanma açıklar. Başlangıçta her çevirdiğimizde kilitlenen kapı bizim kilitleme davranışımızın yerleşmesini sağlar. Daha sonra ise kapı bazen kapanıp bazen kapanmadığında sabit oranlı pekiştirmeden değişken oranlı pekiştirmeye geçilmiş olur. Değişken oranlı pekiştirmenin bu kadar zor sönmesinin nedenini bilişsel psikologlar davranışın sonucuyla ilgili beklentiyle açıklar; kişi sonuç alamasa da denemeye devam eder çünkü on ikinci denemede olmadıysa da on üçüncü denemede kilidin açılma ihtimali vardır. Bu beklenti, davranışı sürdürür.

Bir tarafın hep zararlı çıkıp hep bir şeyler vermesine rağmen bitmeyen ilişkilerde de bu düzenek geçerli olabilir. İlişkinin başında kişinin eşi tarafından sürekli çok olumlu ve ödüllendirici davranışlara muhatap olmasıyla ilk bağlılık gelişir. Ardından, karşıdaki kişi sürekli kötü davranmak yerine, değişen zaman ve oranlarda iyi de davranıyorsa değişken oranlı bir düzenek kullanmış olur. İnsan ilişkilerinde bazen çok iyi bazen de çok olumsuz olan kişilerin kolaylıkla bırakılamamasının altında bu yatabilir.

Bu durumda sorunlar karşısında takınabilecek ikinci tutum devreye girer. Kaçmak, kaçınmak, uzaklaşmak, terk etmek, ayrılmak vs. Bu tutumu ifade eden yüzlerce farklı sözcük de sıralayabiliriz: Göç etmek, istifa etmek, emekli olmak, boşanmak, uzak durmak vb. Bu tutum, sorun olan değişemeyecek durum, ortam veya kişilerden kaçmayı, uzaklaşmayı ve uzak durmayı kapsar. Sorunun özelliğine ve yerine göre sorunu çözebileceği gibi, sorunun sürmesine de yol açabilir.

Öncelikle uzaklaşma, ayrılma, yer değiştirmeyle neyi kastettiğimizi açalım. Diyelim ki size dar gelen bir evde yaşıyorsunuz. Aileniz ve eşyalarınız eve sığmıyor. Üstelik de güneş almayan ve ulaşımı da zor olan bir ev. Sizin de başka bir eve çıkabilecek olanağınız var. Bu yeni ev daha geniş, güneş alıyor ve ulaşımı da daha kolay. Hâlihazırda oturmakta olduğunuz evin odalarının genişlemesi, güneş alması veya çevresinin değişmesi de doğaldır ki mümkün değil. Bu durumda bu evle ilgili yaşadığınız sorunu nasıl çözebilirsiniz? Hepinizin, "Bana uygun olan diğer eve çıkarım," cevabını vereceğinizi tahmin ediyorum. Evet, yer değiştirme, bırakma, uzaklaşmayla kastettiğimiz şey işte bu. Bu yöntem, eğer sorun çevreyle ilgili ve değiştirilemez koşullardan kaynaklanıyorsa, bu çevrenin kullanılabilir veya elde edilebilir bir alternatifi varsa sağlıklı bir yöntemdir. Çünkü sorun yaratan ve bize uymayan o çevreden, ortamdan kaçmak, uzaklaşmak, yer değiştirmek, bize daha uygun bir ortam veya çevreye gitmek sorunu çözer. Örneğin mühendislik eğitimine başladıktan sonra bu bölümün ve mesleğin kendisine uygun olmadığını fark eden bir kişi, yeniden sınavlara girip üniversite değiştirerek sorununu çözebilir. Eşi tarafından fiziksel ve manevi istismara maruz bırakılan kadının sorunu belki de ondan ayrılmasıyla büyük ölçüde azalabilir. Fakat bu yöntem her durum veya soruna uygun değildir. Yukarıda vurguladığımız gibi, sorun çevre veya başka bir kişiyle ilgili olup bu çevrenin veya kişinin bizim için mümkün olan başka bir alternatifi varsa bu yöntem sağlıklıdır ve işe yarar.

Ancak, sorun çevreyle ilgili değil de aslında bizimle ilgili ise ve/veya çevreyle ilgili değiştirilebilir bir etkenden kaynaklanıyorsa, kaçma, uzaklaşma, kişiden ayrılma, çevreyi değiştirme sorunu çözmez. Biz nereye kaçarsak kaçalım, kimle ilişkiye girersek girelim, bizimle birlikte sorun da oraya taşınır. Söz gelimi iş yerinde sorun yaşayan ve yöneticilerinin, iş arkadaşlarının kendisini kullandığını, istismar ettiğini söyleyen bir kişi, sürekli iş değiştirmesine rağmen hep benzer gerekçelerle işten ayrılıyorsa veya örnekteki kadın eşinden ayrıldıktan bir süre sonra yine benzer özelliklere sahip ve kendisini istismar eden başka bir erkekle ilişki kuruyorsa, sorun çevreden çok bu kişilerin bireysel özelliklerden veya çevreyle ilişki kurma tarzlarından kaynaklanıyor olabilir, diye düşünmekte yarar var. Bu durumda kalıcı çözüm, çevreyi değiştirmek yerine sorunun asıl kaynağı olan bireyin kişisel tutum ve inançlarının değişmesidir.

Ya sorun çevreden değil de kişiden kaynaklanıyorsa, fakat değişemeyecek bir şeyse? Ya da sorun çevreden kaynaklansa da bu çevrenin başka bir alternatifi yoksa ve biz o çevrede yaşamaya bir ölçüde mecbursak?

O zaman geriye kala kala tek bir tutum veya çözüm önerisi kalıyor: Sorunla yaşayarak ona katlanmak veya sorundan uzakta olduğumuz anlarda sorunu unutmak, görmezden gelmek, inkâr etmek.

İnkâr veya katlanma, sorun karşısında bir şey yapmamaya yol açar. Sorun karşısında takınılan her tutum gibi bunların da sağlıklı ve yararlı olduğu ya da tam tersine sağlıksız ve yararsız, hatta zararlı olduğu durumlar olabilir. İnkâr veya katlanmayı seçmenin yararsız veya zararlı olduğu durumlara pek çok örnek verilebilir: Örneğin 10 yıldır her gün yoğun biçimde alkol kullanan, bu nedenle çevresiyle sorunlar yaşayan bir birey, "Ben alkolik değilim, istediğim zaman alkolü bırakırım," diyorsa ve buna rağmen sürekli içmeye devam ediyorsa ya da hayatını o şekilde yaşamak istediğini söylüyorsa, bu, inkâr veya katlanmayı seçmenin zararlı olduğu bir durumdur. Takıntıları yüzünden pek çok etkinlikten kaçınan veya tekrarlamalarıyla çok zaman kaybeden, obsesif-kompulsif bozukluk* özellikleri gösteren bir kadının, "Benim herhangi bir sorunum yok, ben normal olanı yapıyorum," demesi sorunun inkârıdır. Aktardığımız örnekteki bağımlılık düzeyinde alkol kullanan ve bunu sorun olarak görmeyen adam ve işlevselliğini bozacak süre ve sıklıkta yıkanma ve temizlikle uğraşan ancak bunu normal gören kadın, inkârın ya da katlanmanın sağlıksız bir tavır olduğu durumların iki örneğidir.

Çevremizdeki örnekler çoğu kere bunu gösterse de, sorun karşısında inkâr ya da katlanmayı seçmenin en sağlıklı ve işlevsel yol olduğu durumlar da olabilir. Örneğin, ölüm olgusu inkârın sağlıklı bir tutum olduğu evrensel bir durumdur. Belli bir bilişsel olgunluğa ulaşan herkes ölüm kavramıyla tanışır ve ardından kendisi veya bir yakını ölümcül bir durumla karşılaşana dek bunu inkâr eder. Bu sağlıklı bir inkârdır. Sürekli öleceği gerçeğiyle yaşayan, bunu hep aklında tutan bir insanın yaşam motivasyonu olumsuz etkilenir. Bunun gibi değiştirilemeyecek, kaçılamayacak veya uzaklaşılamayacak bir sorun söz konusu olduğunda inkâr, yerinde bir tutum olabilir.

İnkâr veya görmezden gelmeye benzeyen ve sonuçta kişinin sorun karşısında etkin tavır almadığı bir diğer tutum katlanmayı seçmektir. Katlanmanın sağlıklı olduğu ve işe yaradığı durumların başında çeşitli anksiyete bozuklukları ve fobilerin tedavisinde kullanılan yüzleştirme (exposure) tedavileri sırasında kişinin kaygıya katlanması gelir. Bunun sonucunda kişi kaygı tepkisinin giderek düştüğünü görür.

---

* Obsesif kompulsif bozukluk (Saplantı zorlantı bozukluğu): Düşünce takıntıları ve/veya bunlara eşlik eden tekrarlayıcı davranışlarla giden bir ruhsal bozukluk. En sık görülen "kirlenme, bulaşma" düşünceleri, kirlilik ve bulaşmadan kaçınma davranışları ve kirliliği gidermek için gerçekleştirilen tekrarlayıcı ve uzun süre yıkanmalarla giden tipidir. Bunun yanı sıra şüphe takıntıları ve kontrol davranışlarıyla giden tipi de sık görülür.

Sorunlar Karşısında Yapılabilecekler

1. Soruna verdiğimiz düşünsel tepkiyi değiştirmek, sorunu yeniden değerlendirmek

Bu ne zaman yararlı ve sağlıklıdır:

Soruna verdiğimiz duygusal ve davranışsal tepki orantısız ve uygunsuzsa.

Örnek: Uçağa binmekle ilgili bir fobimiz varsa.

Ne zaman yararsız ve sağlıksızdır:

Soruna verdiğimiz duygusal ve davranışsal tepki orantılı ve uygunsa, düşüncemiz de gerçekçi ise.

Örnek: Şiddete başvuran bir eşimiz varsa ve bunun tekrarlayabileceği konusunda düşünüp endişe duyarak yasal bir desteğe başvurduysak.

2. Sorunu çözmeye çalışmak

Ne zaman yararlı ve sağlıklıdır? Sorun çevreden veya bizim değişebilecek bir özelliğimizden kaynaklanıyorsa.

Örnek: Vaktimiz olduğu halde bizim az çalışmamız nedeniyle işlerimiz bitmiyorsa, o zaman bizim daha fazla çalışarak işleri bitirmemiz ya da tersine, tam olarak çalışmamıza rağmen verilen iş bitmiyorsa, o zaman sorun işlerimizin fazlalığı olduğu için yöneticimiz veya yetkili kişilerle konuşarak elimizdeki işlerin azaltılmasını istememiz gibi.

Ne zaman yararsız ve sağlıksızdır:

Sorun çevrenin veya bizim değişmeyecek bir özelliğimizden kaynaklanıyorsa.

Örnek: Eşimizin çocuk yetiştirmeyle ilgili görüşleri bizimkiyle uzlaşmıyorsa, boyumuz kısa olduğu için rahatsızlık duyuyorsak, vb.

3. Uzaklaşma, kaçma, terk etme, ayrılma vb.

Ne zaman yararlı ve sağlıklıdır:

Sorun çevrenin değişemeyecek bir özelliğinden kaynaklanıyorsa ve o çevrenin bizim kullanabileceğimiz bir alternatifi varsa.

Örnek: Bir şahıs şirketinin sahibi olan kişi, daha önce defalarca konuşup şikâyet etmemize rağmen maaşımızı sürekli geciktiriyorsa ayrılıp başka bir işe geçmemiz.

Ne zaman yararsız ve sağlıksızdır:

Sorun daha çok bizimle ilgili ise ve içinde olduğumuz çevreden kaynaklanmıyorsa ve o çevrenin bir alternatifi yoksa.

Örnek: Sınıfta sıkıntı yaşıyorum diye büyük amfilerdeki derslere girmemek.

4. İnkâr veya katlanma

Ne zaman yararlı ve sağlıklıdır:

Sorun bizim veya çevrenin değişemeyecek bir özelliğinden kaynaklanıyorsa ve o çevrenin bizim kullanabileceğimiz bir alternatifi yoksa.

Örnek: Yaşımızın ilerlemesiyle birlikte gözlük veya işitme cihazı kullanmamıza rağmen görme ve duyma keskinliğimizin azalması durumunu kabullenmek.

Ne zaman yararsız ve sağlıksızdır:

Sorun çevrenin veya bizim değişebilecek bir özelliğimizden kaynaklanıyorsa.

Örnek: Bahis, şans oyunlarını aşırı oynayarak para kaybetmemize, zamanımızın çoğu bunlarla geçmesine rağmen durumu sorun olarak kabul etmememiz.

Ne Zaman, Ne Yapalım?

Pekâlâ, sorun çözmeye dönük arayışa girmek için hangi zaman uygun olur?

Hepimiz sorun yaşarız. Sorunların bir kısmı yaşamın bize yaptıkları, bir kısmını ise bizim yaşamın yaptıkları üzerine eklediklerimiz oluşturur. Örneğin trafik kazası geçirmek, girdiğimiz sınavda başarısız olmak, iyi niyetli bir davranışımızın yanlış anlaşılması sonucu önem verdiğimiz bir kişinin kırılıp bizden uzaklaşması, hastalanmak, yakın birinin kaybı gibi sorunlar hepimizde bir sıkıntı yaratır. Bunlar bizim ilk anda bilip kontrol edemeyeceğimiz, yaşamın verdiği sıkıntılardır. Ancak çoğu kere yaşadığımız sıkıntılar bununla kalmaz. "Ya bu hastalık hiç geçmezse?", "Ya hep başarısız olursam?", "Ya yapayalnız kalırsam?" gibi düşüncelerimizle öznel sıkıntılar da ekleriz bunların üzerine.

Birinci tür sıkıntıya, herkesi bir düzeyde rahatsız edecek durumlar olduğu için "nesnel sıkıntı" dersek, ikinci tür sıkıntıya da "öznel sıkıntı" diyebiliriz; çünkü çoğu bizim kendi düşüncelerimizden kaynaklanır. Bazı sıkıntılar tamamıyla nesnelken bazıları da tamamıyla özneldir, ama çoğu sıkıntımız her ikisinin bir karışımından oluşur. Yaşadığımız sorun karşısında ne yapacağımız konusunda bize rehberlik edecek şey, öncelikle, yaşanan olay veya durumla bizim ona verdiğimiz duygusal ve davranışsal tepkimizin orantılı olup olmadığına bakmaktır.

Geceleri uykusuzluk ve kaygı yaşayan iki kadın olduğunu varsayalım. Birine Aliye Hanım, diğerine de Fatma Hanım diyelim.

Aliye Hanım'ın uykusuzluğu ve kaygı tepkisi son 6 ayda yoğunlaşmış. Aliye Hanım'ın eşi zaman zaman aşırı alkol kullanan biriymiş ve bu durum son bir yıldır yoğunlaşmış. Son 6 ayda ise neredeyse her gün alkol almaya başlamış. Bu süreçte eşi eve geç geliyor, geldiğinde eğer uyuyorsa Aliye Hanım'ı kaldırıyor ve onu çeşitli konularda sorguluyormuş. Bu sorgulama esnasında hoşuna gitmeyen bir şeyler söylenirse öfkelenerek bağırıp çağırabiliyor ve şiddete başvurabiliyormuş. Aliye Hanım'ın geceleri yaşadığı tedirginliğe ve uykusuzluğa, "Ya eşim öfkeli gelirse", "Ya geldiğinde sinirlenip kavga çıkarırsa", "Eğer uyursam beni uyandırır ve kızar mı?", "Hoşlanmadığı şeyler söyleyip onu kızdırmamalıyım" gibi düşünceleri eşlik ediyor ve daha da saldırganlaşmaması için eşiyle mümkün olduğunca uyumlu şekilde konuşmaya gayret ediyormuş.

Şimdi, Aliye Hanım'ın geceleri yaşadığı uyku bozukluğu ve kaygısıyla ilgili fikriniz nedir? Aliye Hanım'ın, eşinin alkol kötüye kullanımına ve saldırgan davranışlarına verdiği duygusal ve davranışsal tepki sizce yaşananlarla orantılı, doğal ve uygun bir tepki midir? Aliye Hanım'ın bu tepkisi büyük ölçüde olan bitenle mi ilgilidir, yoksa olan bitenle ilgili düşüncelerinden mi kaynaklanmaktadır? Aliye Hanım'ın olan bitenle ilgili düşünceleri gerçekçi, uygun ve yararlı mıdır? Duygusal tepkisi ve davranışı olan bitenle uyumlu mudur? Yoksa verdiği bu tepki yaşanan olaya göre abartılı, beklenilmedik veya sıradışı bir tepki midir?

Sorun 1 (Aliye Hanım)

Olan biten + Olan bitenle ilgili düşünceler → Duygusal ve davranışsal tepki

Eşinin davranışları+Olası şiddet davranışı beklentisi → Kaygı ve uykusuzluk

Olan biten – duygusal, davranışsal tepki orantılı mı?

Çoğu kişi bu durum karşısında Aliye Hanım'ın tepkisinin normal olduğu şeklinde cevap verecektir. Aliye Hanım'ın durumla ilgili düşünceleri de gerçekçi ve uygundur. Öyleyse bu durumda sorunu çözmek için yapılması gereken şey nedir? Doğal olarak, sorunun kaynağına, yani olan bitene yönelmek ve o konuda bir şeyler yapmaya çalışmaktır. Bu konuda bize yardımcı olabilecek şey ise sorun çözme teknikleridir.

Sorunu çözmeye çalışma: Örneğimizdeki durumda Aliye Hanım'ın eşi veya önem verdiği, sözünü dinlediği yakınlarıyla konuşarak onu alkol konusunda psikolojik yardım ve tedavi almaya yönlendirmeye çalışması, ailevi sorunları için evlilik danışmanlığı veya terapisi almaları vb.

Uzaklaşma, kaçma, terk etme, ayrılma vb.: Eğer birinci yöntem yararlı olmuyorsa, yani Aliye Hanım'ın eşi sorunu reddediyor, bireysel tedavi almıyor, aile danışmanına gitmeyi kabul etmiyorsa, o zaman Aliye Hanım bu sorunlu beraberliği nasıl bitirebilir, bitirme sürecinde ne yapabilir, kimden yardım alabilir; bunlara yönelmesi vb.

İnkâr veya katlanma: Eğer Aliye Hanım bu sorunlu beraberliği şu ya da bu nedenle (örneğin çocuklarının boşanmış bir ailede büyümemesi, çevrenin ayrılığa tepkisi, yetiştiği kültürün boşanmayı onaylamaması, ayrılık sonrası bağımsız yaşamasını sağlayacak maddi gücünün olmaması, kendi ailesinin karşı çıkması veya eşinin ayrılık sonrası çok kötü olacağı gibi) bitirmek istemiyorsa, o zaman bu beraberlik içinde eşine nasıl katlanabilir, dayanabilir, en azından onunla birlikte değilken onu nasıl unutabilir (inkâr edebilir), nasıl içinde olduğu anı yaşayabilir ve kaygısını azaltabilir; bunlara çalışması vb.

Kurguladığımız ikinci kişi, Fatma Hanım da geceleri uykusuzluk çekiyordu ve onun da kaygı tepkisi vardı. Fatma Hanım'ın yaşadığı bu durum da son 6 ayda yoğunlaşmış. Eşi son 6 aydır işindeki pozisyon değişikliği gereği sık sık şehir dışı seyahate çıkmaya başlamış. Fatma Hanım eşinin olmadığı zamanlarda geceleri evde kızıyla kalırsa sıkıntı yaşıyor, yalnız kalamadığı için ya erkek kardeşi evlerine geliyor ya da kendisi kızıyla annesinin yanında kalıyormuş. Eşinin seyahat etmesi gereken gün yaklaştıkça kaygıları artıyor, ne yapacağıyla ilgili plan yapıyor ve yanında kalacak kişi bulmaya çalışıyormuş. Evde yalnız kaldığı anlarda kendisine sıkıntı gelebileceğinden, kötü olabileceğinden ve yardım alamayacağından korkuyormuş. Yanında kızı olduğunda bu sıkıntısı daha da artıyormuş. Bunun nedeni ise, o anlarda kızının bu duruma tanıklık ederse kötü etkileneceğini, korkacağını ve kendisi zaten güçsüz biri olduğundan ona yardımcı olamayacağını düşünmesiymiş.

Şimdi, Fatma Hanım'ın geceleri yaşadığı uyku bozukluğu ve kaygısıyla ilgili fikriniz nedir? Eşinin evde olmamasına verdiği yoğun korku tepkisi ve yalnız kalamaması biçimindeki duygusal ve davranışsal tepkisi sizce yaşanan durum veya olayla orantılı, doğal, uygun bir tepki midir? Bu tepkisi büyük ölçüde olan bitenle mi ilgilidir? Yoksa olan bitenle ilgili düşüncelerinden mi kaynaklanmaktadır? Olan bitenle ilgili düşünceleri gerçekçi, uygun ve yararlı mıdır? Duygusal tepkisi ve davranışı olan bitenle uyumlu mudur? Yoksa verdiği bu tepki yaşanan olaya göre abartılı, beklenilmedik, sıradışı bir tepki midir?

Sorun 2 (Fatma Hanım)

Olan biten + Olan bitenle ilgili düşünceler → Duygusal ve davranışsal tepki

Evde gece yalnız kalma + *"Sıkıntı gelir, başedemem."* → *Kaygı – Annesini arama*

Olan biten – duygusal, davranışsal tepki orantılı mı?

Çoğu kişi bu durum karşısında Fatma Hanım'ın tepkisinin uygun olmadığı şeklinde cevap verecektir. Fatma Hanım'ın durumla ilgili düşünceleri de gerçekçi ve uygun değildir. Öyleyse bu durumda sorunu çözmek için yapılması gereken şey nedir? Doğal olarak, sorunun kaynağına, yani olan bitene yönelmek ve düşünceleri konusunda bir şeyler yapmaya çalışmaktır. Bu konuda bize yardımcı olabilecek şey ise düşünce inceleme teknikleridir.

Yani öncelikle yapılması gereken, Fatma Hanım'ın yaşadığı olaydan çok (*evde yalnız kalma*) bu olayla ilgili yaptığı değerlendirmeyi ("Başıma bir şeyler gelir ve baş edemem, yardım alamam") ele almak ve durumla ilgili daha gerçekçi, uygun ve yararlı bir değerlendirme geliştirmesine yardımcı olmaktır.

Fatma Hanım'ın duruma verdiği duygusal ve davranışsal tepki, yaşanan durumla orantılı ve uygun olmadığından ve yaşadığı ortamdan veya durumdan çok kendi düşünsel tepkisinin bir ürünü olduğundan, dış dünyaya yapılacak müdahaleler sorununu çözmez. Aslında çözmediğinin en büyük kanıtı yine Fatma Hanım'ın hayatında bulunabilir. Fatma Hanım'ın o güne dek yaptığı şeyler, sanki sorun olan bitenle ilgiliymiş gibi bunu çözmeye veya değiştirilmeye dönük. Yani evde yalnız kalmamak veya evde yalnız kalma durumu olursa annesinin yanına gitmek gibi. Ancak sorun olan bitende değil düşüncede olduğu için çözülmeyerek sürmektedir. Kişi sorunun asıl kaynağıyla değil de sonuçlarıyla uğraşıyorsa onu çözemez. Hatırlayın: Evimiz sıcaksa eşyaların yerini değiştirerek evi soğutamayız; camı veya varsa klimayı açmamız gerekir. Fatma Hanım sorunun kaynağına (düşünceleri ve onlarla olan ilişkisi; onlara inanıp onlara uygun davranması) yönelmeyip sorunun evde yalnız kalıp kalmaması ve kendisine sıkıntı gelip gelmemesi olduğunu zannettiği için sorunu çözememektedir. Fatma Hanım'ı yanıltan şey, sorunu evde yalnız kalması ve kendisine sıkıntı gelmesi olarak görmesidir. Oysa sorunu evde yalnız kaldığında kendisine sıkıntı geleceği ve başa çıkamayacağı düşüncesidir.

Görüldüğü gibi, sorunu sürdüren etkene göre, neyin uygun olup olmadığı konusu değişmektedir. Sorun olan düşünce ise, kişi çözülemeyecek şeyi çözmeye çalışarak çok zaman kaybedebilir.

Özetle, hepimizin hem gerçek yaşam sorunları hem de düşüncelerimize bağlı sorun olan duygusal ve davranışsal tepkilerimiz var. Yaşam sorunlarına dönük sorun çözme tekniklerinin kullanılması, çözülemeyecek ve değişemeyecek yaşam olumsuzluklarına karşı da kişinin dayanıklılığını ve direncini artırmaya çalışması uygun olur. Yaşanan olaylarla orantısız duygusal tepkilerden oluşan rahatsızlıklarda öncelikle duygu ve düşüncelerimize verdiğimiz tepkiyi değiştirmek, yaşamımızdaki sorunları ise çözmeye çalışmak hayatımızı sorunsuz olmasa da daha yaşanılır ve doyumlu hale getirmeye yardımcı olur. Ancak, yaşam her zaman burada anlattığımız netlikte değildir. Yani sorunlarımızda hem düşüncelerimiz, hem de yaşam olayları ve çevre koşullarının katkısı bir aradadır. Bazen bunları ayırt etmekte zorlanabiliriz. Bu durumda her iki yöntemi beraberce kullanmak bize yardımcı olabilir.

Dokuzuncu Bölüm

İyi İlişki - İyi İletişim

İletişim Becerileri

Herhangi bir kişi gelip size vurabilir, sizi itebilir, dürtebilir, üzerinize basıp geçebilir mi? Normal koşullar altında hiçbir insan bir diğerinin görünen fiziksel-bedensel sınırlarına tecavüz edemez. Fiziksel bir kavga içinde değilseniz veya bir saldırıya maruz kalmışsanız bunlar olmaz. Fiziksel alan nettir ve insanların sınırları bellidir.

Ama hepimizin bir de ruhsal, psikolojik yanımız ve bunun da benzer şekilde sınırları var. Ancak bu sınırlar fiziksel olmadığı için açıkça görünmezler, bizim bunu çevremize göstermemiz gerekir. Çevremize bunu göstermemiz önemlidir çünkü insan, diğer insanlarla ilişki içinde yaşayan ve var olan bir canlıdır. Yapısal olarak diğer insanlarla ilişki kurma eğilimindedir. Bazı psikolojik kuramlara göre insanlar için diğer insanlarla ilişkiye girmek, temel bir insani psikolojik gereksinimdir. Geçmişte pratik nedenlerden ötürü insanın tek başına yaşaması, hayatta kalması neredeyse olanaksızken, günümüzde bu durum pratik olarak mümkün olmakla beraber neredeyse hiç rastlanılmayan bir durumdur. İnsan türünün varlığını sürdürebilmesi için toplu yaşama ve diğer insanlara gereksinimi vardır.

Birçok psikolojik sorun bir boşlukta değil, kişiler arası ortamda, diğer insanlarla ilişkiler içinde doğar. Pek çok psikolojik bozukluğun temelinde, bireyin diğer kişilerle olan ilişkilerinde isteklerinin yerine gelmemesi yatar. Bu sorunları tetikleyen belli olaylar ve durumların çoğu kişiler arasında geçer. İnsanlarla ilişkimizde talep ettiğimiz ilgi, sevgi, destek, güven gibi olumlu tutumlar ve düşmanlık, ilgisizlik, engellenme, aşağılanma, fiziksel olarak zarara uğratılma gibi istemediğimiz unsurlar vardır. Bütün bunlar kişiler arası ilişkide ortaya çıkar. Kişiler arası ilişki dediğimizde kastettiğimiz şey, insan insana gerçekleşen bütün ilişkilerdir.

İnsanlarla ilişkilerimizde istediğimizi alamadığımızı, beklediğimiz ilgi, sevgi ve desteği göremediğimizi, hatta tam tersine kötülük gördüğümüzü hissedip olumsuz şeyler yaşıyorsak ve bu yaşananlar da bizi doğal olarak olumsuz etkiliyorsa ne yapabiliriz? Yapılabilecek birinci şey, o güne dek ne yapıyorsak bunları yapmaya devam ederek yeni bir şey yapmamak ve statükoyu, dengeyi korumaktır. İnsan bunu, ne yapacağına karar veremediğinde veya yapılabilecek hiçbir şey içine tam sinmediğinde de seçebilir. Buna kısaca "elinde ne varsa onunla yetinme politikası" da diyebiliriz.

Yapılabilecek ikinci şey ise önceki bölümde gördüğümüz sorun çözme yollarından birine başvurmaktır. Hatırlarsanız, bu yollardan birisi, bize kötü davranan kişi veya çevreden uzaklaşmak, ayrılmak, o kişiyi veya çevreyi terk etmektir.

Üçüncü yol ise ilişkinin daha iyi bir duruma gelmesi için çalışmaktır.

Eğer tercihiniz ilişkinin daha iyi bir yola girmesi ise ne yapabilirsiniz, bir de buna bakalım:

1. Sorun yaşadığımız kişinin değişmesini beklemek: Buna kısaca "bekle gör politikası" da diyebiliriz. Bir insanın değişebilmesi için ilk koşul, kendisinde bir sorun görmesidir. Ardından bu sorunla ilgili bir değişiklik istemesi, değişikliğin gerçekleşebileceğine inanması ve sonra da bu değişiklikleri gerçekleştirmek için gereken adımları atması gerekir. Bir hayli uzun bir yol gibi görünüyor. Üstelik karşınızdaki insan kendisinde bir sorun görmüyorsa zaten değişim olasılığı baştan ortadan kalkmış demektir.

2. Sorun yaşadığımız kişiyi değiştirmeye çalışmak: Buna da kısaca "insan mühendisliği politikası" diyebiliriz. Yani sorun yaşadığımız insanın değişmesi için arayışlar içinde olmak, bu amaçla konuşmalar yapmak ve davranışlarda bulunmak. Burada birinci maddeye geri dönerek, bir kişinin değişmesi için gerekli şartın veya başlangıç noktasının kendisinde değişmesi gereken bir şey görmesi olduğunu hatırlayalım. Aksi durumda birini değiştirmeye çalışmak, tam tersine, onun bizimle inatlaşmasına ve değişmemesine yol açar.

3. Kendinizi değiştirmeye odaklanmak: Değişiklik olacaksa geriye kalan üçüncü olasılık bizim değişmemizdir. Bu ise bizim açımızdan zor, acılı ve sıkıntılı bir süreçtir. Ancak, değişim için tek yol, daha doğrusu değişime dönük olarak bizim kontrolümüzde olan tek değişken, kendi davranış ve konuşmalarımızdır. Bu süreç cesaret gerektirir, acı verebilir, zorlayabilir ama sonuçta değişikliği oluşturabilecek tek yol budur ve biz bu yolu kullanırsak bazen inanılmaz iyi sonuçlar alabiliriz.

İstediğimizi Almak İçin Elimizdeki Tek Araç: İletişim

Önceki bölümlerden anımsayacağınız gibi, ruhsal durumumuzu etkileyen değişkenler içinde yer alan, aklımıza kendiliğinden gelen düşünceler, duygularımız, diğer insanların duygu düşünce ve davranışları ve bedensel tepkilerimiz, bizim doğrudan kontrol edemeyeceğimiz alanı oluşturuyordu. Bu değişkenlerden diğer insanların duygu, düşünce ve davranışları üzerine sınırlı ve dolaylı bir etkimiz olabilecekse, bunu sağlamanın aracı konuşma ve davranışlarımızdır. Konuşma ve davranışlarımızın içeriği ve biçimi, iletişimle ilgili bilgi ve becerilerimizle şekillenir. İletişim becerilerindeki eksiklikler yaşamımızın istediğimiz gibi gitmesine engel olabilir. Diğer insanlarla birlikteliğimizin kaliteli ve iyi olabilmesinin en önemli aracı iletişimdir. İnsanlarla ilişkimizde bizim bir birey olarak etkide bulunabilmemiz ve isteddiklerimizi alabilmemiz için elimizdeki temel araç, davranışlarımız ve konuşmalarımızdır.

Fiziksel dünyada neyin neye göre hareket edeceğini ve ne yapacağını bilebiliriz. Örneğin bir taşı fırlattığımızda onun nereye düşeceği uyguladığımız kuvvete, taşın kütlesine, havanın sürtünme kuvvetine ve yerçekimi ivmesine göre fizik bilimi tarafından kesine yakın bir şekilde hesaplanıp öngörebilir.

Pekâlâ, insanların birbirleriyle ilişkilerinde böylesi kurallar var mıdır? Eğer bunları bilir ve uygularsak, yaşamdan ve insanlardan elde etmek istediklerimizi konuşma ve davranışlarımızla bir ölçüde alabilir miyiz?

Konuşma ve davranışlarımız, "iletişim" dediğimiz insandan insana karşılıklı aktarımda bizim temel araçlarımızı oluşturur. Eğer insanlarla iyi iletişim kurabilirsek istediklerimizi elde etme yönünde etkili bir tutum almış oluruz. İyi iletişim kurmak, insanlardan talep edip isteklerimizi muhakkak elde edeceğimiz anlamına gelmez. Ama iyi iletişim kurmak, en azından bu konuda kendi rolümüzü en iyi şekilde oynamamızı, kendi payımıza düşeni en iyi şekilde yapmamızı sağlar. İyi ve kötü iletişimin kendine özgü bazı özellikleri vardır. Öncelikle bu temel özelliklere bir bakalım.

İyi İletişimin Özellikleri

1. Olan bitenle ilgili ve net konuşmak.

Örnek: "Son günlerde birlikte az zaman geçirdik."

2. Kendi duygu, düşünce, istek ve niyetlerimizi dürüst ve açık bir şekilde ifade etmek.

Örnek: "Beraber olduğumuz zamanlar giderek azalınca beni istemediğini düşünmeye başladım ve buna üzüldüm."

3. Anlamayı amaçlayarak iyi bir şekilde dinlemek.

Örnek: "Doğru anladım mı acaba? Son dönemde beraber olduğumuz zamanlar giderek azalınca benim seni istemediğimi düşünmeye başladın ve buna üzüldün?"

4. Karşı tarafa saygılı olmak, onun varlığını ve farklılıklarını kabullenmek.

Örnek: "Senin neden böyle düşündüğünü ve hissettiğini anlıyorum."

Kötü İletişimin Özellikleri

1. Karşı tarafla ilgili kapalı, anlaşılmaz ve uzun konuşmak.

Örnek: "Son günlerde benimle hiç ilgilenmedin, zaten hiçbir zaman beni önemsemedin, sen hep kendini düşünürsün, kendinle ilgili bir şey olduğunda hemen beni ararsın, insan biraz da başkasını düşünmez mi? Bu bencillik değilse nedir?"

2. Duygu, düşünce ve niyetini saklamak veya davranışla ortaya koymak.

Örnek: Bizi rahatsız eden konuyu hiç açmamak, beklemek veya *susmak, küsmek, konuşmamak, surat asmak, aslında başka konulardan bahsediyorken yüksek sesle ve sert konuşmak.*

3. Karşı tarafı dinlememek, kendini savunmak veya saldırma amaçlı dinlemek.

Örnek: "Kusura bakma, son günlerde çok yoğunum, işten nefes bile alamıyorum." (Savunma amaçlı dinlemek.) "Senin de beni hiç arayıp sormadığın zamanlar oldu ama ben o zaman senin gibi tavır yapmadım hiç." (Saldırma amaçlı dinlemek.)

4. Karşı tarafa saygı duymamak, onu aşağılamak, karşı tarafın varlığını ve farklılıklarını kabullenmemek.

Örnek: "Nasıl olur da böyle düşünebilirsin? Normal biri asla böyle düşünmez. Böyle düşünmeye hiç hakkın yok!"

İnsan İlişkilerindeki Dinamik

İnsan ilişkileriyle çalışan kuramcılar, kişiler arası ilişkilerde belli tutumların belli tutumları getirdiğini öne sürmüşlerdir. Buna göre, insan ilişkilerinde baskınlık (dominance), edilgenlik ve boyun eğiciliği (submissiveness); edilgenlik-boyun eğicilik baskınlığı; dostça-arkadaşça tutumlar dostça arkadaşça tutumları; düşmanlık ve soğuk tutumlar ise düşmanlık ve soğuk tutumları getirir. Bu durum, çok bilinen atasözümüz "Ne ekersen onu biçersin"in bilimsel terimlerle, insan ilişkilerinde de geçerli olduğunun ifadesi gibi neredeyse.

Birbirini tamamladığı varsayılan bu ilişki türlerini yaşantıya yakın örneklerle netleştirelim.

Karı koca ilişkisinde veya ebeveyn çocuk ilişkisinde bazen bir tarafın, diğer taraf hiçbir şey yapmadığı, her şeyi kendisinden beklediği için yakındığını duyarız: "Bu çocuk hiçbir şey yapmıyor; her şeyi bizden bekliyor."

Baskınlığa karşılık edilgenlik ve geri çekilme tipindeki ilişkinin tipik ifadesi budur. İnsan ilişkilerinde baskın, dominant tutum ve davranışlar ("Ben ne dersem onu yap, o zaman her şey yolunda gider") edilgenliği ("Dediğin her şeyi yaparım, yeter ki bana bak") getirir.

Düşmanlığın ve soğuk tutumların ("Beni rahatsız ediyorsun, benden uzak dur") düşmanlığı, dostça-arkadaşça tutumların ("Seni seviyorum ve yardım etmek istiyorum") ise (genellikle tabii; her zaman değil) dostça-arkadaşça tutumları getireceği çok daha tanıdık ve bilindik gelecektir herkese: "Etme bulma dünyası" çok bilinen bir sözdür.

Kişiler Arası İlişki Çarkı denen bu karşılıklı ilişki kuramının daha ilginç olan yanı ise arada kalan tutumlar için getirdiği benzer tanımlamalardır. Ara tutumlar, kendisine uygun, arada yer alan karşıtlarını çeker. Dostça baskın tutumlar dostça edilgen tutumları, düşmanca baskın tutumlar ise düşmanca edilgen tutumları getirir. Örneğin, "Ben seni seviyorum ve senin için neyin iyi olduğunu biliyorum; ben ne istersem onu yap, gerisini merak etme" şeklindeki dostça baskın tutumlar, "Sen çok güçlüsün ve sana güveniyorum; ne istersen yapmaya hazırım" şeklindeki dostça edilgen tutumları getirir. "Ben ne dersem onu yapacaksın, yoksa kötü olur, seni cezalandırırım!" şeklindeki düşmanca baskın tutumlar, "Sen çok güçlüsün ve her şeyi biliyorsun! Hadi yap yapabiliyorsan, bekliyorum!" şeklindeki düşmanca edilgen tutumları getirir (Şekil 15).

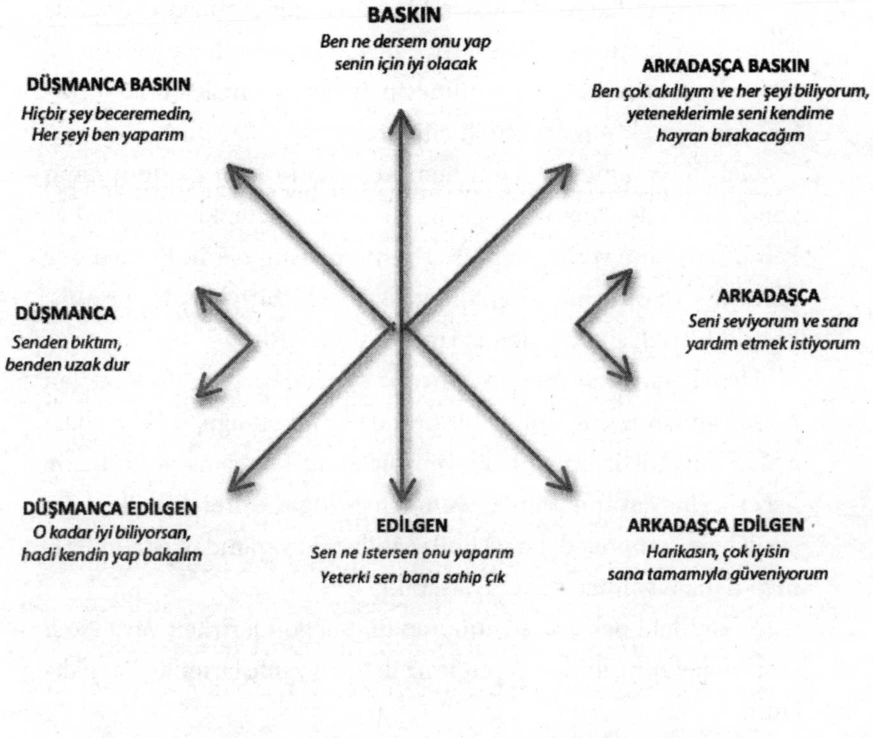

Şekil 15. Kişiler Arası İlişki Çarkı: İnsan ilişkilerinde tamamlayıcılık

İlişki içinde birbirini tamamlayan tutumlar, iletişim aracılığıyla ortaya koyulur ve ortaya çıkar. Yaşamdaki amaçlarımıza dönük olarak kendimizi istediğimiz şekilde yansıtmamız iyi iletişimle gerçekleşebileceğinden, temel iletişim becerilerine dönük farkındalığımızı ve bunları kullanma becerilerimizi artırmamız çok önemlidir.

Temel İletişim Becerileri: Dinleme ve Konuşma

Temel iletişim becerileri dinleme (diğer kişinin aktarmak istediklerini alma) ve konuşmadır (karşıdaki kişiye kendi aktarmak istediklerimizi iletme).

Konuşmak karşıdaki kişiye bir mesaj göndermektir. Aslında dinleme ve konuşma birbirleriyle ilişkili süreçlerdir, ancak bu iki alanla ilgili becerilerin öğrenilmesini kolaylaştırmak adına, süreçleri ayrı ayrı ele almayı tercih ediyorum.

Gerçek yaşamda iletişim hem konuşanın hem de dinleyenin kendisini ifade etmesini, diğerini dinlemesini, tepki vermesini ve kendi tepkisine verilen tepkileri yanıtlamasını içerir. Bu nedenle konuşma ve dinleme süreklilik gösteren, birbiriyle iç içe geçmiş, karşılıklı etkileşimle giden karmaşık süreçlerdir.

Hem karşı tarafa mesaj vermemiz hem de karşı taraftan verilen mesajı almamız, hepimizin bir oranda sahip olduğu, belki de bazı açılardan geliştirilmeyi bekleyen birtakım konuşma ve dinleme becerilerine dayanır. Bunları yeniden gözden geçirerek, belki daha etkili hale getirerek daha iyi kullanabilirsek, yaşamdan istediklerimizi daha iyi almamız kolaylaşabilir.

Yaşamdaki pek çok sorun, mesajımızı gönderirken veya karşı tarafın mesajını alırken yaptığımız iletişim yanlışlarından kaynaklanır.

Bazen karşıdaki insanın söylediklerimizi ya da konuşmamızdaki amacı nasıl tamamıyla yanlış anladığını görüp şaşırır, üzülür veya kızarız. Burada eğer olumluya doğru bir gidiş olacaksa, bu doğal olarak her iki tarafın da kendini iyi ifade etmesi ve iyi aktarmasıyla olacaktır. "O zaman sadece benim kendi iletişim becerilerimi geliştirmem yeterli olur mu?" diye bir soru aklınıza gelebilir. Karşımızdaki insanın iletişim biçimi veya bizi anlayışı sorunlu olabilir, ancak karşımızdaki insanın bizim söylediklerimizi kendi içi dünyasında nasıl anlayıp değerlendirdiğini bilmemiz ve kontrol etmemiz mümkün değildir. Kendimizi nasıl ifade ettiğimiz ve karşıdakini nasıl dinleyeceğimiz ise az ya da çok bizim kontrolümüz altındadır. O nedenle, doğal olarak burada odağımız kendimiz ve bu konuda yapabileceklerimiz olacak. Önce dinlemeyle başlayalım o zaman.

1. Dinleme

Dinleme öncelikle karşı tarafın bize aktarmaya çalıştığı mesajları/bilgiyi almayı, daha sonra da bu alınan mesaja/bilgiye uygun tepkileri vermeyi içerir. Gerçek dinleme, diğer kişi konuşurken sessiz kalmak ve sadece onu duymaktan ibaret değildir. Dikkat ederseniz, temel iletişim becerilerini aktarırken ilk sırayı konuşmaya değil, dinlemeye verdim. Bu bir tesadüf değil. Eğer konuştuklarımız dikkate alınacaksa bunun ön şartı ve zemini karşımızdaki kişiyi dinlemektir. Aslına bakarsanız dinleme eylemi edilgen değil, etkin bir süreçtir; çünkü dinleme biçimimizle karşımızdaki kişiye şu ya da bu şekilde bir mesaj vermiş oluruz.

İnsanın ilişkide öncelikle duyulmak ve anlaşılmayı amaçlamak yerine dinlemeyi ve anlamayı amaçlaması daha uygundur. Çünkü buradan anladıklarıyla kişi kendisini daha iyi ve yerinde anlatabilir.

Dinlemenin Hedefi Nedir?

Dinlemenin öncelikli amacı, karşımızdaki kişinin bize iletmek istediği mesajı/bilgiyi anlamak ve almaktır. Bu etkinlik aynı zamanda ona değer vermek, onu önemsemek, içindekileri paylaştıkça rahatlatması gibi yan amaçlara da hizmet eder.

İlişkinin bizim dışımızdaki evrenini diğer insanlar oluşturduğuna göre önce dinlemek ve anlamak, hangi zemine bastığımızı ve nerede olduğumuzu kavramamıza yarar. Ancak nerde olduğumuzu kavradıktan sonra doğru yol alabiliriz, yani kendimizi aktarmaya başlayabiliriz. Bu durum, belki de bizim o anda en çok istediğimiz şeyi, yani dinlenilme ve anlaşılmayı ertelememiz anlamına gelir. Karşınızdaki kişiyi dinliyorsanız, onun ne istediğini, neyi duymaya, dinlemeye uygun olduğunu bilebilirsiniz. Eğer karşıdaki kişi konuşmayı başlatmışsa iletmek istediği şeyi, onu neyin incittiğini ya da neyin sinirlendirdiğini daha iyi öğrenebilirsiniz demektir. Dinlemek o insanın iç dünyasını anlayabilmek için giriştiğimiz bir araştırma veya keşif gibi görülmeli. Dinlemek aynı zamanda bir sorumluluk ve saygı belirtisidir. Diğer kişilerin kendilerini nasıl hissettiğini ve dünyayı nasıl gördüğünü anlama sorumluluğudur. Dinlediğiniz kişiye şu mesajı verirsiniz: "Sana ne olduğunu umursuyorum, hayatın ve yaşadıkların önemli." Böylece, dinlediğiniz insanlar, daha sonra genellikle sizi severek ve size değer vererek karşılık verir. Eğer karşıdaki kişiyi iyi bir şekilde dinlersek ve kendini açarsa, o da bizi dinlemeye daha istekli ve hazır hale gelir.

Etkin Dinleme

Dinlemenin sessizce durmayı ve söylenenleri duymayı aşan bir durum olduğunu belirtmiştik. Dinlemenin en anlamlı ve etkili şekline iletişim dilinde "etkin dinleme" adı verilir. Etkin dinleme, karşımızdaki insanı anlamaya dönük dinlemedir. Bölümün başında sıraladığımız, iyi iletişimin dört ana temelinden biri olan anlamaya dönük dinleme, karşı tarafı yargılamadan, incelemeden, eleştirmeden, savunmaya girmeden, sadece ve sadece anlamaya dönük dinlemektir. Bu tür dinlemeyi, bir anlamda karşıdaki insanın mesajını en iyi şekilde almamızı ve konuşmayla hedeflediği duygusal hedeflerine en iyi şekilde ulaşmasını sağlayan bir yol olarak görebiliriz. Bu tür dinlemeye "etkin dinleme" denmesinin nedeni budur. Etkin dinleme, dinleme esnasında bizim nasıl bir tutum almamamızın, neler yapmamızın daha iyi olacağını ve bizim payımıza düşenler ne ise onları en iyi biçimde nasıl gerçekleştirebileceğimizi de içerir. Yani sadece duymanın ve sessiz kalmanın ötesindeki şeyleri...

Dinlemenin bir diğer aktif yanı ise konuşan kişinin anlattıkları kadar, tavır ve tutumlarına da dikkat etmektir. Yani hem neyin söylendiğine hem de neyin söylenmediğine ve söylenilenin nasıl söylendiğine dikkat etmektir. Konuşan kişinin ses tonu, vurguları, yüz ifadesi ve duruşu nasıldır? Konuşmanın içeriğine uygun mudur? Örneğin üzüntülü bir olayı ("Kaza geçirdim") gülümseyerek söylüyorsa, burada içerikle tavır arasında bir uyuşmazlık söz konusudur. Böyle bir durumda bu uyumsuzluğu uygun bir zamanda netleştirmek için soru sormak gerekir: "Kaza geçirdiğini söylerken gülümsedin. Merak ettim, kaza seni nasıl etkiledi?" Eğer geribildirim vermezsek, bu, kişiyi eksik anlamamıza yol açabilir.

Tavır ve tutum olarak iyi bir dinleyici olmanın yollarını şöyle sıralayabiliriz: Konuşan kişiyle belli bir düzeyde göz temasını iyi korumak ama bir yandan da gözümüzü diker gibi sürekli bakmamak / O konuşurken olumlu bir yüz ifadesiyle hafifçe ona doğru eğilmek / Dinlerken aynı zamanda başka bir şeyle uğraşmamak / Zaman zaman başımızı sallayarak uygun göz temasıyla ve mimiklerle konuşan kişiyi desteklemek. Ara ara anlamaya dönük netleştirici küçük sorular sorarak konuya açıklık getirmek de sözel olarak dinlemeye katkıda bulunmamızı sağlar. Etkin dinlemede kişinin hem dinlemesi hem de gerektiğinde mesajı daha iyi ve net alabilmek için sorular sorması ve geri bildirim alması da gereklidir.

Etkin dinlemede ilk yapılması gereken şey kişinin söylediklerinden ne anladığımızı kendi sözcüklerimizle ifade etmektir. Buna "açımlama" adı verilir. Açımlama için şu söz kalıpları kullanılabilir:

"Yani ben senin söylediklerinden şunu anlıyorum...", "Yani ...", "Yani sen burada şöyle düşündün ve şunu hissettin..."

Bu noktadan sonra ikinci adım, söylenenlerde anlamadığımız noktaları ifade etmektir. Yani bu kişinin mesajını tamamıyla anlayana dek sorular sormaktır. Kişinin anlatmaya çalıştığı şeyle ilgili ne kadar çok bilgi edinirsek onu o kadar iyi anlarız. Açıklık getirmek neyin nereden çıktığını anlamamıza yardım eder ve dinleme sırasındaki odak noktamızı netleştirir. Açıklama isteyen soruların altında ana fikir olarak iletilen mesaj şudur: "Ben senin bana söylemek, aktarmak istediğin şeyleri duymak ve anlamak istiyorum."

Ne anladığımızı ilettikten sonra karşı taraf da, "Evet, bunu demek istedim," biçiminde bizim doğru anladığımızı ifade ediyorsa, bize ilettiği konuda herhangi bir yargıda bulunmaksızın ne hissedip düşündüğümüzü söyleyebiliriz. Ne hissedip düşündüğümüze dönük geribildirim vermek, karşımızdaki kişinin kurduğu iletişimin etkisini anlamasını sağlar. Burada önemli olan, geri bildirimin sıcağı sıcağına yapılması ve bunun dürüst, empatik ve destekleyici olmasıdır. Empati (eşduyum), kişinin kendini karşısındakinin yerine koyarak onun gözleri ile dünyaya bakabilmesidir. Buna karşıdaki kişinin duygu ve düşüncelerinin anlaşılması da diyebiliriz. Buradaki önemli noktalardan biri, karşıdaki kişiyi anladıktan sonra ona bunu iletebilmektir. Bunu gerek sözle gerekse beden dili ve mimik gibi sözsüz tepkilerimizle gösterebiliriz:

"Benim davranışlarımdan o konuda senin yanında yer almadığımı düşündüğünü anlıyorum. Böyle düşünmene üzüldüm. Eğer ben de senin yerinde olsam ve böyle düşünsem kırılırdım. Senin yanında yer almadığımı düşündüren davranış veya konuşmalarım nelerdi, bunları merak ediyorum."

Özetlersek, etkin dinlemede karşıdaki kişiyi dikkatle, iyi bir göz ilişkisiyle dinleyerek onu dinlediğimizi anlamasını sağlamalıyız. Kişinin konuşmasını mesajı netleşmeden kesmemeli, duyduğumuz mesajdan ne anladığımızı aktararak mesajı netleştirmeli, anlayamadıklarımızı ise ifade etmeliyiz. Kişiyi dinlerken empatik geri bildirimler vermek, konuşmasının sonunda ne anladığımızı iyi bir şekilde özetlemek ve özetimizde yanlış anlaşılan bir şey olup olmadığını kontrol etmek, etkin dinlemenin önemli bileşenleridir.

İdeal olanı böylece anlattıktan sonra, şimdi ideal olmayana veya dinleme esnasında yapılmaması gerekenlere bakalım.

Dinlemenin Önündeki Engeller[1]

Karşılaştırma

Dinlemenin önündeki ilk engel, dinlediğimiz kişiyle kendimizi çeşitli özellikler açısından karşılaştırmaktır. Örneğin, karşımızdakini dinlerken hangimizin daha gösterişli, daha yetenekli, duygusal olarak daha sağlıklı, daha sıkıntılı, daha çok zorluk çekmiş olduğunu düşünmek:

"Acaba ben de bu kadar iyi konuşabilir miydim?", "Benim çocuklarım mı daha başarılı, onunkiler mi?", "Bunu söyleyerek benim yaşadıklarımın önemsiz olduğunu mu ima ediyor?" vb.

Konuşan kişiyle sürekli kendimizi karşılaştırsak onu tabii ki dinleyemeyiz. Bu nedenle de konuşulanlardan fazla bir şey anlayamayız çünkü zihnimiz anlamak yerine karşılaştırma yapmakla meşguldür.

Zihin okuma

Zihin okuma insanın en önemli bilişsel özelliklerindendir. Bir anlamda insanı diğer canlılardan ayıran en önemli özelliktir.

Çok küçük çocuklarda bu zihinsel işlev gelişmemiştir, yani diğer insanların ne düşündüğünü anlayamazlar, tahmin edemezler. Kendilerini karşılarındaki insanın yerine koyarak onların ne düşünüp hissedebileceğini anlama yetileri yoktur.

Diğer insanların ne düşünebileceğini düşünme özelliği bize bir yandan çok yarar sağlarken, diğer yandan da, uygun biçimde kullanılmadığında veya diğer kişiyle ilgili mutlak doğruyu gösterdiğine inandığımızda sorun yaşatabilir.

Bunu iyi yapabilmenin ilk şartı kendimizi diğer kişinin yerine koyabilmektir. Kendimizi diğer kişinin yerine koymadan zihin okuduğumuzda, o zaman o kişinin düşüncelerinden çok, kendi düşüncelerimizi ona atfederiz.

Başarılı bir zihin okuma için ikinci önemli gereklilik, bunu yapmadan önce yeterli sayıda ve kaliteli veri toplamaktır. Bu da iyi dinlemeyle olur. Bunları yapmadan zihin okuduğumuzda iletişimimiz bozulur.

Zihin okumanın sorun oluşturduğu bir diğer önemli durum, zihin okuma işleminin eninde sonunda bir tahmin olduğunu unutmak ve bunu bire bir gerçek saymaktır.

Veri toplamadan zihin okuyan kişi, karşısındakinin ne dediğine dikkat etmekten ziyade, onun "gerçekten" ne hissettiğini ve düşündüğünü görmeye çalışır. Söylediği şeye değil, "gerçekten" söylemek istediğine odaklanır. Bu nedenle de genellikle söylenenlere güvenmez. Sözcüklerden çok, karşısındakinin ses tonuna ve gizli işaretlere dikkat eder:

"Gelirim, dedi ama aslında gelmek istemiyor", "Bazı insanlar çok anlayışsız oluyor, diyerek kesin beni kastetti", "Kırmızı renk sana yakışıyor, diyerek benin yüzümün kızardığını söylemek istiyor" "Bahse girerim ki, benim aptal olduğumu düşündü" vb.

Zihnimizde sürekli ne söyleyeceğimizi prova etmek

Karşıdakini dinlemek yerine kişinin sürekli "Ben şimdi ne söyleyeceğim?" düşüncesine odaklanmasıdır. Dinlemeyi olumsuz etkiler, çünkü bütün dikkatimiz, duyduğumuzu anlamak yerine, ne söyleyeceğimize kaymıştır. İyi dinlemediğimiz için söylediğimiz şeyler de duruma uygun olmaz:

"Şunu derse bunu derim", "Acaba şöyle dersem nasıl olur?", "Burada ne demek uygun olur?" vb.

Konuşmayı kesmek

Karşı taraf anlatacaklarını tamamlamadan konuşmasını kesmek, daha da kötüsü, aynı anda bizim de konuşmaya devam etmemiz, dinlemenin önündeki engellerin en önemlilerinden biridir.

"Ben sana benim yaşadığım asıl sorunun işle ilgili olduğunu..."

"Onu bilemem, sen asıl benim ne çektiğimi bir duy bakalım..."

Bu örnekteki gibi karşımızdakiyle aynı anda konuşuyorsak doğal olarak o anda onu dinleyemeyiz. Bu şekildeki bir konuşmaya diyalog denemez. Olsa olsa monolog veya paralel konuşma denebilir.

Süzgeçten geçirmek

Eğer kişi karşısındakinin söylediği şeylerden bazılarını dinliyor, bazılarını dinlemiyorsa, o zaman süzme işlemi yapıyor demektir. Süzgeçten geçiren kişi öğrenmek istediği şey ne ise sadece onu anlamaya yetecek kadar dinler:

"Acaba karşımdaki kişi bana kızgın mı, değil mi?", "Mutlu mu, mutsuz mu?", "Bana karşı ne hissediyor?", "Benden ne bekliyor?" vb.

Süzgeçten geçiren kişi aradığı konuda emin olduktan sonra söylenenlerin geri kalanını artık dinlemez. Örneğin, eşinin kendini nasıl hissettiğine odaklanan bir erkeğin, onun o anda mutlu olduğunu anladıktan sonra söylediklerinin geri kalanını dinlememesi gibi.

Yargılamak

Olumsuz etiketler insanları çok fazla etkiler. Eğer karşımızdaki insanla ilgili bir önyargımız varsa artık onun her dediğini o gözle dinleriz.

Peter Sellers'in başrolünü oynadığı *Being There* filminde, yaşamı boyunca bir köşkte çalışan ve dış dünyayla hiç teması olmayan bir bahçıvanın, köşkün sahipleri öldükten sonra daha önce hiç içine girmediği dış dünyadaki yaşamı anlatılır. Kahramanımız bir şekilde etkili bir kişiyle dostluk kurunca, diğer insanlar bahçıvanının geçmişini bilmedikleri için onu da çok önemli bir kişi zanneder ve ona öyle davranır. Bu önemli kişinin engin bilgi ve tecrübesinden yararlanmak için sordukları sorulara bahçıvanımızın bitkilerle ilgili kendi bilgisinden yola çıkarak verdiği cevaplar, dinleyiciler tarafından ekonomiyle ilgili çok önemli yorumlar zannedilir. Artık bahçıvanın her söylediğinde, son derece sıradan şeylerde bile insanlar önemli anlamlar görmeye başlar.

Bir kişinin aptal ya da yetersiz olduğuna ilişkin önyargınız varsa onun ne söylediğine dikkat etmezsiniz. Çünkü artık onun bütün söylediklerini bu önyargı merceğinden dinlersiniz. Tam tersine, akıllı ve bilgili şeklinde bir etiket koyduğunuz kişinin de her dediğini aşırı ciddiye alırsınız.

Oysa dinlemenin temel kurallarından biri, yargılamaların dinledikten ve iletinin içeriğini değerlendirdikten sonra yapılması gerektiğidir.

Hayal kurma

Yarı dinleme anındayken karşıdakinin söylediği bir şeyin aniden bir özel çağrışımlar zincirine yol açması ve bizim bu çağrışım zincirine kendimizi kaptırarak dinlemekten uzaklaşmamızdır. Örneğin biri bize İstanbul'da yaşadığı bir olayı anlatırken, İstanbul'da geçen öğrencilik yaşamımızla ilgili bir anının zihnimizde canlanması gibi. Söylenen tek bir sözcük bizi geçmişe götürebilir ve bu da artık karşıdaki kişiyi duymamızı engeller. Eğer konuşmadan sıkıldıysak ya da dinlemek istemediğimiz bir kişi konuşuyorsa bu olasılık artabilir.

Özdeşim yapma

Bir kişinin size söylediği her şeyi alır ve kendi yaşantınızla bağlantı kurarsınız. Kişi size okul hayatından bahsederken siz kendi okul hayatınızı hatırlarsınız. Karşınızdaki kişinin hikâyesini dinlemek yerine, kendinizi kendi hikâyenize kaptırırsınız. Duyduğunuz her şey, sizi yaşadığınız bir şeye götürür. Kendi yaşamınızla o kadar ilgilisinizdir ki, diğerinin öyküsünü duymazsınız bile.

Tavsiye verme

Siz yardımda bulunmaya hazır, her olayın çözümünü bilen büyük bir sorun çözücüsünüzdür. Doğru tavsiyede bulunmanız için birkaç cümle duymanız yeterlidir. Ancak belki de iyi dinlemediğiniz için asıl önemli olan noktaları gözden kaçırırsınız. Dinlediğiniz kişinin duygularını ve asıl ıstırabını gözden kaçırabilirsiniz. Üstelik karşınızdaki kişi yeterince dinlenmediği ve anlaşılmadığı için kendisini yalnız bırakılmış hisseder.

Atışmak

İnsanlarla münakaşa etmek veya tartışmaya girmek de dinlemenin önündeki en büyük engellerdendir. Konuşan kişi kendisini asla dinlenilmiş veya anlaşılmış hissetmez çünkü tartışan siz daha onun söylediklerini duyar duymaz karşı çıkarsınız. Odağınız karşı tarafın söylediklerinde itiraz edecek bir şeyler bulmaya dönüktür. Kendi inanç ve fikirlerinizde son derece netsinizdir.

Atışmayı önlemenin yolu, duyduğunuzu tekrar ederek ne duyduğunuz konusunda karşı tarafı bilgilendirmek ve karşı tarafın söylediklerinde uzlaşabileceğiniz bir şeyler bulmaya çalışmaktır:

"Yani sen şöyle diyorsun, öyle mi?", "Ben de şu konuda şöyle demene katılıyorum," vb.

Atışmanın bir şekli de karşıdaki kişiyi aşağılamaktır. Diğer kişinin bakış açısını değersizleştirmek için keskin veya alaycı ifadeler kullanırsınız.

"Bunu ilkokul çocukları bile bilir!" gibi.

Haklılık

Haklı olmak demek, yanılmadığınızı göstermek adına akla gelen her şeyi yapmak –gerçekleri çarpıtmak, bağırmak, bahane bulmak, suçlamak, geçmişte yapılanları yüze vurmak– demektir. Eleştirilere kulağını tıkamak, durumun hiçbir şekilde düzeltilecek bir yanı olmadığına inanmak, değişime ilişkin hiçbir öneriyi ciddiye almamaktır. İnançlarınız sarsılmaz ve değişmezdir. Hatalarınızın "hata" olduğunu asla kabul etmediğiniz için de doğal olarak onları yapmaya devam edersiniz:

"Haklıyım ve kazanacağım", "Kimse bana bunun başka türlü olduğunu gösteremez", "Gerçekler örtülemez ve gerçek bende," vb.

Konuyu değiştirme

Dinlemenin önündeki bu engel, aniden konu değiştirildiğinde gerçekleşir. Konudan sıkıldığınızda ya da rahatsız olduğunuzda konuşmanın akış yönünü değiştirirsiniz:

"Aslında bu sıralarda asıl sorun…", "Peki, şu konuya ne diyorsun?" vb.

Konuyu değiştirmenin bir başka yolu da espri veya şaka yapmaktır. Söylenen her şeye bir şaka veya espriyle cevap vererek ciddi bir konuşmanın sıkıntısından veya kaygıdan uzak durmuş olursunuz.

Teselli etme

Karşıdaki kişiye destekleyici, iyi, hoş davranmak istemekten doğan bir dinleme bloğu da karşımızdaki insanı teselli etmek veya avutmaya çalışmaktır:

"Kesinlikle haklısın", "Doğru, doğru…", "Aynen senin değin gibi…", "Tabii ki öyle", "Evet ya, gerçekten de…" vb.

Bu tür ifadeler kullanarak destekleyici, nazik ve cana yakın davranırsınız. İnsanların sizi sevmesini istersiniz, o yüzden de çok anlayıp dinlemeden herkesi ve her söylenileni onaylarsınız.

Genel anlamı görecek kadar dinliyor olabilirsiniz ama gerçekten ilgilenmiyorsunuzdur.

2. Konuşma

Konuşmak karşımızdaki kişiye sözel olarak bilgi iletmemizi sağlar. Bizim en iyi bildiğimiz, uzmanı olduğumuz alan ise kendi düşünce, duygu, istek ve niyetimizdir. Dolayısıyla bizim karşı tarafa iletebileceğimiz en sağlam ve yararlı bilgi, kendi iç dünyamızı yani en iyi bildiğimiz alanı içermelidir. İç dünyamızı açtığımızda ifade ettiğimiz şeyler bizim de kendimizi anlamımıza ve fark etmemize yardımcı olur. Kullanılmayan bir özelliğin giderek kaybolması gibi, kendimizi açmamak da giderek bizi kendi duygu, düşünce isteklerimizden uzaklaştırır. Bir anlamda kendimize yabancılaşıp ne istediğimizi bilemez hale gelebiliriz. Kendimizi açmak diğer insanlar önünde daha belirgin ve net biri olmamızı sağlar. Karşımızdaki kişi bizi daha iyi tanıyacağı için ilişki de yakınlaşır. Bu aynı zamanda karşıdaki kişiye örnek olarak onun da kendisini açmasını teşvik edebilir. İç dünyamızı uygun biçimde açmak, bunları ifade etmemekten doğan olumsuz duygularımızı (kızgınlık, suçluluk, üzüntü) azaltabilir. Örneğin, yaptığımız olumsuz bir davranışla ilgili duygu ve düşüncelerimizi açmamız kendimizi hem daha dürüst hem de daha cesaretli hissettirebilir.

Bu kadar olumlu yönlerine rağmen çoğu kişi için iç dünyasını açma fikri alışılmadık ve zor bir şeydir. İnsanlar kendilerini açmak yerine çoğu kez karşıdaki kişi veya genel doğrular üzerine konuşmayı yeğler. Bu durumda konuşma bizim için karşıdaki kişinin davranışlarını eleştirmek, değerlendirmek için bir araca dönüşür. Çok sevdiğimiz bir diğer konuşma biçimi olarak genel doğrulardan konuşurken de ("Hiç insan böyle yapar mı?", "Dürüst olmak lazım", İnsanlık buna müdahale etmeyi gerektirir", "İnsanın yaptığı işe saygısı olması gerekir" vb.) aslında dünyanın ve insanların nasıl olması gerektiği konusundaki "kendi fikirlerimizi" sanki genel, evrensel ve itiraz edilemez doğrular gibi paylaşmayı yeğleriz.

Peki, neden asıl uzmanı olduğumuz kendi duygu, düşünce ve niyetlerimizi, kendi yaşantımız ve isteklerimiz gibi talep etmekten, ifade etmekten kaçınırız? Çünkü çoğu kere, eğer kendimizi açarsak zarar görmeye daha açık bir konuma geldiğimize, insanların olumsuz tepki vereceğine, söylediklerimizi yargılayacaklarına, ayıplayacaklarına, cezalandırılacağımıza, reddedileceğimize ya da onaylanmayacağımıza inanırız. Oysaki kendini açmak, ilişki içinde bizim var olmamızı, anlaşılmamızı, fark edilmemizi sağlar. Kendimizi açmamız sayesinde hem sınırlarımızı koruruz hem de insanlar bizi tanıdığı için kendilerine daha yakın hisseder. Kendisini atılgan ve açık bir şekilde ifade eden bir mesajda, kişi karşısındakine, "Ben sana kendimle ilgili konuşuyorum ve nasıl hissettiğimi, neye ihtiyacım olduğunu, ne istediğimi, ne düşündüğümü veya neye inandığımı söylüyorum," mesajını verir.

Diğer insanlarla konuşurken genel olarak aktardığımız içerikleri konusuna göre grupladığımızda bunların bir kısmının gözlemlerimiz ("Bugün hava bulutlu"), bir kısmının da inançlarımız ("İnsanlar giderek daha çıkarcı oluyor"), tahminlerimiz ("Bugün yağmur yağacak"), yargılarımız ("İnsan ne olursa olsun bunu yapmamalı") ve çıkarımlarımızdan ("Bana işi düştüğü için böyle iyi davrandı") oluştuğunu görebiliriz.

Kişisel dünyamızı açtığımızda ise paylaştığımız en önde gelen içerik duygu ve isteklerimizdir. Duygu ve isteklerin paylaşılması iletişimin bize en zor gelen kısmıdır. Bazı kişiler hemen hiçbir zaman duygularını anlamak istemez; duyguları ortaya çıktığı, dışa yansıdığı zaman rahatsız olurlar. Ancak kendimizi ifade ederek gerçek ve değerli bir iletişime girmenin ilk ve en önemli aracı duygularımızı paylaşmaktır:

"Bu yaptığım davranışa kırıldığını görüyorum, bu beni çok

üzdü çünkü gerçekten seni kırmayı hiç istemezdim", "Seninle konuşmayı çok seviyorum. Her zaman beni rahatlatıyorsun, senin desteğini hissetmem benim için çok önemli," gibi.

İsteklerimizi konuşma yoluyla açığa vurmamız son derece önemlidir çünkü bunları bilip ifade edebilecek tek insan kendimiziz. Ne istediğimizi kendimizden başkası bilemez. Ancak isteklerini ifade etmek de her insan için kolay değildir. İsteklerimizi belirtmeyi bencillik, çıkarcılık gibi kötü gördüğümüz veya dışarıdan suçlanma, reddedilme gibi olumsuz tepkiler alabileceğimizi düşündüğümüz için dile getirmekten kaçınabiliriz. Hatta isteklerimizin biz söylemeden anlaşılarak yerine getirilmesinin rahatlığını yaşamayı bekleyebiliriz ("Eğer gerçekten bana önem veriyorsa benim ne istediğimi bilmeli.") Daha da ötesi, isteklerimizi söylemeyi kötü bile görebiliriz: "İstedikten sonra yapılmasının bir anlamı yok, kendiliğinden anlayıp yapmalıydı," gibi ifadeleri özellikle yakın ilişkilerde çok yaygın biçimde görebiliriz. Ancak bu tür beklentiler, insan doğasına ve ilişkilerin gerçekliğine uymayan beklentilerdir ve sonucu eninde sonunda hayal kırıklığıdır. Bu türden beklentiler, her zaman değilse de sadece anneyle henüz konuşamayan bebeğinin ilişkisinde, bazen de çok iyi giden ilişkilerin belli anlarında (örneğin yeni başlamış sevgi dolu bir ilişkide) karşılanabilir. Kendi isteklerimizi başkalarının anlayışına ve empati yeteneğine bırakmak yerine, doğrudan doğruya ve uygun bir şekilde ifade etmek ilişkinin sağlığı için gereklidir. "Ben şunların olmasını istiyorum ve eğer böyle olursa bu beni çok mutlu edecek", "Bugün dışarı çıkabilir miyiz?", "Kısa bir tatile çıkmayı çok istiyorum", " Bana yakın davrandığında bu çok hoşuma gidiyor," vb. Her iki taraf da kendi isteklerini açık bir şekilde ve karşısındakinin isteklerine saygı duyarak ifade ettiği zaman ilişkide doyum ve mutluluk artar, ilişki güçlenir.

İyi Konuşmanın Kuralları

Konuşurken amaç diğer kişiyle birtakım bilgi ve deneyimlerinizi paylaşmak veya kendi iç dünyamızı açmaktır. Konuştuklarımız gördüklerimizi, düşündüklerimizi, hissettiklerimizi ve gereksinim duyduklarımızı içerir. Bunları ilettikçe insanlar bizi daha iyi tanırlar. Eğer bunu yaparken bizi dinleyen kişinin o anki durumunu anlamaya ve hissetmeye çalışır ve onun durumuna uygun biçimde konuşursak, o zaman karşımızdaki kişi iletmek istediğimiz mesajı veya paylaşmak istediğimiz deneyimimizi daha iyi anlayabilir. Konuşmayla ilgili olarak aşağıda sıralanan kurallar, bizim bu amaca uygun olarak kendimizi daha iyi ifade etmemize katkıda bulunabilecek bilgileri içeriyor.

1. Dikkatli bir biçimde konuşun

Nasıl ki dinleyen dikkatli olmalıysa, konuşan kişi de uygun bir biçimde göz temasını sürdürerek, karşıdakinin kendini dinlediğine işaret eden beden dilini (yüzünü-hareketlerini) gözeterek konuşmalı.

2. Uygun zamanda konuşun

Zamansız ve karşıdaki kişi hazır değilken yapılan en iyi konuşma bile boşa gider. Kendini etkili bir şekilde ifade etmenin ilk koşulu neyin, ne zaman söyleneceğini bilmektir. Çok duygusal, kızgın veya üzgünken yapacağımız bir konuşmada kendimizi uygun biçimde ifade edebilmemiz zor olabilir. Diğer yandan, belli bir soruna dönük konuşacaksak, uzun süre susup biriktirerek ve öfke patlaması ile saldırgan bir şekilde konuşmak ilişkimizi bozabilir.

3. Açık ve net konuşun

Olan bitenleri anlatan gözlemlerimizi, kendi duygu, düşünce, istek ve yorumlarımızı net bir şekilde ifade etmek, insanların bizim duygu, düşünce ve isteklerimizi bilmediklerinin, ancak biz söylersek bunu anlayabileceklerinin farkında olarak konuşmaktır. Örneğin, "Geçen hafta sözleştiğimiz saatte sen gelmediğinde zor durumda kaldım. Gecikme nedeniyle daha sonraki planlarım aksadı," gibi. Bu, iletişimin gerçek amacı ile kullanım amacının aynı olması anlamına gelir. İmalar, örtük ifadeler, gizli niyetler iletişimi bozar. Açık ve net bir konuşma düşüncelerinizin, duygularınızın, isteklerinizin ve gözlemlerinizin uygun bir şekilde yansıtılmasıyla olur. "Eğer daha sonra beraber çalışacaksak bu konuya özen göstermeni istiyorum," gibi.

4. Destekleyici ve yapıcı konuşun

Herhangi bir konuda konuşacaksak, öncelikle karşımızdaki kişinin o güne dek o konuyla ilgili yaptığı olumlu şeylerden bahsederek başlamak yerinde olur. Destekleyici olmak karşımızdaki kişiyi bize yakınlaştırır, sempati getirir, bu da söylediklerimizin daha iyi dinlenilmesini sağlar. "Benim için son dönemde yaptıklarına çok teşekkür ederim. Beni düşünerek bunları yaptığın için çok sağ ol," gibi.

5. Anlamlı sorular sorun

Bir konuşmayı kısa ve verimsiz kılmanın en iyi yolu karşıdakine "evet" ya da "hayır" diye cevaplanacak sorular sormaktır. "Burayı sevdin mi?" gibi. Bunun yerine karşıdaki kişiye onu daha iyi anlamanızı sağlayacak sorular sorun."Burayı nasıl buldun?" gibi.

6. Aşırı konuşmayın

Tam olarak konuyla ilgili konuşun; bir olayı ya da tepkinizi anlatırken ayrıntıya girerek konuşmanızı lafa boğmayın. Çok konuşmak aslında konuşmanın etkisini azaltan bir şeydir. Çünkü bu tarz bir konuşmada önemli şeylerin arada gözden kaçma olasılığı daha büyüktür. Kısa ve net bir tartışma, söylediklerinizi tam olarak anlamak üzere sorular sorması ve yansıtma yapabilmesi için karşınızdaki kişiye şans tanıyacaktır.

7. Sessizliği kabul edin

Bazen bir noktayı vurgulamanın en iyi yolu, konuştuktan sonra bir süre susmaktır. Bu hem size hem de dinleyene, söyleneni sindirme imkânı verir.

8. Çapraz kontrol yapmayın

Konuşma esnasında karşıdaki kişiden bir şey öğrenmek için art arda sorular sormayın. Ya da zaten cevabını bildiğiniz sorular sormayın. Örneğin hafta sonu işi olduğu için sizinle görüşemeyeceğini söyleyen bir arkadaşınızın o hafta sonu sinemaya gittiğini biliyorsanız, bu konuda doğru söylememesi sizi rahatsız ettiyse ve son derece yakın bir ilişkiniz varsa, ona bildiğinizi söylemeyip önce dolaylı şekilde, "Hafta sonu iyi ders çalıştın mı? Evden hiç çıkmadın, değil mi?" diye sormak yerine, "Hafta sonu evden çıkmayacağını söylemiştin ama sinemaya gittiğini duydum," şeklinde doğrudan durumu iletebilirsiniz. Taktik ve diplomasi kullanımı saygıyı gösterir ve sorgulama yapmaya göre öğrenmek istediğiniz şeyi daha kolay öğrenmenizi sağlar.

İyi Bir İletişimin Önündeki Engeller

Önce yine ideal olanı anlattıktan sonra, şimdi de ideal olmayana veya konuşma ve dinleme esnasında yapılmaması gerekenlere bakalım. Bunu en iyi şekilde bir örnek diyalog üzerinden anlayabileceğimiz için sizden aşağıda yer alan iki arkadaş arasındaki diyaloğu okumanızı isteyeceğim. Diyalogda konuşmacı olan Ayşe'nin, oldukça fazla sorun yaşamakla beraber bitiremediği uzatmalı bir ilişkisi vardır. Bu konuyu Fatma'ya açmaktadır:

Ayşe: İyice çıkmaza girdim. Ne yapsam bilemiyorum. Ondan ayrılıp ayrılmayacağıma karar veremiyorum. Ayrı kaldığımda dayanamam, kötü olurum diye düşünüyorum.

Fatma: En iyisinin ne olduğunu düşünüyorsan onu yapmalısın, sonuçta senin ilişkin bu. En iyisini sen bilirsin.

Ayşe: Zaten ben de tam bunu bilemiyorum. Benim için hangisi daha iyi?

Fatma: En iyisinin ne olduğunu ancak sen bulabilirsin. Bunun için kendi içini dinle.

Ayşe: Kapana kısılmış gibiyim, bu ilişkide boğuluyorum; sürdürmek çok zor, bitirmekte de zor.

Fatma: O zaman bir süreliğine ayrı kalıp ne olup olmayacağını bir görsen, denesen, nasıl olur?

Ayşe: Fakat onu seviyorum. Eğer onu bırakırsam çok üzülür, mahvolur.

Fatma: Ama bu şekilde devam ettiğinde de sen kendi hayatını harcamış oluyorsun, senin zamanın gidiyor. Zaman insanın hayatta yerine koyamayacağı tek ve en değerli şey.

Ayşe: Ama şu anda sıkıntılı bir zamanında. Onu bırakmam, terk etmem bencillik olmaz mı?

Fatma: Ama kendini korumak adına yapabileceğin tek şey bu. Yapabileceğin başka bir şey yok.

Ayşe: Bu dediğini nasıl yapabilirim, bilemiyorum.

Fatma: Eminim her şey daha iyi olacak. Güven kendine. Sen başarabilirsin.[2]

Bu diyaloğu nasıl buldunuz? Eğer siz Ayşe'nin yerinde olsaydınız Fatma'nın söyledikleri size nasıl gelirdi? Kendinizi anlaşılmış ve desteklenmiş hisseder miydiniz? Sizin bu konudaki fikrinizi öğrenme şansım yok. Ancak, iletişimle ilgili çalışmalar yapan bilim insanlarına bu soruyu sorsak alacağımız cevap, Fatma'nın iletişim tarzının hiç de uygun olmadığı biçiminde olurdu. Bunun bir iletişim biçimi olmadığını söylerlerdi.

Şimdi, iletişim bilimcilerin iletişimde hata olarak gördükleri tutumların[3] sırayla üstünden geçip ardından da yukarıdaki diyaloğa bu ilkeler ışığında tekrar bakalım.

1. Emir vermek, yönlendirmek

İletişimi tıkayan bu davranış, bir tarafın sanki kendisi daha üst konumdaki bir otoriteymiş, karşı taraf ise daha aşağı konumda biriymiş gibi ona emir vermesi veya yönlendirici biçimde konuşmasıdır. Konuşan kişi gerçekten bir otorite (ebeveyn veya yönetici) veya öyle davranan biri de olabilir. Alttaki mesaj, "Senin fikir veya tercihlerinin bir önemi yok, sen ben ne istiyorsam ona uymak durumundasın"dır.

"Bu böyle söylenmez!", "Gerçeklerle yüzleşmelisin!", "Ben söylediğim saatte eve geleceksin!", "Çabuk git ve yaptığın için özür dile!" gibi.

Bu tarzın bir diğer örtük mesajı ise şudur: "Ben senin ayrı biri olarak varlığını veya gerçekliğini kabul etmiyorum."

Bu tarza muhatap olan kişi karşısındakine kızgınlık, kırgınlık hisseder ve ilişki bozulur.

Örnek:

Soru: "Maçı seyredebilir miyim?"

Cevap: "Yeterince izledin. Haydi, hemen yatağa artık."

2. Uyarmak, tehdit etmek

Bu tür mesajlar emir vermeye, yönlendirmeye benzer, fakat aynı zamanda eğer tavsiyeye uyulmazsa bunun -açık veya örtük biçimde- kötü sonuçlarının olacağını iletir. "Dediğimi yap, yoksa görürsün…" gibi. Bu mesajın hedefi karşıdaki kişiyi korkutmak ve boyun eğdirmektir.

"Eğer bunu yapmazsan ileride pişman olursun!", "Eğer bunu yapmazsan bir daha seninle asla görüşmem!", "Eğer ona iyi davranmazsan seni terk eder", "Bunu yapmaya devam edersen eninde sonunda bela seni bulur," vb.

Bunlar da aynen emir gibi karşıdaki kişide düşmanlık ve küskünlük oluşturabilir.

Örnek:

Soru: "Bu projeyi hiç sevmiyorum. Bir mazeret mi söylesem, başkasına verseler?"

Cevap: "Bu gidişle sen bu işten de atılırsın."

3. Tavsiye vermek, çözüm önermek

Bu konuşma biçiminde kişi kendi tecrübe ve bilgi dağarcığına göre karşısındakine bir davranış önerisinde bulunur. Bununla ulaşan örtük mesaj, karşıdaki kişinin sorununu çözme açısından bilgi ve yargısının yetersiz olduğu, konuşan kişinin ise üstün ve bilgili olduğudur. Ancak çoğu kere tavsiye, tavsiyeyi alan kişiye yeterince anlaşılmadığını hissettirir.

Bu tarz cümleler genellikle, "Niye şunu yapmıyorsun?", "Hiç şöyle yapmayı denedin mi?", "İstersen bir de şöyle yap," biçiminde başlar.

Örnek:

Soru: "Bu bölümde okumak hoşuma gitmiyor. Bıraksam mı?"

Cevap: "Şu sıralarda bence bunalımdasın, karar vermeden önce biraz beklemelisin."

4. Mantık yoluyla, tartışmayla veya nutuk çekerek karşı tarafı ikna etmeye, alt etmeye çalışmak

Bunun altındaki varsayım, karşıdaki kişinin yeteri kadar iyi düşünemediği ve bu yüzden de yardıma ihtiyacı olduğudur. Buna muhatap olan kişi sanki kendisi öğrenciymiş de karşısındaki de öğretmenmiş gibi hissedebilir. Mantıklı kanıtlar öne sürme veya tartışma, kişiyi savunmaya veya küskünlüğe itebilir. Hiçbir insan hata yaptığını kabul etmekten hoşlanmaz. Bu tür iletişim şu tipik ifadelerle başlar:

"Gerçekler bize şunu gösteriyor...", "Evet ama...", "Bir de şöyle düşünelim..."

Örnek:

Soru: "Bugün hastayım, işe gitmesem mi acaba?"

Cevap: "Eğer dün gece geç yatmasaydın ve dinlenseydin bugün böyle olmazdın."

5. Kişiye ne yapması gerektiğini söylemek, ahlak dersi vermek, görevi olduğunu söylemek, vaaz vermek

İletişimdeki bu engelin altında gereklilik dili (-meli, -malı) yatar. Örtük mesaj "Doğru davran"dır:

"Şöyle yapmalısın", "Gerçekten senin böyle yapman gerekir", "Burada senin görevin şunu yapmaktır," gibi.

Örnek:

Soru: "İş yerinde bana kötü davranıyorlar. Ne yapsam?"

Cevap: "Senden yardım istediklerinde yardımcı olsaydın onlar da şimdi sana böyle davranmazlardı."

6. Karşı çıkmak, yargılamak, eleştirmek, suçlamak

Bu iletişim engelinin özelliği karşıdaki kişide veya söylediklerinde yanlış bir şey olduğu mesajının verilmesidir.

"Senin hatan", "Bütün bunlar senin yüzünden oldu!", "Çok bencilsin!" gibi.

Bu tür mesajlar yargı ve suçlama içerdiği için karşıdaki kişiye kendini yetersiz, aşağı, aptal, değersiz, suçlu veya kötü biri gibi hissettirir. Bu yargılayıcı ve eleştirel tutum, tepki olarak savunma veya karşı eleştiriyi getirir. Ayrıca karşımızdaki kişi artık bize kendisini açmak istemez.

Örnek

Soru: "Bana destek olmuyorsun, hep eleştiriyorsun?"

Cevap: "Eğer bir şeyleri doğru dürüst yapıyor olsaydın ben de seni eleştirmezdim."

7. Anlamadan uzlaşmak, onaylamak, övmek

Anlamadan veya yüzeysel bir anlayışla uzlaşmak, onaylamak ve övmek de iletişime engel olan bir tutum olabilir. Bu tutum iletişimi durdurabilir ve konuşanla dinleyen arasında değerlendirilen, değerlendiren gibi eşitsiz bir ilişki olduğunu ima edebilir.

"Aferin, çok iyi yapmışsın!", "Bu işte iyisin!", "Bunu hak ettin!" gibi.

Özellikle de herhangi bir temeli olmayan övgüler veya kendisinde var olmadığına kesinlikle inandığı olumlu bir özelliğin sanki onda varmış gibi söylenmesi kişiyi kızdırır. Şöyle düşünün: Boyu kısa olan birine boyunun çok uzun olduğu söylediğinizde, bu kişi sözlerinizi kendisiyle alay ettiğiniz biçiminde algılayıp kızabilir. Ayrıca bu tür iletişimin bir diğer tehlikesi de karşı tarafın bunu kendisini manipüle etme girişimi gibi algılayabilmesidir.

Örnek:

Soru: "Ahmet'le aramız bozuldu, bana eskisi gibi davranmıyor. Ne yapsam?"

Cevap: "Merak etme, sen çok iyi bir insansın, eninde sonunda seni anlayacaktır."

8. Alay etme, aşağılama, utandırma

Burada açık bir şekilde karşıdaki insana dönük bir aşağılama vardır.

"Bu yaptığın çok aptalca bir şey!", "Kendinden utan!", "Nasıl böyle bir şey yapabilirsin!" vb.

Amaç belki de bizi utandırarak değişime yöneltmektir bazen. Ama öyle bile olsa, bizimle bu şekilde konuşan kişiye karşı olumsuz duygular hissederiz ve onun isteklerini yerine getirmeyi istemeyiz. O yüzden bu yöntem çoğunlukla ters teper ve insanları değişime yöneltmez.

Örnek:

A: "Dikkatsizlikten yapmışım bu hatayı."

B: "Ne zaman dikkatli oldun ki sen?"

9. Yorum ve analiz yapma

Bu bazı insanların önüne geçemedikleri bir eğilimdir. Karşıdaki kişinin söylediklerinin dışında anlamlar ararlar. Kişinin davranışlarından ve konuşmalarından gizli anlamlar çıkarıp ardından da aslında kendi yorumları olan bir düşünceyi o kişiyle ilgili bir gerçekmiş gibi görürler. Bu tutum, yorumlar doğruysa karşıdaki kişiyi utandırabilir. Yanlışsa, kızdırabilir.

"Sen aslında bunu demek istemedin...", "Senin gerçek sorunun ne, biliyor musun?", "Sen aslında beni sinirlendirmeye çalışıyorsun, biliyorum" vb.

Örnek:

A: "Hep onu koruyorsun, beni hiç dinlemedin?"

B: "Onu kıskandığın için böyle düşünüyorsun."

10. Güvence vermek, sempati göstermek, teselli etmek

Burada çoğunlukla niyet karşıdaki kişinin kendisini iyi hissetmesidir. Ancak bunun mahsuru, bu tür tutumlara maruz kalan kişilerin kendilerini anlaşılmamış hissetmeleridir.

"O kadar da kötü bir şey yok", "Bir şey olmaz, merak etme", "Boş ver, bir yıl sonra hatırladığında gülersin belki bugünlere," gibi.

Örnek:

A: "Bu durumu nasıl halledebilirim, bilmiyorum."

B: "Önemli bir şey yok, sen kolayca halledersin bunları."

11. Sorgulama veya irdeleme

İyi dinlemek için soru soru sormak bazen iyi bir yöntemdir. Kişi sorarak daha fazla bilgi edinmeyi amaçlar. Ancak soru sormak bazen sorunun yöneltildiği kişiye dönük güven yokluğu, kuşku, şüphe mesajı da iletebilir.

"Kapıyı kapattın, değil mi?" gibi.

Soru soranın karşıya iletebileceği bir diğer olumsuz mesaj ise yeterince soru sorarsa çözümü açığa çıkarılabileceği yönündedir. Bu sorular konuşmanın akışının anlatıcının isteğine göre değil de dinleyicinin isteğine göre gitmesine yol açar. Konuşmanın kendiliğinden, doğal biçimde akmasına engel olabilir.

"Sen onu bırak da, neden geldin onu söyle," gibi.

Buradaki önemli ayrım, soruların kişinin anlatımını ve kendini ifade etmesini kolaylaştırmak ve açmak yerine engelleyici olmasıdır.

"Niye böyle hissettin ki?", "Ne var bunda?", "Bunu mu yapacaksın?" , "Neden?" vb.

Örnek:

A: "Bana daha çok kitap okumam konusunda baskı yapıyor."

B: "Belki de dil ve anlatımının gelişmesini istediği için bunu yapıyor olabilir mi? Ne dersin?"

12. Geri çekilme, dikkat dağıtma, espri yapma, konuyu değiştirme

Kişinin dikkatini başka yere çekmeye dönük iletişim biçimidir. Bunun altında yatan mesaj, kişinin bahsettiği konunun gereksiz veya önemsiz olduğudur.

"Bunu başka zaman konuşalım", "Bu dediğin bana başka bir şeyi hatırlattı, sana onu anlatayım...", "Ciddi misin?", "Kafana takma bunları, boş ver bence," gibi.

Bu tutum karşıdaki kişiye onunla ilgilenmediğiniz, duygu ve düşüncelerini önemsemediğiniz, ona saygı duymadığınız veya doğrudan doğruya onu reddettiğiniz mesajını verir. Bu şekilde verilen cevaplar aynı zamanda kişiyi incitebilir. İfade edilişi ertelenen duygu ve düşünceler bir yere gitmez, sadece ertelenmiş olur ve belli bir süre sonra tekrar ortaya çıkar. Ertelenen sorunların kendi kendine çözülmesi gibi bir durum neredeyse hiçbir zaman gerçekleşmez. Kişi bu durumda bizden uzaklaşacak ve kendisini ciddiye alan birini bulmaya yönelecektir.

Örnek:

A: "Mesajıma cevap vermedi, herhalde benimle küstü Ayşe."

B: "Bugün haberleri izledin mi? Havanın giderek ısınacağı söyleniyordu."

Evet, iletişimin önündeki belli başlı engelleri örnekleriyle gördükten sonra, ilk başta verdiğim diyaloğu bir de bu bilgiler ışığında irdeleyelim:

Ayşe: İyice çıkmaza girdim. Ne yapsam bilemiyorum. Ondan ayrılıp ayrılmayacağıma karar veremiyorum. Ayrı kaldığımda dayanamam, kötü olurum diye düşünüyorum.

Fatma: En iyisinin ne olduğunu düşünüyorsan onu yapmalısın. Sonuçta senin ilişkin bu. En iyisini sen bilirsin. **(Ne yapması gerektiğini söylemek, ahlak dersi vermek)**

Ayşe: Zaten ben de tam bunu bilemiyorum. Benim için hangisi daha iyi?

Fatma: En iyisinin ne olduğunu ancak sen bulabilirsin. Bunun için kendi içini dinle. **(Ne yapması gerektiğini söylemek)**

Ayşe: Kapana kısılmış gibiyim, bu ilişkide boğuluyorum. Sürdürmek çok zor, bitirmek de zor.

Fatma. O zaman bir süreliğine ayrı kalıp ne olup olmayacağını bir görsen, denesen nasıl olur?**(Tavsiye vermek)**

Ayşe: Fakat onu seviyorum. Eğer onu bırakırsam çok üzülür, mahvolur.

Fatma: Ama bu şekilde devam ettiğinde de kendi hayatını harcamış oluyorsun, senin zamanın gidiyor. Zaman insanın hayatta yerine koyamayacağı tek ve en değerli şeydir. **(Uyarma, tehdit etme)**

Ayşe: Ama şu anda sıkıntılı bir zamanında. Onu bırakmam, terk etmem bencillik olmaz mı diye düşünüyorum?

Fatma: Ama kendini korumak adına yapabileceğin tek şey bu. Yapabileceğin başka bir şey yok. (**Mantık yoluyla onu alt etmek**)

Ayşe: Bu dediğini nasıl yapabilirim, bilemiyorum.

Fatma: Eminim her şey daha iyi olacak. Güven kendine. Sen başarabilirsin. **(Boş güvence verme)**

Gördüğünüz gibi, iyi niyetli de olsa, iletişimde yapılan hatalar insan ilişkilerinde almak istediğimiz olumlu tepkilere engel olabilir. Bizim yapabileceğimiz şey, kendi iletişim biçimimizi mümkün mertebe istek ve değerlerimize ulaşmamıza yardımcı olacak tarzda geliştirmeye çalışmaktır.

Şimdi, aynı diyalog iletişimin temel ilkelerine uygun ilerleseydi nasıl olabilirdi, bir de ona bakalım:

Ayşe: İyice çıkmaza girdim. Ne yapsam bilemiyorum. Ondan ayrılıp ayrılmayacağıma karar veremiyorum. Ayrı kaldığımda dayanamam, kötü olurum diye düşünüyorum.

Fatma: İlişkiyle ilgili ne yapacağına karar veremiyorsun. Yapılabilecek şeylerden hiçbiri tam içine sinmiyor.

Ayşe: Evet, ne yapacağımı bilemiyorum. Benim için hangisi daha iyi?

Fatma: Çok zor bir seçim, seni anlıyorum. Ben de senin yerinde olsaydım aynı zorluğu yaşardım.

Ayşe: Kapana kısılmış gibiyim, artık bu ilişkide boğuluyorum. Sürdürmek çok zor, bitirmek de zor.

Fatma: Keşke seni rahatlatabilecek çözümü bilebilseydim.

Ayşe: Onu seviyorum. Eğer onu bırakırsam çok üzülür, mahvolur.

Fatma: Onun mutlu ve iyi olmasını istiyorsun.

Ayşe: Evet, *şu anda sıkıntılı bir zamanında. Onu bırakmam, terk etmem bencillik olmaz mı diye düşünüyorum?*

Fatma: Özverili birisin ve sıkıntılı zamanında ona destek olmak istiyorsun. Bu ilişkinin hem kendin hem de onun için en iyi olacak şekilde sonuçlanmasını istiyorsun.

Ayşe: Evet, çok doğru. Ancak her ikisinin aynı anda olması zor gibi.

Fatma: Evet, yaşam maalesef bazen insanın önüne senin yaşadığın gibi açmazlar koyabiliyor.

İyi iletişim kurmaya çalışırken şunu unutmayın: Bunları yaparken belli bir sonucu veya karşıdaki kişinin değişmesini hedeflemeyin, *çünkü sizin çok iyi iletişim kurmanız her zaman insanlarda istediğiniz etkiyi yaratacağınız ve istediğinizi alacağınız anlamına gelmez. Başkalarının ne yapacağını, ne düşünüp ne hissedeceğini biz kontrol edemeyiz. Bizim amacımız sadece kendi kontrolümüzde olan kısmı, yani konuşma ve davranışlarımızı en iyi biçimde gerçekleştirmek olabilir.* Yani hedefiniz sadece ve sadece karşı tarafı iyi anlamak ve kendinizi de en iyi şekilde anlatmak yönünde çaba göstermek ve davranmak olsun.

Sonuç

Her sürecin bir sonu olduğu gibi bu kitabında bir sonu var. Bildiğimiz kadarıyla her şey sonlu olduğuna göre, önemli olan bir "son"a değil, "iyi bir son"a sahip olmak.

Sonlardan konuşurken, en önemli son olan "yaşamın sonu"ndan, ölümden bahsetmek istiyorum. Birazdan söyleyeceklerim belki bazıları için tatsız gelebilir ama daha iyi anlaşılmak için somut bir örneğe gereksinim duyuyorum. Yaşamın anlamını konuşurken, doğumla ölüm arasında geçirilen zaman çizgisi demiştik yaşam için. Ne zaman doğduğumuzu, dünyaya geldiğimizi biliyoruz ama ne zaman ve nasıl öleceğimizi bilemiyoruz. Şöyle bir kurgu düşünmenizi istesem: Bunun böyle olmadığı, bütün insanların kendi ölüm tarihini bildiği bir dünyada yaşasak, yani yaşayan herkes ne zaman öleceğini de biliyor olsa, acaba yaşam nasıl olurdu? Somut bir tarih olarak ne zaman, hangi gün öleceğimizin bilgisine sahip olsak ve bu tarih hep önümüzde dursa acaba bu bireysel olarak bizi ve yaşamımızı nasıl etkilerdi? Bugün yaptığımız neleri yapmaya devam ederdik? Neleri bırakırdık? Yaşamımızda neler değişirdi?

Bir anlığına, böyle bir dünyayı, kendinize gönlünüzden ne

geçiyorsa kabaca bir tarih belirleyerek zihninizde canlandırmaya çalışın...

(...)

Benim fikrim, böyle bir dünyanın hem kişisel hem de toplumsal anlamda oldukça farklı olacağı yönünde. Aslında yukarıda sanki karamsar bir bilimkurgu senaryosu gibi sunduğum, şey yaşamın kendisi. Ölüm tarihimizi bilmesek de o tarih hepimiz için var ve hepimiz ölümlüyüz.

Ünlü psikiyatr Irvin D. Yalom, insanların yaşadığı pek çok ruhsal sorunun altında ölüm kaygısının yattığını söyler. Evet, doğru, belki bir grup insan için böyle olabilir bu; ama ben büyük çoğunluk için durumun tam tersi olduğuna, insanların sorununun çoğu kez kendisini ölümsüz zannetmekten kaynaklandığına inanıyorum. Özellikle de bazı kaygı bozuklukları ve depresif durumların altında yatan ana nedeninin ölüm korkusu değil, tam aksine "ölümsüzlük yanılgısı" olduğunu düşünüyorum. Örneğin, panik bozukluğu ve kalp krizi geçirme korkusu olan bir birey, sanki içten içe, eğer kalp krizi geçirmezse ölmeyeceğine, ölümsüz olacağına inanır gibidir. Bu nedenle bütün hayatı bununla mücadeleye adanmıştır. Hastalık bulaşması korkusu olan obsesif bir birey ise eğer "kirlilik ve mikrop"tan uzak durursa neredeyse kendisine artık hiçbirşey olmayacağını varsayar. Kanser olma korkuları olan bir hipokondriyak sanki o korktuğu kansere yakalanmazsa kendisine hiçbir şey olmayacağına inanmaktadır. Bu kişiler bütün yaşamlarını ve enerjilerini, varsaydıkları bu tehditle mücadeleye adarlar. Bunu savuşturduktan sonra yaşayacakları sonsuz bir hayat olduğu için kolaylıkla bugünlerini feda edebilirler.

Oysa gerçek şu ki hepimizin yaşamı ve süresi sınırlı. Önemli olduğunu varsaydığımız tehdide odaklanmanın ve bunu önlemeye çalışmanın o tehdidi bile yok etme gücü olmadığı gibi, yaşamdaki diğer tehdit ve tehlikelerin bize zarar vermeyeceğinin de bir garantisi yok.

Bu anlamda ruhsal sorunların çözümünde belki de ilk adım, kişinin yaşamının sınırlılığını, yani ölümlülüğünü idrak edip kendi önemsediği tehdit gerçekleşmese bile şu ya da bu sebepten zaten sınırlı bir süre yaşayıp öleceğinin farkında olmasıdır. İnsan sonu olmayan süreçlerde ve işlerde zamanını çok kolay boşa harcayabilir. Böyle durumlarda ilk yapılması gereken şey, kendimize zamanın sınırlılığını ve ölümlülüğü hatırlatmak olmalı. Bunun ilk getirisiyse, umulur ki, zamanın bizim için gerçekten önemli olan şeylerle geçirilmesi olacaktır.

Özet

Başlangıç ve yola çıkış noktamız, işaret sistemimiz olan duygulardır.

Duygular neyi istediğimizi ve nereye gideceğimizi gösterir. Özellikle olumsuz duygular bu anlamda en iyi göstergelerdir. Duygularımızı neyi istediğimizi anlamak ve öğrenmek için kullanıp daha sonra da istek ve ideallerimize göre davrandığımızda o duygular giderek azalmaya başlar. Tersine bir şekilde, duygularımızı ne anlama geldiğini anlamaya çalışmaksızın bastırmaya veya yok etmeye çalışmak ise o duyguların sürmesine ve giderek daha rahatsız edici olmasına yol açar...

Hemen kendimden ve bu kitabın yazılma sürecinden somut bir örnekle açayım:

Benim bu kitabı yazarken zaman zaman ortaya çıkan iki ana olumsuz duygum vardı: Telaş ve endişe. Bu telaş ve endişe anlarına eşlik eden düşüncelerim "Geciktim / Yeterince anlaşılır olmadı" şeklindeydi. Davranışım ise zaman zaman kitabı yazmaktan kaçınmak ve gündelik oyalayıcı işlerle uğraşmaktı.

Evet, bu durum için adım adım bu kitapta önerilenleri uygulayalım. Önce duygunun işaret ettiği istek ve idealle başlayalım. Kitabı yazma sürecinde zaman zaman yaşadığım bu telaş ve endişe duygusu bana ne söylüyordu acaba?

Evet, eğer üzerinde düşünür ve isteklerimizi fark edersek, duygular bize ne istediğimiz konusunda en güzel geri bildirimi ve yönlendirmeyi verir demiştik. O halde, telaş ve endişe duygumun bana söylediği şuydu: "Ben insanlara ruhsal yaşamlarında yararlı olabilecek bir kitabı en kısa zamanda yazmak istiyorum."

İkinci önemli ruhsal aracımız ise algı ve düşüncelerimizdir. Düşünceler zihnimizde ortaya çıkan sözcükler ve görüntülerdir. Düşüncenin görevi ise yaşamdaki istek ve ideallerimize uygun davranışlar geliştirmemize yardımcı olmaktır. Bu anlamda düşünce, dediği dedik bir yönetici değil, bizim sahip olduğumuz bir araçtır.

Duygu ile düşünce arasındaki ilişkiyi şöylece özetleyebilirim: Duygu isteklerimizi gösterir, düşünce de o isteklerimize doğru nasıl gidebileceğimiz konusunda bize yardımcı olur. Eğer düşüncemiz, istek ve ideallerimize dönük davranışlara ve sonuçlara yol açıyorsa, bu görevini yapıyordur. Eğer ideal ve değerlerimize dönük davranışlara yol açmıyorsa, o zaman da görevini yapmıyor demektir.

Şimdi benim düşüncelerime bu açıdan bakalım:

"Geciktim / Yeterince anlaşılır olmadı."

Duygusal sonuç: *Telaş, endişe.*

Davranışsal sonuç: *Kitabı yazmaktan kaçınmak ve gündelik oyalayıcı işlerle uğraşmak.*

Görüldüğü gibi bu düşünceler, görevini yapmayan düşünceler.

O zaman ne yapalım?

Düşünceyi, istek ve ideale dönük davranışları bulmak için kullanalım.

Ben bunu nasıl yaptım: "Ben oturup kitabımı yazmaya devam edeyim. Benim amacım anlaşılır bir kitabı en kısa zamanda bitirmek. Ben kitabı anlaşılır bir şekilde yazmaya odaklanayım. Bunun sonucu ne olur, zamanı gelince görürüm," diyerek...

Çünkü sonrasındaki adım, o istek ve ideale dönük davranışı

belli bir sonucu hedeflemeksizin yapmaya çalışmaktır. Yani amaç ne o duyguyu yok etmek ne de o sonucu kontrol etmek olmalı. Amacımız sadece ve sadece değer ve ideale dönük davranışları yapmak olmalı. Belli bir sonucu elde etmeye odaklanmadan, sadece ve sadece sürece yönelerek gerekenler yapıldığında aslında kişi hedeflediği şeylere de yaklaşmış olur...

Sonsöz yerine...

Uzun bir yolculuk olan bu kitabın yazılma sürecinin artık sonuna geldim. Bu noktada kitabın artık bir son sözü hak ettiğini düşünüyorum. Hiçbir kitap, hiçbir söz veya hiçbir anlatı yaşamın yerini tutamaz. Deneyimlerin ve yaşamın bir bitiş çizgisi, tepe noktası veya nirvana'sı yoktur.

Yaşam bir süreçtir. Mühim olan bu süreci nasıl yaşadığımız ve nasıl geçirdiğimizdir.

Bu süreci yaşarken takınılan başlıca iki tavır vardır:

Birinci tavır, istemediklerimize odaklanıp onları yok ederek iyi bir yaşama ve isteklerimize ulaşmaya çalışmaktır. İkinci tavır ise isteklerimize odaklanıp onlara yaklaşmaya dönük adımlar atarak yaşamımızı geçirmektir.

İnsanın hangi yolu seçeceği üzerinde hem kendisi hem de yaşamda başına gelenler, karşısına çıkanlar etkili olur. Kötü olaylar ve travmalar bizi birinci yolu seçmeye yönlendirebilir.

Ama maalesef bu hiçbir zaman sonuç vermeyecek, sonuç alınamayacak bir yoldur. Çünkü istemediklerimizi tüketmek veya gelecekte başımıza gelmelerini engellemek mümkün değildir. Böyle bir süreç, sonuç vermeyen, çıkışı olmayan bir labirentin içine düşmek gibi bizi tüketir ve yaşamdaki isteklerimizden uzaklaştırır.

İkinci yol, yani istediklerimize dönük bir şeyler yapmak ise her zaman için mümkün ve daha verimli olan yoldur: Bir şeylerin kendi istek ve değerlerimize uygun olması için çaba göstermek ve eyleme geçmek.

Özetle, yaşam denilen bize verilmiş bu zaman dilimini ya kendimiz için gerçekten önemli, değerli olan istek veya ideallerimize dönük yaşayarak tüketebiliriz ya da istemediklerimize odaklanarak ve üstelik de onları yok edemeden, onlarla uğraşarak tüketip bitirebiliriz.

Ben hepimizin yaşamının, kendi istek ve ideallerimizin farkında olarak ve bunlara dönük davranıp yaşayarak geçmesini, bu yolda da hepimizin sahip olduğu bir araç olan düşüncenin olan bitenleri ve olacakları gerçekçi, uygun bir şekilde tanımlayıp anlamlandırarak ve olacakları iyi bir şekilde öngörerek bizlere yardımcı olmasını diliyorum.

Sevgi, esenlik ve barışla kalın.

Sonnotlar

1. BÖLÜM

[1] Philip G. Zimbardo ve Robert L. Johnson, "Sensation and Perception", *Psychology: Core Concepts*, 7. Baskı, 2012, Pearson, sayfa 98.

[2] S. Herculano-Houzel, "The Human Brain in Numbers: A Linearly Scaled-up Primate Brain", *Frontiers in Human Neuroscience*, 3(31), doi:10.3389/neuro.09.031.2009.

[3] Kristina Micheva vd. , "Single-synapse analysis of a diverse synapse population: proteomic imaging methods and markers", *Neuron*, 68 :639-653.

2. BÖLÜM

[1] http://www.theepochtimes.com/n3/1136853-why-the-most-advanced-computer-is-still-no-match-for-the-human-brain/

[2] James W. Kalat, *Biological Psychology*, 12. Baskı, Cengage Learning, 2015.

[3] M. A. Hofman, "Evolution of The Human Brain: When Bigger is Better", *Frontiers in Neuroanatomy*, *8*, 15. http://doi.org/10.3389/fnana.2014.00015

[4] David W. Martin, *Psychology of Human Behavior / Lecture Four Evolutionary Theory and Modern Psychology*, The Teaching Company, 2006.

[5] Robin Dunbar, *How many friends does one person need? Dunbar's number and other evolutionary quirks*, Harvard University Press, 2006.

3. BÖLÜM

[1] *TDK Güncel Türkçe Sözlük*, http://www.tdk.gov.tr/ Erişim Tarihi 4.09.2014

[2] Ed. David Matsumo, *The Cambridge Dictionary of Psychology*, Cambridge University Press 2009.

[3] R. Kowalski, *Drew Westen Emotion Psychology*, 6. Baskı içinde John Wiley&Sons, 2011,. Sayfa 373.

[4] http://report.nih.gov/nihfactsheets/ViewFactSheet.aspx?csid=24

[5] J.M. Gilman, V.A. Ramchandani, M.B. Davis, J.M. Bjork, D.W. Hommer, "Why We Like to Drink: A Functional Magnetic Resonance Imaging Study of the Rewarding and Anxiolytic Effects of Alcohol", *Journal of Neuroscience* 28 (18): 4583-91 (2008), doi:10.1523/JNEUROSCI.0086-08.2008. PMC 2730732. PMID 18448634.

4. BÖLÜM

1 Matthew A. Killingsworth ve Daniel T. Gilbert, " A Wandering Mind is An Unhappy Mind", 12 November 2010, *Science* 330, 932 (2010) DOI: 10.1126/science.1192439

8. BÖLÜM

[1] O.H. Mowrer, A. D.Ullman, "Time as a determinant in integrative learning", *Psychological Review*, Vol 52(2), Mart 1945, 61-90.http://dx.doi.org/10.1037/h0057071.

9. BÖLÜM

[1] MatthewMcKay, Martha Davis, Patrick Fanning, *Messages: The Communication Skills Book*, New Harbinger Publications; 3. Baskı.

[2] Miller ve Rollnick, *Motivational Interviewing, Third Edition: Helping People Change*, 2012 Guilford Publications baskısından yararlanılmıştır

[3] *Gordon Training International*, http://mobile.gordonmodel.com/home-roadblocks.php (02. 06.2017'de erişilmiştir.)

Dizin

depresyon
Klinik Uygulamada Bilişsel-Davranışçı Terapi
Prof. Dr. M. Hakan Türkçapar
epsilon

Önerilerimiz epsilon

Sizde de olan bir hastalığı nasıl tedavi edersiniz? Johns Hopkins Üniversitesi, Tıp Fakültesi'nde psikiyatri profesörü olan Kay Redfield Jamison kendini terapi koltuğuna oturtuyor, kişisel tarihine yolculuk ederken, bir hastalığın nasıl dallanıp budaklanabileceğini edebiyatın lezzetini asla unutmadan anlatıyor. Pınar Kür'ün özenli çevirisiyle yayına hazırlanan *Durulmayan Bir Kafa* kaçırılmayacak, kuvvetli bir edebi metin.